나는 '바담 풍', 너는 '바람 풍'
_아들에게 들려주고 싶은 이야기

나는 '바담 풍', 너는 '바람 풍'

초판 1쇄 인쇄 | 2025년 11월 29일
지은이 | 김동현
펴낸이 | 이재욱(필명:이승훈)
펴낸곳 | 해드림출판사
주 소 | 서울 영등포구 경인로82길 3-4(문래동1가 39)
      센터플러스빌딩 1004호(07371)
전 화 | 02-2612-5552
팩 스 | 02-2688-5568
E-mail | jlee5059@hanmail.net

등록번호   제2013-000076
등록일자   2008년 9월 29일

ISBN   979-11-5634-660-9

아들에게 들려주고 싶은 이야기　　　　김동현 수필집

나는 '바담 풍'
너는 '바람 풍'

☀ 해드림출판사

용기가 필요한 일

오래전 중학교 시절의 일입니다. 같은 반에 시를 유난히 잘 쓰던 친구가 있었습니다. 교내 백일장은 물론 시(市) 교육청 주최 백일장 대회에서도 늘 1등을 차지했던 재능 있는 친구였습니다. 그런 친구가 너무 부러워 저도 한동안 그를 롤모델로 삼아 시작(詩作)에 몰두했습니다. 하지만 아무리 노력해도 그 친구처럼 멋진 시를 쓸 수 없었고, 문학소년을 꿈꾸었던 저의 짧은 도전은 실패로 끝났습니다. 그 실망의 여운 때문이었을까요? 그 뒤로 오랫동안 문학과 글쓰기는 저와 거리가 먼 일이 되어버렸습니다.

그랬던 제가 다시 글을 쓰기 시작한 것은 정년퇴직을 10여 년 앞둔 2013년 봄이었습니다. 두 가지 이유가 있었습니다. 하나는 공직을 마무리하면서 제 이름으로 된 문집 하나를 남기고 싶었기 때문입니다. 관료이자 학자였던 옛 선비들이 저술에 힘썼던

아취(雅趣)를 본받고자 했습니다. 또 하나는 저의 전부나 다름없는 아들이 아버지의 생각과 삶을 조금이라도 이해해주기를 바라는 마음이었습니다. 서로가 바쁘게 살아온 탓에 평소 대화의 기회가 적었기에 책을 통해 아들과 대화를 꿈꾸었던 것입니다.

그때부터 시간이 날 때마다 가족, 공직, 정치, 사랑, 건강 등 다양한 주제의 글을 수필형식으로 써서 카카오스토리와 페이스북에 올리기 시작했습니다. 그렇게 쌓인 글이 150여 편, 그 가운데 절반을 추려 2020년『나도 그대의 희망이고 싶다』라는 제목의 첫 번째 책을 세상에 내놓았습니다. 인쇄소로부터 갓 출간된 책을 건네받았을 때의 기쁨은 이루 형언할 수 없었습니다. 추사(秋史)가 말했던 '문자향 서권기(文字香 書卷氣)'가 온몸을 감싸는 듯했습니다.

첫 번째 책을 발간한 이후에도 저는 글쓰기를 멈추지 않았습니다. 그렇게 새롭게 쓴 글들과 첫 번째 책에 미처 담지 못했던 글들을 모아 이번에 두 번째 책을 내게 되었습니다. 자기 이름이 새겨진 책을 세상에 내놓는다는 것은 큰 용기가 필요한 일입니다. 책의 수준에 대한 세간(世間)의 냉정한 비판을 감당할 용기가 있어야 하고, 자기 속살을 적나라하게 내보이는 부끄러움도 무릅써야 합니다.

첫 번째 책은 2022년 지방선거 출마를 앞두고 저를 지역주민들에게 알리고자 하는 열망이 컸기 때문에 큰 고민과 두려움 없이 출간할 수 있었습니다. 두 번째 책은 달랐습니다. 완성된 초고를 놓고 1년 넘게 퇴고에 퇴고를 거듭했지만 늘 아쉬움이 남았습니다. 그럼에도 제가 프로 작가가 아니라는 점을 변명 삼아 또 한 권의 책을 세상에 내놓게 되었습니다.

첫 번째 책도 그랬듯 이번 책에도 저의 생각과 삶의 편린들이 곳곳에 담겨 있습니다. 글 속의 생각대로 살지 못했음을 솔직히 고백합니다. 부끄러운 일도 가감 없이 있는 그대로 담으려고 노력했습니다. 저는 '바담 풍'이라 말하며 살아왔지만, 아들만큼은 '바람 풍'의 길을 걷기를 바라는 마음을 담았습니다. 이 책에 실린 글들을 아들이 읽으며 삶의 방향을 찾고 무언가 교훈을 얻는다면 저의 큰 기쁨일 것입니다.

많이 부족한 책이지만 독자들께서 너그러운 마음으로 읽어주신다면 더 이상 바랄 것이 없겠습니다. 끝으로 평생 마음고생만 시킨 남편 곁을 묵묵히 지켜준 아내 혜경, 두 아이 준홍과 미령이, 그리고 저의 첫 번째 책의 열렬한 독자였던 며느리 지예에게 고마운 마음을 전합니다. 이 책은 그들에게 바치는 제 마음의 편지입니다.

2025년의 어느 가을날
고향 집 동매헌(桐梅軒)에서
김동현

차례

저자의 말 | 용기가 필요한 일   4

제1부 공의의 광장

제1장 정치 – 선악(善惡) 두 얼굴의 야누스신(神)

중산층 정치학   17

2016년 겨울의 촛불혁명, 그 이후   21

마키아벨리를 위한 변명   25

지역 선량(選良)이 갖추어야 할 삼도(三道)   31

최상의 정치와 최악의 정치   36

막말정치, 국민이 끝내야 한다   40

좋은 정치, 기다림에서 다가섬으로   44

정치, 선악 두 얼굴의 야누스신   49

제2장 공직 – 다시 태어나도 이 길을

카이사르의 혜안　　　　　　　　　　　54

한 공무원의 여름나기　　　　　　　　58

청문회 단상　　　　　　　　　　　　61

또 다른 황희정승을 대망하며　　　　66

공공선택이론이 던지는 경고　　　　70

다시 태어나도 이 길을　　　　　　　73

영랑생가에 얽힌 흑역사　　　　　　76

선비와 내시　　　　　　　　　　　　79

공무원의 인권　　　　　　　　　　　82

제3장 이념 – 인간이 창조한 또 하나의 프랑켄슈타인

빨강의 복권　　　　　　　　　　　　86

예수의 참뜻은　　　　　　　　　　　90

영화 <설국열차>가 주는 교훈　　　　93

민주주의와 관용의 정신　　　　　　97

이데올로기, 그 존재의 이유　　　　100

국가와 개인　　　　　　　　　　　　103

역사의 그레셤 법칙　　　　　　　　108

제2부 사색의 숲

제4장 지성 - 가슴은 뜨겁게, 머리는 차갑게

도덕적 인간과 비도덕적 사회   115

서울의 시계, 지방의 시계   120

윈스턴 처칠의 마지막 연설   124

독일 땅의 F1 단상   128

파독 광부와 간호사, 잊힌 영웅들   132

신뢰적자 사회   137

독일의 꿈, 탈(脫) 원전을 넘어 탈(脫) 석유로   141

인연, 선연과 악연의 쌍곡선   145

바람직한 노사관계   149

항생제 유감   153

제5장 행복 - 오늘 아무런 일도 일어나지 않았다

은퇴, 끝이 아닌 새로운 시작   157

준비된 부부, 행복한 부부   161

노년의 사랑과 성(性)   165

백세인생 행복론   170

행복한 인생, 성공한 인생 1   174

행복한 인생, 성공한 인생 2   178

행복은 평범이외다   181

오줌발, 남자의 자존심   184

제6장 여성 - 영원히 풀리지 않는 수수께끼

여왕의 귀환	188
노출의 미학	192
마음이 고와야 여자지	197
재능이 아름다움이다	202
미인박명(美人薄命)	207
여성의 흡연	210
내숭	215
산동애가(山東哀歌)	219

제7장 문학 - 허구의 거울에 비친 진실의 얼굴

술 취한 한국	223
공감 능력	230
노인부양과 효도	234
장맛비와 소설『프랑켄슈타인(Frankenstein)』	238
송매우(送梅雨)의 길목에서	242
방하착(放下着)	246
시련과 성장	250
작가의 삶과 작품의 가치	253
한 영화감독의 삶과 예술	258

제3부 비밀의 정원

제8장 추억 - 기쁨과 슬픔, 그리고 그리움의 3중주

인류 최초의 스승, 자연 263

포도밭 음악회 268

이별의 노래 271

첫눈 내리던 날 276

15년 만의 통화 280

이발소의 추억 283

화왕산의 한 송이 꽃 286

제9장 사랑 - my first, my last, my everything

첫날 밤 290

남녀의 차이 294

원나잇 스탠드와 만리장성 사랑 299

시월의 마지막 밤 303

그리운 악마 307

클림트의 입맞춤(The Kiss) 312

단오와 성(性) 316

운명적 사랑 320

제10장 가족 – 나의 존재 이유, 나의 힘의 원천

자식들은 엄마 편   327

가보(家寶)가 된 어머니 요강   329

주말부부   332

아버지의 꽃 사랑   334

고종명(考終命)   337

조카의 첫 월급   340

아들의 거짓말   342

어머니 1주기   345

생일   349

고향 집 동매헌(桐梅軒)   352

동생의 사모곡   355

제1부

공의의 광장

제1장
정치 – 선악(善惡) 두 얼굴의 야누스신(神)

중산층 정치학

　직장이 서울인 저는 금요일이면 가족이 있는 대전으로, 일요일이면 다시 서울로 왔다 갔다 하는 생활을 반복하고 있습니다. 20대 총선 직후인 2016년 4월 중순의 어느 일요일 오후 일입니다. 택시를 타고 서대전역으로 가는 도중에 택시기사가 갑자기 총선 이야기를 꺼냈습니다. "희한하죠? 잘사는 동네는 민주당을, 못사는 동네는 새누리당을 찍었어요. 아이러니 아닙니까?" 이번에 대전에서 소득수준이 높은 4개 지역에서는 모두 민주당이, 소득수준이 낮은 3개 지역에서는 모두 새누리당이 당선됐다는 것입니다. 그러면서 저소득층이 왜 부자들의 정당인 새누리당을 지지하는지 이해할 수 없다고 덧붙였습니다.

　택시기사의 의문에 대한 해답은 베블린(Veblen)이 쓴 『유한

계급론』에서 해답을 찾을 수 있을지 모릅니다. 베블린은 축적된 자산을 바탕으로 노동에 참여하지 않고 비생산적 소비생활을 하는 상류계층을 유한계급(leisure class)으로 지칭했습니다. 육체적 노동에 종사하지 않은 기업인, 정치인, 언론인, 종교인 등이 유한계급에 속하는 사람들입니다. 이들은 돈과 권력을 소유하고 있는 기득권층으로 굳이 세상을 변화시킬 필요를 느끼지 못한다고 합니다. 기존의 사회시스템과 생활양식에 불만이 없기 때문에 현존 질서의 유지를 선호하는 보수적 경향이 강하다는 것입니다.

그렇다면 가진 것이 적은 사람들은 기존 사회질서의 변화를 원하는 진보적 성향을 지닌 것이 당연할 것입니다. 그러나 실제로는 저소득층이 보수적 성향을 보이는 것이 일반적입니다. 베블린은 그 이유를 신분 상승을 꿈꾸는 저소득층이 유한계급의 소비행태와 생활양식을 모방하고, 더 나아가 그들의 가치관이나 정체성을 수용하기 때문이라고 분석했습니다. '언젠가 나도 부자가 될 수 있다'라는 계급 상승에 대한 환상이 변화보다는 안정, 체제 전복보다는 체제 수호를 선택하게 한다는 것입니다. 베블린의 이론은 나중에 현대 정치사회학자들에 의해 먹고 사는 일에 바쁜 저소득층은 기존 사회질서의 문제점들을 인식하고 그 해결책을 찾기 위해 고민할 여유가 없어 보수화된다는 이론으로 발전됩니다.

저소득층이 자신들을 대변하는 정당이 아니라 부자들의 정당을 지지하는 행위를 '계급 배반 투표'라고 합니다. 미국의 토머스 프랭크가 2004년에 쓴 『캔자스에서 도대체 무슨 일이 있었나 (What's the Matter with Kansas)』[1]라는 책은 이런 계급 배반 투표 현상을 자세히 분석하고 있습니다. 경제적 요소를 강조한 베블린과 달리 프랭크는 낙태, 애국심, 동성애 등 도덕적·문화적 의제를 전면에 내세운 공화당의 선거 전략이 민주당의 아성인 캔자스에서 승리를 가져왔다고 분석했습니다. 이런 계급 배반 투표 현상은 미국뿐만이 아니라 세계 여러 나라에서 일어나고 있고 우리나라도 예외는 아닙니다. 한국의 보수 세력이 선거 때마다 반공이나 애국심을 강조하면서 진보 세력의 안보, 복지, 여성 정책을 공격하는 것은 미국 공화당의 선거 전략과 일맥상통합니다.

계급 배반 투표 현상은 부의 양극화로 인한 중산층 감소와 결부되어 향후 우리나라 정치지형에 근본적 변화를 초래할지도 모릅니다. 최근 여러 통계조사에 의하면 우리 국민 중에 스스로 중산층이라고 생각하는 사람들의 비중이 크게 줄고 있습니다. 중산층의 감소와 빈곤층의 증가는 우리 사회의 장래에 어두운 그림자를 드리우고 있습니다. 중산층은 부유층과 빈곤층의 갈등에 대한 완충 기능을 할 뿐만 아니라 빈곤층으로 하여금 중산

---

[1] 우리나라에서는 『왜 가난한 사람들은 부자를 위해 투표하는가』라는 제목으로 번역되어 갈라파고스 출판사에서 2012년에 출간되었다.

층으로 올라갈 수 있다는 희망을 품고 열심히 노력하게 만듭니다. 무엇보다 중산층은 우리 사회가 정체되지 않고 끊임없이 발전돼 나가도록 하는 원동력입니다. 역사의 물줄기를 바꾸었던 1987년의 6월 항쟁과 2016년의 촛불혁명을 주도한 세력 중의 하나는 넥타이 부대였습니다. 그 사실에서 보듯이 역사적으로 중산층은 사회변화와 진보의 주체로서 늘 중요한 역할을 해 왔습니다. 그런 관점에서 볼 때 중산층이 줄어들고 있는 것은 우리 사회의 미래를 위협하는 암울한 징조가 아닐 수 없습니다.

중산층의 감소는 우리 사회가 보수화되어 간다는 것을 뜻합니다. 진보의 가치가 보수의 정체성(停滯性)을 극복하려는 시도 속에서 우리 사회의 역동성을 확보하는데 있다면 보수의 가치는 진보에 내재한 분열성의 발현을 막아 우리 사회의 안정성을 유지하는데 있습니다. 이런 맥락에서 한 사회는 보수가 있기에 유지되고 진보가 있기에 발전해 나갑니다. 보수주의자만 있는 사회는 안정적이긴 하지만 변화와 혁신이 더디고, 진보주의자만 있는 사회는 역동적이기는 하지만 불안정의 일상화가 문제입니다. 새가 좌우 두 날개로 날듯이 우리 사회가 건전하게 발전해 나가려면 보수와 진보의 적절한 균형이 필요합니다. 엷어져 가는 중산층을 다시 두텁게 만들어야 할 이유가 바로 여기에 있습니다.

(2016. 4. 6.)

2016년 겨울의 촛불혁명, 그 이후

    벌써 6주째 매주 토요일마다 백만이 넘는 시민들이 참여하는 촛불집회[2]가 광화문 광장을 비롯한 전국 각지에서 열리고 있습니다. 엄청난 인파의 운집에도 불구하고 경찰과 그 어떤 물리적 충돌 없이 평화로운 집회가 이어지면서 한국 시위문화에 새로운 장이 펼쳐지고 있습니다. 불과 한두 달 전만 해도 가능할 것으로 생각하지 못했던 일입니다. 시민들이 주도하는 무혈의 명예혁명이 지금 한국 사회에서 진행되고 있다고 해도 과언이 아닐 것입니다. 촛불을 들고 광장에 모인 시민들의 가슴속에는 우리 헌법 제1조 제2항에 대한 믿음과 확신의 물결이 도도히 흐르고 있습니다.

---

2) 박근혜 대통령 하야를 촉구하는 대규모 시민운동으로 2016년 겨울부터 2017년 봄까지 매주 토요일마다 전국 각지에서 동시에 열렸다.

중국 춘추전국시대의 사상가였던 순자(荀子)는 "군자주야 서인자수야 수즉재주 수즉복주(君者舟也 庶人者水也 水則載舟 水則覆舟)"라고 이야기했습니다. "임금은 배와 같고 백성은 물과 같다. 물은 배를 띄우기도 하지만 뒤엎을 수도 있다"는 뜻입니다. 순자의 가르침은 "대한민국의 주권은 국민에게 있고, 모든 권력은 국민에게서 나온다"고 규정한 우리 헌법 제1조 제2항의 고전적 표현에 다름 아닙니다. 물이 배를 띄울 수도 있고 뒤엎을 수도 있듯이 국민은 선출된 공직자에게 권력을 부여할 수도 있고 주었던 권력을 다시 빼앗을 수도 있습니다. 모든 권력은 국민으로부터 나온다고 선언한 헌법 제1조 제2항의 당연한 귀결입니다.

　민심의 바다에서 백만이 넘는 촛불이 모여 만들어낸 거센 파도는 마침내 대통령의 사실상 하야 선언을 끌어냈습니다. 2000년 전 순자의 가르침과 우리 헌법 제1조 제2항의 정신이 현실 속에서 구체화하는 역사적 현장을 지금 우리는 목격하고 있는 것입니다. 대통령 직선제를 골자로 한 87년 헌법 체제하에서 새로운 정부가 출범할 때마다 모든 국민은 새 정부의 무사 항해를 기원했습니다. 하지만 화려하게 등장했던 역대 정부들은 예외 없이 정권 말기에 만신창이의 난파선이 되어 초라하게 퇴장했습니다. 그때마다 우리는 대통령 개인을 비난했지만, 역대 모든 대통령이 그렇게 된 것은 사람만이 아닌 제도에도 문제가 있을 수 있다는 것을 시사합니다.

　최순실 게이트는 아직도 법치(法治)보다는 인치(人治)가 지배하는 한국의 후진적 정치시스템이 낳은 기형아입니다. 인치가 이상적이긴 하나 플라톤의 철인정치나 맹자의 왕도정치는 비현실적입니다. 히틀러의 예에서 보듯이 현실 정치에서는 최악의 인물이 권력을 장악한 사례가 적지 않습니다. 최악의 인물이 권력을 잡더라도 악을 저지를 수 없게 하는 통치시스템 작동이 중요한 이유가 바로 여기에 있습니다. 그런 관점에 볼 때 촛불집회가 현 대통령을 퇴진시키고 새 대통령을 뽑는 것만으로 끝나서는 그 의미가 반감될 것입니다. 인치가 아닌 법치의 통치시스템이 한국 사회에 확고히 뿌리내릴 수 있는 제도 마련의 계기로 삼아야 합니다. 단순히 대통령 교체만으로 끝나서는 불행한 역사가 또다시 반복될 것입니다.

　오늘도 전국 각지에서 촛불집회가 진행 중입니다. 분노한 민심은 식을 줄 모르고 대통령의 즉시 퇴진을 요구하고 있습니다. 그러나 광장의 외침은 단순히 대통령을 바꾸자는 것이 아니라 국가를 바꾸자는 외침입니다. 이제는 대통령 퇴진을 넘어 촛불 이후를 고민해야 할 때입니다. 촛불이 우리 역사의 새로운 전기를 마련한 것은 틀림없지만 촛불만으로 국가의 미래가 보장되지는 않습니다. 정치지도자들이 나서야 합니다. 헌법 개정 등 새로운 통치시스템을 포함한 국가개조 청사진을 제시하고 국민의 동의를 끌어내는 정치력을 발휘하여야 합니다. 광장에서 분출되는 분노의 에너지를 국가개조의 창조적 에너지로 바꿀 수 있는 새로운 리더십의 등장이 절실히 요구되는 때입니다.

(2016. 12. 3.)

마키아벨리를 위한 변명

고전이란 무엇인가? 이 물음에 대해 마크 트웨인은 "고전은 모든 사람이 가지고 있는 책이면서 아무도 읽으려고 애쓰지 않는 책이다(Classics are books everyone owns, but no one bothers to read)"라고 답했다고 합니다. 중국의 철학자 임어당 역시 "내가 임마누엘 칸트를 읽지 않는 이유는 간단하다. 석 장 이상 더 읽을 수 있었던 적이 없었기 때문이다"라고 고백하고 있습니다. 학창시절 우리는 위대한 인물들의 사상이 담긴 고전들을 읽어야 한다는 이야기를 귀에 못이 박이도록 들었습니다. 하지만 수백 페이지가 넘는 고전의 두께가 내뿜는 아우라에 압도당해 읽기도 전에 기가 질려 포기하는 경우가 대부분입니다. 큰 결심을 하고 책을 펼쳐보기도 하지만 그 내용의 난해함 때문에 임어당처럼 중도에 포기하기 일쑤입니다.

마키아벨리의 명저『군주론』도 저에게는 그런 고전의 하나로 여겨져 왔습니다. "국부론을 모르는 사람도 없지만, 국부론을 읽어 본 사람도 없다"라는 말이 있는데『군주론』이 저에게는 그런 책으로 여겨졌습니다. 물론『군주론』의 핵심사상인 마키아벨리즘은 학교 교육을 통해 익히 알고 있는 내용입니다. 하지만 책 자체는, 정치가 제가 특별히 관심 있는 분야가 아닌 데다가 두껍고 이해하기 어려울 것이라는 막연한 선입관 때문에, 읽어 보려는 생각조차 하지 못했던 것입니다. 그랬던『군주론』을 지난 1월 초 가족과 홍콩여행을 가는 길에 인천공항 구내서점에서 우연히 발견하고 구입까지 하였습니다. 막상 책을 보니 제 예상과 달리 분량이 많지 않고 내용도 어렵지 않아 단숨에 읽을 수 있을 것 같았기 때문입니다. 그렇게 구입한 군주론을 2박 3일의 홍콩여행 기간에 틈틈이 읽으면서 그동안 제가 마키아벨리를 오해하고 있었다는 것을 깨닫게 되었습니다.

마키아벨리는 중세 르네상스 시대의 이탈리아 피렌체 사람입니다. 정치 권력의 장악과 유지를 위해서는 수단과 방법을 가리지 않아야 한다고 주장한 정치사상가입니다. 실제로 마키아벨리는『군주론』에서 군주는 사나운 사자와 교활한 여우의 성품을 갖추고, 가장 위선적이며 거짓말을 능숙하게 하고, 필요하면 사악하고 악랄한 술책도 쓸 줄 아는 것이 미덕이라고 주장합니다. 이러한 점만 생각한다면 마키아벨리를 '악의 옹호자'라고 하는 세간의 비판은 옳다고 할 수 있습니다. 그러나 마키아벨리는 사악, 교활, 위선 등을 인간 본성으로서 옹호하고자 한 것이 아니라 현실적인 통치술의 관점에서 어쩔 수 없는 필요악으로 생각했다고 보는 것이 옳을 것입니다. 군주론의 '제18장 : 군주는 어떻게 약속을 지켜야 하는가'에 나오는 한 대목이 그 증거입니다.

> "(군주는) 자비롭고 신의가 있으며 인간적이고 정직하며 근엄하게 보이는 것이 좋으며 실제로 그런 성품을 갖추고 있는 것이 좋다. 그러나 그러한 성품을 보이지 말아야 할 필요가 있을 때는 어떻게 해야 정반대의 행동을 취할 수 있는지 알고 있어야 하며, 실제로 그렇게 할 수 있어야 한다."

마키아벨리를 정확히 이해하기 위해서는 그가 『군주론』을 집필할 당시 이탈리아의 정치 상황을 이해할 필요가 있습니다. 그당시 이탈리아는 30여 개의 작은 소국으로 나뉘어 통합과 분열을 반복하던 시기였습니다. 통일된 국가를 이루지 못하다 보니 이탈리아를 장악하기 위한 프랑스와 에스파냐의 싸움터로 변해 백성들의 고통이 극심했습니다. 『군주론』은 마키아벨리가 피렌체 공화국의 로렌초 데 메디치에게 바친 것으로 마지막 장인 제25장의 제목은 '야만족으로부터 이탈리아를 해방시키기 위한 간곡한 권유'입니다. 마키아벨리가 궁극적으로 원했던 것은 이탈리아의 혼란을 종식시키고 통일국가를 이룩할 수 있는 강력한 통치자의 등장이었습니다. 혼란의 지속으로 약탈과 파괴의 고통을 겪는 것보다는 잔혹하고 교활한 군주에 의한 질서와 평화가 더 낫다고 믿었던 것입니다.

마키아벨리는 『군주론』에서 정치와 도덕을 분리하여 생각했습니다. 선악의 관점에서 통치술을 논한 것이 아닙니다. 고대로부터 그 당시에 이르기까지 주요 권력자들의 행적을 면밀히 분석하여 성공과 실패 요인을 추출하고, 그것을 기초로 군주가 갖추어야 할 미덕을 제시했습니다. 실증적인 분석결과를 토대로 군주의 미덕을 논했다고 해서 그를 비난하는 것은 온당하지 못한 일입니다. 무엇보다도 마키아벨리가 원했던 것은 이민족으로부터 이탈리아의 해방과 평화였습니다. 이를 위해 강력한 통치자의 등장을 열망했으며, 안정적 통치를 위해 어쩔 수 없는 상황에서 이른바 군주의 미덕이 정당화될 수 있다고 생각했던 것입니다.

마키아벨리의 『군주론』은 중국의 장이머우 감독이 연출한 영화 〈영웅 : 천하의 시작〉과 일맥상통하는 점이 있습니다. 춘추전국시대 말기에 진왕 영정(후일 진시황)에 의해 가족과 나라를 잃은 파검과 비설, 그리고 무명 세 사람은 복수를 위해 영정의 목숨을 노립니다. 무명이 영정을 암살하러 떠나던 날, 파검은 무명에게 영정을 죽이지 말 것을 부탁하며 땅에 '천하'라는 두 글자를 남깁니다. 영정을 만난 무명은 그를 죽일 기회를 눈앞에 두었으나 파검이 남긴 '천하'의 의미를 깨닫자 암살을 포기하고 진나라 군사의 화살비 속에서 최후를 맞이합니다. 파검이 남긴 '천하'의 의미는 '전쟁이 계속되면 난세 속에서 고통받는 것은 백성들뿐이다. 천하를 통일해 평화를 이룩할 사람은 영정뿐이므로 그를 죽여서는 안 된다'는 것이었습니다. 백성들의 안녕과 평화라는 대의에 비하면 사사로운 원한은 아무것도 아니라는 파검의 뜻을 무명 역시 깨달았던 것입니다. 그런 관점에서 영화 〈영웅〉과 마키아벨리 『군주론』이 말하고자 하는 바는 똑같습니다.

마키아벨리의 『군주론』은 중세시대 군주의 통치술을 논한 것이긴 하나 오늘의 시각에서도 되새겨볼 가치가 있는 책입니다. 500여 년 전에 쓰였다고 해서 시대에 뒤처진 낡은 통치술이 아닙니다. 영국인들이 가장 존경하는 윈스턴 처칠은 좋은 정치가의 자질에 대한 사람들의 질문에 대해 다음과 같이 대답하였습니다. "좋은 정치가란 미래를 예언할 줄 알아야 합니다. 또한, 나중에 일이 예언한 대로 되지 않았을 때 그것을 잘 설명해 낼 줄 알아야 합니다. 그런 사람이 좋은 정치가입니다" 윈스턴 처칠의 말은 군주는 거짓말을 능숙하게 할 필요가 있다는 마키아벨리의 말과 크게 다르지 않습니다. 마키아벨리의 말이 거칠고 직설적이라면 윈스턴 처칠의 말은 고상하고 은유적이라는 차이만 있을 뿐입니다. 마키아벨리의 『군주론』은 정치가나 정치를 전공

하는 학자가 아니더라도 권력의 속성과 정치의 어두운 이면을 이해하고 싶은 사람들이라면 꼭 한 번 읽어야 할 명저입니다.

(2018. 3. 3.)

지역 선량(選良)이 갖추어야 할 삼도(三道)

　말도 말고 탈도 많았던 지방선거가 막을 내렸습니다. 기대도 크지만 우려도 큰 것이 저의 솔직한 심정입니다. 돌이켜보면 1952년 첫걸음마를 뗀 우리나라 지방자치는 지방의회만 구성된 불완전 지방자치로 출발하였습니다. 그 반쪽짜리 지방자치마저 1961년 쿠데타로 집권한 박정희 군사정권에 의해 중단되었다가 30년이 지난 1991년 지방의회가 부활되었습니다. 그리고 4년 후인 1995년 지방자치단체장까지 주민 직선으로 선출함으로써 완전 지방자치 시대를 맞았습니다.

　그로부터 30여 년이 흐르면서 많은 발전이 있었지만, 우리의 지방자치는 아직도 가야할 길이 멉니다. 지방자치의 3요소는 '돈, 권한, 사람'입니다. 그런데 많은 지방정부가 자체 수입으로 인건비조차 감당하지 못하고 있고, 오랜 중앙집권 전통으로 권한도 제한적입니다. 더 근본적인 문제는 사람의 문제입니다. 지금 지자체장과 지방의원 중에는 업무 역량은 말할 것도 없고 공직자로서의 기본적인 도덕성마저 의심되는 사람들이 적지 않습니다.

플라톤의 철인정치나 맹자의 왕도정치가 이상적이지만 현실적이진 않습니다. 역사를 돌이켜보면 독일의 히틀러나 중국의 걸주(桀紂)[3], 우리나라의 윤석열 같은 독재자들은 어느 시대에나 존재했습니다. 우리의 지방정치도 다르지 않습니다. 리틀 윤석열들이 도처에서 활개를 치고 있습니다. 중국의 유명한 강도 도척은 도둑에게도 다섯 가지 도(道)[4]가 있다고 했습니다. 도둑도 그럴진대 지역의 선량은 더 말할 것이 없습니다. 우리의 정치 현실에서 많은 것을 바랄 수는 없지만, 지역의 선량이라면 최소한 다음의 세 가지 도는 갖추어야 것입니다.

첫째, 옳지 못함을 부끄러워하고 악(惡)을 미워하는 수오지심

---

3) 중국 하나라의 걸왕과 은나라의 주왕을 아울러 이르는 말로 천하의 폭군을 지칭하는 대명사로 사용된다.

4) 도척은 도둑에게도 성(聖), 지(智), 용(勇), 의(義), 인(仁)의 다섯 가지 도가 있다고 했는데 이를 도척지도(盜跖之道)라고 한다. 훔칠 집의 모든 물건을 파악하는 능력(聖), 성공과 실패를 미리 예측하는 지혜(智), 위험을 무릅쓰고 가장 먼저 집에 들어가는 용기(勇), 나올 때 맨 나중에 나오는 의리(義), 훔친 물건을 공평하게 나누는 어진 행위(仁)를 말한다.

(羞惡之心)입니다. 일하다 보면 때로는 정도(正道)가 아닌 권도(權道)[5]를 취할 수밖에 없는 경우가 있습니다. 정도가 바른길이라면 권도는 특수한 상황에서 임기응변으로 적절히 대처하는 것을 말합니다. 어쩔 수 없이 갈지 자 걸음을 걷게 될지라도, 부득이 악마와 악수하게 될지라도, 기본적 양심마저 잊어서는 안 됩니다. 수오지심은 지역의 선량들이 공인으로서 지녀야 할 도덕성의 최소한입니다.

둘째, 필요한 만큼만 취하고 더 이상 욕심내지 않는 지족지심(知足之心)입니다. 배보다 배꼽이 크지 않는지 떡보다 떡고물이 더 많지는 않은지 끊임없이 스스로를 경계해야 합니다. 정치 세계는 영혼의 순수성을 추구하는 곳이 아니며, 돈 없이 정치하기 어려운 것이 우리의 현실입니다. 하지만 열 개가 필요한데도 백 개를 취하는 것은 어떠한 이유로도 정당화될 수 없습니다. 그것은 공적 권한을 이용한 축재(蓄財)입니다. 돈을 벌고 싶다면 정치가 아니라 사업을 하는 것이 맞습니다.

셋째, 공직자로서 본분을 잊지 않는 수분지심(守分之心)입니다. 지역의 선량들은 정치인이기 이전에 공익을 위해 일하는 공

---

5) 맹자가 주창한 이론이다. 정묘호란 때 청에 끝까지 저항할 것인가 아니면 항복할 것인가를 두고 벌어진 척화파(斥和派)와 주화파(主和派)의 대립은 정도론과 권도론의 대립이기도 하다.

무원입니다. 전체 주민의 이익에 반하는 일은 법적으로 문제가 없더라도 하지 말아야 합니다. 당연히 해야 할 일을 일부러 질질 끌며 대가를 바라는 것도 금물입니다. 수십 년 전 초임 사무관 시절, 제가 모셨던 과장님은 나중에 정치에 입문해 5선 국회의원을 지내셨습니다. 그분이 저에게 공직생활 동안 이것 하나만은 꼭 지키라고 하시며 당부하셨던 말씀이 지금도 생생합니다. "절대로 비틀어 먹지 마라."

제가 아는 한 지인은 "정치는 상것들이 하는 일이지 선비가 할 짓이 못 된다"고 했습니다. 안타깝게도 우리의 정치 현실이 그렇습니다. 자질이 부족하고 도덕성 검증이 제대로 되지 않은 사람들이 공천을 받아 선량이 되는 경우를 종종 봅니다. 특정 정당의 공천만 받으면, 당선은 "떼놓은 당상(堂上)"인 지역에서 더욱 그렇습니다. 공천이 곧 당선이니 지역 국회의원들도 꼭 좋은 후보를 공천해야 할 이유가 없습니다.

시장에서 물건을 살 때 우리는 이것저것 꼼꼼히 따져보고 구매를 합니다. 물건도 그럴진대 황차 우리의 삶에 큰 영향을 미칠 지자체장과 지방의원을 뽑을 때는 더 말할 나위가 없습니다. 이제는 주민들이 달라져야 합니다. 대통령이나 국회의원 선거는 어쩔 수 없더라도 지방선거에서는 정당보다 후보를 봐야 합니다. 그래야만 정당 간 좋은 후보의 공천 경쟁이 벌어집니다. 정치 지망생 또한 지금처럼 지역 국회의원에게만 맹목적으로 충성하기보다 지역주민들의 인정을 받으려 노력하게 됩니다. 그런 정치적 분위기가 뿌리내릴 때 우리의 지방자치도 비로소 한 단계 더 도약하게 될 것입니다.

(2022. 6. 2.)

최상의 정치와 최악의 정치

"윤석열 대통령은 정치인인가? 아니면 여전히 '칼잡이' 검사에 불과한가?" 윤석열 정부 출범 후 그의 국정운영을 지켜보면서 끊임없이 저를 사로잡았던 의문입니다. 대통령 취임 후 독선적 국정운영으로 정치는 실종되고 행정부와 입법부, 여당과 야당의 대립과 갈등이 격화되고 있습니다. 윤 대통령은 검찰을 홍위병으로 앞장세운 엄격한 법치만으로 대한민국을 이끌 수 있다고 믿는 것 같습니다. 문제는, 아내인 김건희 수사에서 보듯이, 윤석열 대통령이 전가보도처럼 내세우는 법치가 자기편에는 관대하고 상대편에게만 엄격히 적용되는 반쪽짜리 법치라는 점입니다.

법치 만능주의자 윤석열의 머릿속에 대화와 타협으로 상징되는 협치는 아예 존재하지 않는 듯합니다. 대통령 선거에서 경쟁 후보였던 이재명의 정치생명을 아예 끊고자 작정한 듯 조그만 흠까지 샅샅이 터는 먼지떨이 식 수사를 하고, 국정의 파트너인 야당과는 대화와 소통의 문을 꼭꼭 닫았습니다. 비판적 언론사와 기자에 대해서는 압수수색과 구속영장 청구 등으로 재갈을 물리려 하고 있습니다. 화물연대 파업에 대한 강경 대응이 보여주듯이 협박과 처벌에 의존해 국가를 운영하려고 하는 것이 지금까지 윤 대통령이 보여준 행보입니다.

사마천의 『사기(史記)』는 총 170편으로 제169편 「화식열전(貨殖列傳)」에 다음과 같은 글귀가 나옵니다. "최상의 정치는 백성의 마음을 따라가고, 차상의 정치는 백성을 이익으로 이끌며, 그다음이 도덕으로 설교한다. 매우 못난 정치는 형벌로 겁을 주며, 최악의 정치는 백성과 다툰다."[6]

백성의 마음을 따라가는 인도(因道)[7]는 도가(道家), 백성을 이익으로 이끄는 이도(利道)는 상가(商家), 도덕으로 설교하는

---

6) 한자 원문은 다음과 같다. 고선자인지(故善者因之) 기차이도지(其次利道之) 기차교회지(其次敎誨之) 기차정제지(其次整齊之) 최하자여지쟁(最下者與之爭)

7) 백성의 마음을 따라가는 정치가 최상의 정치인지는 의문의 여지가 있다. 포퓰리즘(populism)으로 흐를 위험이 있기 때문이다. 그리스의 플루타르크는 "민중을 거스르면 민중의 손에 죽고, 민중을 따르면 민중과 함께 망한다."고 했다. 지도자는 민중의 뜻이 공익에 반하면 민중을 설득할 용기와 지혜를 갖추어야 한다.

교회(敎誨)는 유가(儒家), 가혹한 형벌에 의존하는 정제(整齊)는 법가(法家)의 정치입니다. 백성과 다투는 여지쟁(與之爭)의 단계에 이르면 사실상 정치가 더 이상 존재하지 않는 무정부 상태일 것입니다. 사마천이 언급한 5가지 정치 중 윤석열의 정치는 이 중 어디에 해당할까요? 기껏해야 형벌로 겁을 주는 법가의 정치에 불과하다고 해도 과언이 아닙니다. 현재의 통치 스타일을 바꾸지 않는다면 국민과 다투는 여지쟁의 단계로까지 전락[8], 국정운영이 불가능한 식물 대통령이 되는 것도 시간문제일 것입니다.

국민과 다투는 '여지쟁의 정치'는 정치라고 할 수 없다는 점에서 '정제의 정치'인 법치는 정치의 최소한입니다. 법치에만 의존하는 국가경영은 한계가 있습니다. 모든 경우의 수를 고려해 법을 만드는 것도 어렵지만 복잡다단한 우리 사회의 문제를 법으로만 해결할 수도 없기 때문입니다. 법가(法家)인 상앙과 이사는 강대국 진나라의 재상으로서 부귀영화를 누렸지만 그들의 최후는 비참했습니다. 상앙은 역모의 모함에 걸려 거열형(車裂刑 : 사지가 찢기는 형벌)으로, 이사는 환관 조고의 함정에 빠져 요참형(腰斬刑 : 허리가 잘리는 형벌)으로 생을 마감했습니다.

---

8) 이 글을 쓴지 1년 3개월이 지난 2024년 2월 정부의 의대생 2천명 증원 결정으로 촉발된 의정갈등은 윤 대통령의 정치가 최악의 정치인 여지쟁의 단계로 전락했음을 보여주는 상징적 사건이다.

삼대멸족은 덤이었지요. 윤 대통령은 부디 상앙과 이사의 비극에서 역사의 교훈[9]을 얻기 바랍니다.

(2022. 11. 27.)

---

9) 이 글을 썼을 때로부터 2년 4개월이 흐른 2025년 4월 4일, 헌법재판소는 재판관 전원일치로 윤석열 대통령의 파면을 결정했다.

막말정치, 국민이 끝내야 한다

이준석 개혁신당 후보의 이른바 '젓가락' 발언[10]이 막바지 대선 정국에서 큰 파장을 불러일으켰습니다. 성범죄에 대한 상대 후보의 가치관과 민감도 검증 차원이었다는 해명에도 불구하고 그의 막말 논란은 쉽사리 사그라지지 않고 있습니다. 사실 정치인의 막말은 이준석 후보에게만 국한된 일이 아닙니다. 성적 모욕이나 특정 지역 비하, 역사 왜곡 등으로 사회적 공분을 자아낸 정치인들이 한둘이 아닙니다. 그때마다 비판의 여론이 거세지만 막말정치의 생명력은 끈질깁니다. 막말이 부메랑이 되어 공천에서 낙마하기도 하지만 정치인들의 막말은 여전히 사라지지

---

10) 이준석이 2025년 5월 27일 대통령 선거 TV 토론회에서 상대 후보에게 '여성의 성기에 젓가락을 꽂는다'는 표현이 여성 혐오에 해당하는 것인지를 질문하여 촉발된 논란이다.

않고 있습니다.

학자이자 정치 관료였던 조선의 사대부들은 말을 할 때 극히 신중했습니다. 설화(舌禍)의 위험성을 알기에 직접화법보다는 유머와 풍자, 해학적 표현을 즐겨 사용했습니다. 일례로 귀머거리는 "소곤대며 헐뜯기를 좋아하지 않는다"고 말하고, 장님은 "남의 흠집을 살피지 않는다"고 말했으며, 벙어리는 "남 비평하기를 좋아하지 않는다"고 에둘러 표현했습니다. 있는 그대로 말하는 것조차도 남의 원망과 분노를 사기 쉽다는 것을 잘 알았기 때문입니다. 그런데 이 시대의 정치인들은 상대방에게 상처를 주는 증오와 저주의 말을 거리낌 없이 내뱉고 있으니 참으로 이해하기 어려운 일입니다.

설화(舌禍)를 경계한 것은 중국도 마찬가지였습니다. 당나라 멸망 후 혼란이 극에 달했던 오대십국[11] 시대에 활약했던 풍도는 뛰어난 정치적 수완으로 다섯 왕조에 걸쳐 열한 명의 황제를 차례로 섬기면서 항상 재상의 지위에 있었던 인물이었습니다. 그가 남긴 설시(舌詩)에는 정치가로서 그의 성공비결이 담겨 있습니다. 입은 재앙을 불러들이는 문이요 / 혀는 몸을 자르는 칼이

---

11) 오대십국(五代十國)은 당나라 멸망 후 송나라가 건국 전인 당송 교체기에 중국에 존재했던 국가들을 지칭한다. 중원지방에 자리 잡은 5개의 왕조를 오대(五代), 변방인 남방이나 사천지방에 자리 잡았던 10개의 나라를 십국(十國)이라고 한다.

로다 / 입을 닫고 혀를 깊이 감추면 / 가는 곳마다 몸이 편안하리라.[12] 그렇다고 풍도가 아첨을 일삼았던 간신배는 아니었습니다. 그는 청렴결백했고, 황제보다 백성을 먼저 생각했으며, 죽음을 무릅쓴 간언도 서슴지 않았기에 그의 품격은 더욱 빛났습니다.

우리와 달리 서양에서는 정치인들의 막말 논란이 덜한 편입니다. 유머와 위트를 중시하는 정치문화 때문일 것입니다. 그런 까닭에 서양에는 유머와 위트가 뛰어난 정치인들이 많지만, 그중에서도 영국의 처칠 수상은 단연 군계일학입니다. 그는 한 여성 의원이 "당신이 내 남편이라면 당신의 찻잔에 독을 타겠어요"라고 독설을 퍼붓자 "당신이 내 아내라면 독이 든 그 차를 기꺼이 마셨을 거요"라고 태연히 대꾸했습니다. 상대방의 막말을 유머와 위트로 응수함으로써 오히려 대중의 호감과 사랑을 받았던 것입니다. 이처럼 정치인의 말에는 품격과 전략이 필요합니다.

우리나라 정치도 처음부터 막말이 횡행(橫行)했던 것은 아닙니다. 김대중 전 대통령은 지적이고 절제된 화법의 유머로, 김종필 전 총리는 직설적이지만 재치 있는 해학으로, 노회찬 전 의원은 유쾌하면서도 날카로운 풍자로 품격 있는 정치가 무엇인지를 보여주었습니다. 그들은 유머와 위트를 적절히 활용해 정

---

12) 한자 원문은 口是禍之門(구시화지문) 舌是斬身刀(설시참신도) 閉口深藏舌(폐구심장설) 安身處處牢(안신처처뢰)이다.

치적 메시지를 국민에게 효과적으로 전달했습니다. 막말정치는 보수와 진보의 진영대결이 격화되면서 나타난 현상입니다. 대화와 타협은 실종되고 오직 비난과 흠집 잡기만이 난무하는 우리 정치가 낳은 괴물입니다. 지지자들 역시 극단적 진영대결에 매몰되다 보니 자기 진영의 정치인이 하는 어떤 막말도 두둔하고 심지어 박수까지 보내니 막말이 사라지지 않는 것입니다.

우리가 풍도나 처칠 같은 정치가를 갖고 싶다면 국민이 변해야 합니다. 제2의 김대중이나 노회찬의 등장을 원한다면 유권자가 달라져야 합니다. 묻지도 따지지도 않고 무조건 특정 정당에 표를 던지는 잘못된 관행부터 버려야 합니다. 맹목적, 무비판적으로 특정 정당을 지지하는 풍토 속에서 막말정치가 독버섯처럼 자라납니다. 정치인만을 탓할 필요가 없습니다. 국민 수준이 곧 정치 수준입니다. 국민이 변해야 정치인들이 변하고 막말도 사라질 것입니다.

(2025. 5. 30.)

좋은 정치, 기다림에서 다가섬으로

요즘은 보기 힘든 풍경이지만 옛날 다방은 미혼 남녀들의 맞선 장소이자 연인들의 데이트가 시작되는 만남의 장소였습니다. 우리나라에 핸드폰이 본격적으로 보급되기 시작한 것은 1990년대 후반의 일입니다. 핸드폰이 없었던 시절에 청춘을 보냈던 사람들이라면 누구나 다방에서 시간이 지나도 오지 않은 연인을 초조하게 기다렸던 경험이 있을 것입니다. 하염없이 기다리는 그 시간은 "일각이 여삼추"였습니다. 황지우 시인의 「너를 기다리는 동안」이란 시는 그런 마음을 실감나게 표현하고 있습니다.

너를 기다리는 동안 | 황지우

네가 오기로 한 그 자리에

내가 미리 가 너를 기다리는 동안

다가오는 모든 발자국은 내 가슴에 쿵쾅거린다

바스락거리는 나뭇잎 하나도 다 내게 온다

기다려 본 적이 있는 사람은 안다

세상에 기다리는 일처럼 가슴 에리는 일 있을까

네가 오기로 한 그 자리, 내가 미리 와 있는 이곳에서

문을 열고 들어오는 모든 사람이

너였다가 너였다가 너일 것이었다가 다시 문이 닫힌다

사랑하는 이여

오지 않은 너를 기다리며 마침내 나는 너에게 간다

아주 먼데서 나는 너에게 가고

아주 오랜 세월을 다하여 너는 지금 오고 있다

아주 먼 데서 지금도 천천히 오고 있는 너를

너를 기다리는 동안 나도 가고 있다

남들이 열고 들어오는 문을 통해

내 가슴에 쿵쾅거리는 모든 발자국 따라

너를 기다리는 동안 나는 너에게 가고 있다

황지우 시인은 이 시의 탄생 일화를 직접 밝힌 바가 있습니다. 1986년 전두환 군사정권 하에서 어떤 일 때문에 지명 수배 중이던 황 시인은 주로 신문사 도서관에서 시간을 보내며 도피 생활

을 하고 있었다고 합니다. 하루는 우연히 그 신문사에서 일하는 선배 시인으로부터 급한 원고 청탁을 받았습니다. "이봐, 황 시인! 시 하나 줘. 하이틴이야. 쉽고 간단하게 하나 얼른 긁어줘!" 그 청탁을 받고 그 자리에서 5분 만에 '쓰윽 긁어서' 주었던 시가 「너를 기다리는 동안」입니다.

황 시인은 작품 후기인 착어(着語)[13]에서 '너'를 '민주, 자유, 평화, 숨결 더운 사랑'으로 해석했습니다. 황 시인에 따르면 '너'는 이 세상에 반드시 있어야 하는 소중한 것이지만 지금은 없는 어떤 소망의 대상입니다. 1970~1980년대의 암울했던 군사독재정권 시절, 우리의 소망은 '민주'였고 '자유'였습니다. 그때 우리는 소망이 이루어지길 기다리고만 있지 않았습니다. 1980년 5·18민주화운동, 1986년 6월 항쟁 등에서 보듯이 수많은 시민이 거리로 나섰고, 그때 흘린 피와 눈물의 대가로 지금 우리는 민주화된 사회에서 자유롭게 살고 있습니다.

황 시인의 시를 읽으며 '너'를 '좋은 정치'로 바꾸어 읽어 봅니다. 지금 우리 정치는 협치와 상생보다는 극단적 진영대결에 매몰되어 있습니다. 내 편의 잘못은 덮고, 상대 진영의 사소한 실

---

13) 불가의 공안(公案)에 붙이는 짧은 평을 말한다. 공안은 수행자가 참선을 통하여 깨달음을 얻기 위해 탐구하는 문제로 부처나 조사(祖師)의 파격적이고 역설적인 선문답을 지칭한다

수에는 증오의 막말을 퍼붓습니다. 특정 정당을 일방적으로 지지하는 영호남의 정치풍토는 고황(膏肓)[14]에 든 병입니다. 유권자들은 후보자의 자질과 도덕성보다 개인적 이해득실을 더 중시합니다. 일부 지역 언론의 문제도 심각합니다. 주인이 던져주는 썩은 고깃덩어리를 받아먹으려 꼬리를 흔드는 개처럼 종종 곡학아세의 말과 글로 권력자에게 아부하고 여론을 오도합니다.

프랑스 정치학자 메스트르(Joseph de Maistre)는 "모든 국민은 자신의 수준에 맞는 정부를 가진다"라고 했습니다. 정치는 유권자의 선택을 반영한다는 점에서 시민의 자화상입니다. 정치인만 탓할 수 없는 이유입니다. 우리가 먼저 변해야 합니다. 이 세상에 공짜가 없듯이 좋은 정치는 누가 거저 주는 선물이 아닙니다. 황 시인이 "오지 않은 너를 기다리며 마침내 나는 너에게 간다"라고 노래했듯이 이제는 우리가 '좋은 정치'를 향해 다가가야 합니다. 우리가 변하면 지역정치가 바뀌고, 지역정치가 변하면 중앙정치도 달라질 것입니다.

변화는 우리가 진영 논리에서 벗어날 때 시작됩니다. 정당이 아니라 인물과 정책을 보고 투표하는 시민들이 많아져야 합니다. 영남에서 민주당 후보, 호남에서 국민의힘 후보가 당선될 수

---

14) '기름' 고(膏)와 '명치 끝' 황(肓)이 합쳐진 단어로 심장과 횡격막 사이를 뜻한다. 이 사이에 병이 생기면 낫기 어렵다고 한다.

있어야 합니다. 그래야 정당들이 좋은 인물을 공천하기 위해 경쟁하게 됩니다. 지역 언론의 변화도 중요합니다. 권력에 기생하고 아부하는 언론은 언론이라 할 수 없습니다. 춘추필법의 매서움으로 권력의 부패와 전횡을 감시하는 뉴스타파 같은 언론이 지역마다 하나만 존재해도 정치의 질은 크게 높아질 것입니다. 정론 직필을 지향하는 언론을 우리가 후원하고 지지해야 하는 이유입니다.

　좋은 정치도, 나쁜 정치도 결국 우리 탓입니다. 정당만 보고 찍는 '묻지 마 투표'가 사라지고, 지역 언론이 워치독(watchdog) 역할을 다하는 곳에서는 나쁜 정치가 사라지게 됩니다. 꿈같은 이야기가 아닙니다. 뜻이 있으면 길이 있고, 의지가 있으면 방법이 보입니다. 한 사람의 힘은 미풍일지라도 그 미풍이 합쳐지면 저잣거리를 휩쓰는 회오리바람이 되고 지역을 뒤흔드는 강풍으로 발전해 마침내 이 나라의 정치를 바꾸는 태풍이 되지 말란 법이 없습니다. 좋은 정치, 기다릴 것인가 다가갈 것인가? 이제는 우리가 답할 차례입니다.

(2025. 7. 25.)

정치, 선악 두 얼굴의 야누스신

대학 1학년 때 교양과목으로 정치학을 수강한 적이 있습니다. 교재는 법문사에서 발간한 이극찬 서강대 교수의 저서였습니다. 워낙 오래전에 읽었던 책이라 내용은 가물가물하지만 지금도 선명하게 기억하는 것은 "정치란 야누스 신의 두 얼굴"이란 문장입니다. 로마신화의 야누스(Janus)는 두 개의 얼굴을 지닌 신입니다. 문(門)의 신이기도 한 그는 닫힘과 열림, 끝과 시작, 과거와 미래를 상징합니다. 과거를 돌아보고 미래를 여는 달인 January(1월)는 Janus와 ary(달)이 합쳐진 단어로 야누스의 달이란 뜻입니다.

많은 정치학자가 지적하듯이 정치는 야누스의 두 얼굴을 지니고 있습니다. 정치는 패도정치나 마키아벨리즘과 같이 권모술

수와 권력다툼이 판치는 악한 활동으로 보이기도 합니다. 다른 한편으로는 왕도정치나 철인정치처럼 공익과 정의를 추구하는 선한 활동으로 비치기도 합니다. 정치의 이러한 이원성(二元性)은 결국 선악 양면성을 가진 인간 본성의 반영입니다. 의사가 쥔 칼은 생명을 살리는 활인도(活人刀)가 되지만 강도가 쥔 칼은 생명을 앗아가는 살인도(殺人刀)가 됩니다. 칼은 죄가 없듯이 정치 역시 선도 악도 아니며 그 본질은 가치 중립적 행위입니다.

지금 우리 국민은 정치에 대한 희망을 잃어가고 있습니다. 민생은 뒷전인 채 권력 투쟁에 몰두하고, 극단적 진영대결로 통합보다 분열을 부추기며, 문제를 해결하기보다 갈등을 키우는 정치는 불신을 넘어 혐오를 불러일으키고 있습니다. 그 결과 "누가 해도 똑같다"는 체념과 냉소가 번지면서 정치 무관심이 일상화되고 있습니다. 한국행정연구원은 2013년부터 매년 국가승인통계인 사회통합실태조사를 시행하고 있습니다. 2024년 조사결과에 따르면 정치 관심도 질문에 대해 '전혀 혹은 별로 관심이 없다'는 응답자가 58.8%에 달해 정치 무관심이 심각한 수준임을 보여줍니다.

앞서 이야기했듯이 정치의 본질은 가치 중립적이며, 정치 그 자체는 죄가 없습니다. 일찍이 파스칼은 『팡세』에서 "인간은 천사도 아니고 금수도 아니다. 그런데 불행한 것은 천사의 흉내를 내려는 자가 금수의 흉내를 내곤 하는 것이다"라고 말한 바 있습니다. 천사도 금수도 아닌 중간적 존재인 인간의 행위인 정치는 필연적으로 선악 양면성을 지닐 수밖에 없습니다. 그렇다면 정치를 혐오하고 외면하는 것은 근본적 해결책이 아니라 방관이자 포기입니다. 정치가 타락하지 않도록 감시하고, 금수의 흉내를 내는 자들이 권력을 쥐지 못하도록 견제하는 것이 시민의 몫입니다.

정치에 무관심해서는 안 되는 또 다른 이유가 있습니다. 우리 인간은 천성적으로 정치적 동물[15]이기 때문입니다. 인간 사회에는 반드시 정치가 있고, 인간은 정치를 떠나 살 수 없는 존재입니다. 인간이 천사와 같은 지선(至善)[16]의 존재이면 정치가 아예 필요 없을 것이고, 금수와 같은 흉악한 존재라면 처음부터 정치가 존재할 여지가 없을 것입니다. 인간은 그 중간 어디쯤 있기에 때로는 서로 돕고 협력하고 때로는 권력이나 부(富) 등 희소 자원을 두고 경쟁도 합니다. 그 경쟁이 약육강식의 "만인에 대한 만인의 투쟁"으로 흐르지 않고 공존의 질서가 유지되도록 하는 일이 정치입니다.

---

15) 아리스토텔레스의 말이다. 그가 "인간은 사회적 동물이다"고 말한 것으로 알려졌지만 원래는 "인간은 정치적 동물이다"가 정확한 표현이다.
16) '이를 지(至)'와 '착할 선(善)'이 합쳐진 단어로 인간이 도달할 수 있는 '최고의 선'을 뜻한다.

흔히 현대를 '정치의 시대' 또는 '정치화의 시대'라고 합니다. 정치가 우리의 삶의 구석구석까지 영향을 미치고, 우리의 행복과 불행이 정치의 질에 의해 좌우되는 시대입니다. 우리가 정치에 무관심하게 되면 결국 무능하고 부패한 자들이 자의적으로 권력을 행사하도록 방관하는 것입니다. 그것은 악을 돕는 길입니다. 플라톤은 『국가(The Republic)』에서 "정치를 외면한 가장 큰 대가는 자신보다 못한 사람에게 지배당하는 것이다"라고 이야기했습니다. 수천 년 전 플라톤의 경고는 우리 시대에도 여전히 유효합니다.

정치의 선악은 정치인 탓으로만 치부할 수 없습니다. 그 정치인을 뽑고 감시하고 통제해야 할 책임이 있는 시민에게도 책임이 있습니다. 깨어있는 시민이 좋은 정치인을 낳고, 선한 정치를 가능하게 합니다. 지금 우리 앞에는 두 가지 길이 놓여 있습니다. 정치를 악한 것으로 보고 외면할 것인가? 아니면 선한 것으로 보고 적극적으로 참여할 것인가? 선택은 우리에게 달려 있습니다.

(2025. 10. 11.)

제2장

공직 – 다시 태어나도 이 길을

카이사르의 혜안

    아침에 똑같은 길을 따라 등교한 학생들에게 학교로 오는 도중에 무엇을 보았는지 묻는다면 어떤 대답이 나올까요? 똑같은 길을 걸어왔으니 대답 역시 똑같을까요? 그보다는 백인백색(百人百色)의 다채로운 대답이 우리를 놀라게 할지도 모릅니다. 일찍이 로마의 장군이자 정치가였던 율리우스 카이사르는 그의 저서 『갈리아 전기』에서 "사람들은 자기가 보고 싶은 것만 본다"[17]라고 말했습니다. 카이사르의 명언이 시사하듯 외부세계의 사물이나 현상은 객관적으로 존재하지만 우리는 각자 자기만의 렌즈를 통해 그것을 주관적으로 해석하고 인식합니다.

---

17) 카이사르의 말은 시오노 나나미가 『로마인 이야기』에 인용하면서 유명해졌다. 원래 『갈리아 전기』에는 "사람들은 자신이 원하는 것을 기꺼이 믿는다(Men gladly believe that which they wish for)."라고 되어 있어 시오노 나나미의 인용과는 다소 차이가 있다.

카이사르의 명언이 진리임을 증명했던 유명한 심리학 실험이 있습니다. 미국의 심리학자 크리스토퍼 차브리스와 대니얼 사이먼스의 '보이지 않는 고릴라' 실험입니다. 두 사람은 실험 참가자들에게 하얀 셔츠와 검은 셔츠를 입은 두 팀이 농구공을 이리저리 패스하는 1분짜리 동영상을 보여주고 하얀 셔츠 팀의 패스 횟수만 세라고 지시했습니다. 동영상 중간에는 고릴라 복장을 한 여학생이 9초간 코트 중앙으로 걸어 나와 카메라를 향해 가슴을 두드리는 장면이 있었습니다. 그런데 놀랍게도 실험 참가자의 절반은 고릴라 복장을 한 여학생을 보지 못했습니다.

이 실험은 우리 인간은 자기가 보고 싶은 것만 보려는 '선택적 인지' 경향이 있으며, 자신이 못 본다는 인식조차 없을 수 있다는 사실을 입증하고 있습니다. 저도 작년에 중앙공무원교육원에서 교육을 받을 때 60여 명의 동료와 함께 이 실험의 대상이 된 적이 있습니다. 당시 교육원에 출강을 왔던 서울대 심리학과 곽금주 교수가 '보이지 않는 고릴라' 동영상을 보여주었는데, 저를 포함한 대부분 교육생이 패스 횟수를 세는 데만 몰두한 나머지 고릴라 복장을 한 여학생을 보지 못했던 기억이 납니다.

지난주 언론을 달군 뜨거운 이슈가 많았지만, 이동흡 헌법재판소장 후보자[18]의 인터뷰 기사도 빼놓을 수 없을 것입니다. 인터뷰 기사를 읽으면서 서두에서 이야기했던 카이사르의 명언이 떠올랐습니다. 중앙일보와의 인터뷰에서 이 후보자는 특정업무 경비를 개인 통장에 넣고 쓴 것은 관행이었다면서 자진사퇴의 가능성을 일축했습니다. 관행으로 인한 문제를 한 개인에게 책임지라고 하는 것은 타당치 않다는 주장까지 펼쳤습니다. 이 후보자의 말대로 명백히 잘못된 행위일지라도 관행이면 괜찮은 걸까요?

제가 공직에 입문했던 초창기만 하더라도 명절 때 업자들로부터 떡값을 받거나 허위출장으로 빼낸 여비를 직원들끼리 나눠 가지는 것은 오랜 관행이었습니다. 하지만 그 사실이 외부에 드러났을 때 관행이라고 해서 용서받는 경우를 보지 못했습니다. 징계는 물론이고 처벌 대상이 돼 공직을 그만둔 사람들도 적지 않습니다. 지금 대한민국의 공직자 중에서 잘못된 행위도 관행이면 용서받을 수 있다고 생각하는 사람이 과연 몇이나 될까요?

지도층 인사들의 비리가 문제가 될 때마다 드는 생각은 우리 사회를 지배하는 가치관이 하나가 아니라는 것입니다. 소득수

---

18) 박근혜 대통령이 헌법재판소장으로 지명하였으나 자녀의 삼성 취업 특혜, 국외 출장 과다 및 가족 동반, 장남 증여세 포탈, 특정업무경비 사적 사용 등 잇따른 의혹으로 지명 40여 일 만에 낙마했다.

준에 따라, 직업에 따라, 때로는 사는 지역에 따라서도 가치관이 다를 수 있다는 것을 종종 느낍니다. 한때 사회 지도층 사이에서 유행했던 미국 원정출산을 바라보는 시각이 그렇습니다. 이동흡 후보자가 자신의 행적에 대해 부끄러움을 느끼지 못하는 것은 그가 속한 세계에서는 그것이 통상적인 일이었기 때문일지도 모릅니다. 하지만 중요한 것은 일반 대중의 보편적인 시선입니다. 이동흡 후보자는 그가 살아온 세계의 가치관이 아니라 일반 국민의 눈높이에서 본인 행위의 옳고 그름을 판단해야 옳은 일입니다.

(2013. 2. 8.)

한 공무원의 여름나기

목요일인 오늘은 제68주년 광복절입니다. 일제의 강압 통치에서 해방된 기쁜 날입니다. 그런데 저를 포함한 대한민국의 공무원들에게 올해 광복절은 에어컨 없는 사무실의 찜통더위로부터 잠시나마 해방된 날이기도 합니다. 지난 3일 동안 40℃를 훌쩍 넘는 찜질방 같은 사무실에서 일하느라 심신이 지칠 대로 지쳤는데 광복절을 맞아 모처럼 집에서 쉬면서 힐링의 시간을 가질 수 있어 행복했습니다.

올여름 내내 전력난이 지속되면서 정부에서는 국민에게 절전을 호소해 왔습니다. 국민의 고통 분담을 호소하면서 공무원들이 솔선수범하지 않을 수는 없는 일입니다. 더욱이 현재의 전력 위기를 미리 대비하지 못한 정부의 잘못이 크다는 점을 고려하면 더욱 그러합니다.

　그래도 지난주까지는 오후에 가끔 에어컨이 나오기도 했는데 이번 주 들어 전력위기가 최고조에 이르면서 그것마저 중단되었습니다. '용장 위에 지장, 지장 위에 덕장, 덕장 위에 현장'이란 말이 있습니다. 너무 덥다 보니 현장확인 행정을 핑계로 사무실 탈출을 시도해 볼까 하는 유혹도 느꼈지만, 사무실 일이 바빠 실제 행동으로 옮기지는 못했습니다.

　지난 며칠 에어컨이 가동되지 않는 사무실에서 일하는 것은 너무 고통스러웠습니다. 제 사무실은 광화문 서울종합청사 5층인데 이번 주부터는 5층까지 엘리베이터 운행마저 중단해 걸어서 올라가야 했습니다. 계단을 오르다 보면 등줄기에 뜨거운 땀이 흐릅니다. 이미자의 히트곡 중에 〈울어라 열풍아〉라는 노래가 있습니다. 저는 지금까지 '열풍'이 사전에만 있는 단어인 줄 알았습니다. 사무실에서 선풍기를 틀어 보지만 시원한 바람이 아니라 뜨거운 열풍이 부니 별무효과(別無效果)입니다. 노랫말 가사처럼 밤이 새도록 열풍이 부는 날이 계속되다 보면 언젠가 한국의 남성들도 열대지방 남성들처럼 치마를 입고 생활해야 할 날이 올지도 모를 일입니다.

　전력위기가 최고조에 이르면서 저도 긴장된 며칠을 보내야 했

습니다. 그것은 예비전력이 200만kW 이하로 떨어지면 민방위
경보통제소에서 전국에 재난경보를 발령해야 하는데 그 일이
제 소관이기 때문입니다. 전력 당국(산업통상자원부)은 이번 주
월요일부터 수요일까지 3일간이 최대 고비일 거라고 했는데, 다
행히 국민의 협조로 마(魔)의 3일을 잘 넘긴 것 같습니다. 정말
위대한 국민입니다.

　어제부터 설비용량이 100만kW인 한울원전 4호기가 재가동
에 들어감에 따라 전력 수급에 다소 숨통이 트일 전망입니다. 더
욱이 입추도 지났고 말복까지 지났으니 하늘 높은 줄 모르는 염
장군의 기세도 한풀 꺾이겠지요. 우리도 모르는 사이에 저 멀리
서 서늘하고 청명한 천고마비의 계절 가을이 성큼성큼 다가오
고 있습니다. 아! 정말 가을이 기다려집니다.

(2013. 8. 15.)

청문회 단상

어제 외출했다가 저녁 8시쯤 귀가했는데 때마침 SBS에서 8시 뉴스를 방송 중이었습니다. 북한 핵 관련 소식과 6개 부처 장관 후보자의 인선 소식에 이어 이동흡 헌법재판소장 후보자의 자진 사퇴 뉴스가 흘러나왔습니다. 사필귀정이긴 하지만 인간적으로 안 됐다는 생각이 들었습니다. 의혹이 불거졌을 때 바로 사퇴했더라면 오랜 시간 동안 이런저런 수모를 겪지 않았을 것입니다.

역대 우리나라 공직 후보자들이 인사청문회를 통과하지 못하고 낙마한 사유를 보면 주로 청렴성과 도덕성, 가족 문제 등이 그 원인입니다. 청렴성에서는 부동산 투기, 탈세, 업무추진비 유용, 다운계약서 작성 등이 자주 질타(叱咤)받는 문제들입니다. 도덕성은 막말, 갑질, 논문 표절, 위장 전입, 관용차 사적 사용 등이 단골 메뉴로 등장합니다. 가족 문제의 경우 재산의 편법 증여, 입시 비리, 취업 비리, 자녀의 국적 문제 등이 종종 논란이 되곤 합니다.

공직 후보자들의 낙마 사례에서 몇 가지 교훈을 얻을 수 있습니다. 첫 번째는 나아갈 때와 물러날 때를 분별할 줄 아는 공성신퇴(功成身退)의 지혜입니다. 노자는 "공을 이룬 뒤에 물러나는 것이 하늘의 도이다"라고 말했습니다. 우리는 역사 속에서 '일인지하 만인지상'의 위치에 있던 재상들이 공성신퇴의 이치를 깨닫지 못해 패망의 길로 들어선 수많은 사례를 접합니다. 춘추전국시대 월나라의 문종, 진시황에게 쫓겨난 뒤 자살로 생을 마감한 여불위 등이 그러했고 조선 왕조의 정도전이나 송시열 등도 그런 비극적 운명을 피해 가진 못했습니다.

지금까지 낙마한 공직 후보자들은 이미 한 분야에서 큰 성취를 이룬 소위 사회적으로 성공한 사람들입니다. 그들이 낙마의 운명을 맞게 된 것은 더 큰 권력이나 명예에 대한 욕심으로 나아갈 때와 물러날 때를 분별하지 못했기 때문입니다. 자신의 흠은 자기 자신이 가장 잘 알고 있습니다. 아무리 좋은 자리일지라도 애초에 지명을 고사했어야 옳은 일입니다. 지명을 잘못 수락했다면 언론 검증 단계에서 의혹이 불거지기 시작했을 때 자진 사퇴 해 청문회의 혹독한 검증을 거치며 인격적 목숨까지 잃지는 말아야 했을 일입니다.

두 번째는 남상(濫觴)의 교훈입니다. 남상은 어떤 일이나 현상의 '시작' 또는 '근원'을 뜻하는 단어로 큰일이 아주 작은 것에서 비롯됨을 의미합니다. '넘칠 남(濫)'과 '잔 상(觴)'이 합쳐진 남상은 글자 그대로 풀이하면 '넘치는 잔'으로 공자와 그의 제자인 자로의 고사에서 유래했습니다. 공자는 평소 자로의 검소한 옷차림을 칭찬해 마지않았는데 어느 날 자로가 화려한 옷을 입고 나타나자 다음과 같이 꾸짖었다고 합니다.

> "옛날 양자강은 그 근원이 민산에서 비롯되었다. 그것이 처음에는 양도 적고 흐르는 것도 조용하여 잔에 넘칠 정도밖에 안 되었다. 그러나 그것이 하류에 이르자 사람들은 배를 타고서도 빠질까 염려할 정도가 되었다. 세상의 모든 일은 시작이 중요한 것이다. 착한 일을 시작하여 계속하면 점점 커져서 마침내 훌륭한 인물이 되지만 착하지 못 한 일을 시작하여 그 끝이 없으면 결국에는 걷잡을 수 없는 지경에 이르게 된다."

청문회를 지켜보면 후보자들의 낙마를 초래한 남상은 큰 비리라기보다 사소한 흠결들 보이는 것들도 적지 않습니다. 잔에 넘칠 정도밖에 안 되던 민산의 물이 나중에 장강의 거센 물결이 되었듯이 사소한 흠결이 원인이 되어 낙마라는 큰 비극을 맞이하게 된 것입니다. 공직자의 청렴성과 도덕성에 대한 우리 사회의 기대 수준이 일반인의 그것보다 훨씬 높아지고 있습니다. 무릇[19] 공직에 뜻이 있는 사람이라면 남상의 의미를 가슴에 새기고 평소 작은 일부터 철저한 자기관리로 수신(修身)에 힘써야 합니다.

마지막으로 사람 관리의 중요성, '제가(齊家)'의 교훈입니다. 제가 전남도청에서 도지사 비서실장으로 있을 때의 일입니다. 하루는 정무라인 실세와 담소를 나누는데 그가 "난 사무실에 앉아서도 도청 간부들의 움직임을 손금 보듯이 훤히 알고 있어요"라고 말했습니다. 천리안의 신통력이 있어서 그런 것은 아닙니다. 그에 따르면 도청 직원, 특히 하위직 직원들이 자진해서 찾아와 자기 상사에 대한 모든 것을 낱낱이 고(告)한다는 것입니다.

공직 후보자들의 낙마 사례를 보면 평소 같이 일했던 측근들의 제보가 결정적으로 작용한 경우가 많습니다. 이동흡 후보자의 경우가 그렇습니다. 법복을 여직원에게 벗기도록 한 일이나 관용차를 사적으로 사용한 일, 그리고 업무추진비의 사적 유용 등은 외부인들이 알기 어려운 내용입니다. 수신을 못 한 데다가 제가에도 실패했으니 치국(治國)의 자리에 오를 수 없는 것은

---

19) 일반적으로, 대체로, 모든 경우에 있어서라는 뜻으로 어떤 원칙이나 일반적 사실을 말할 때 쓰인다.

당연한 일입니다.

공직 후보자들의 잇따른 낙마는 공직자로서 큰 뜻을 펼치고자 하는 사람은 인생의 전주기(全周期)에 거쳐 자기관리를 해야 하는 시대가 왔음을 보여줍니다. 자기관리는 사소한 것에서부터 엄격한 자기절제의 노력을 기울이는 데서 시작됩니다. 그것은 힘들고 고통스러운 길입니다. 그럴 자신이 없으면 이젠 공직을 맡을 생각은 꿈도 꾸지 말아야 합니다. 늘 공성신퇴의 마음으로 남상의 의미를 생각하며 수신과 제가에 힘쓴다면 공직자의 길을 걷고자 할 때 실족할 일이 없을 것입니다.

(2013. 2. 14.)

또 다른 황희정승을 대망하며

　고등학교 시절, 영어 실력 향상에 도움이 된다는 선생님의 권유로 원문으로 된 영어소설을 많이 읽었습니다. 그때 읽었던 영어소설 중에 『지킬박사와 하이드(*Strange Case of Dr Jekyll and Mr Hyde*)』라는 소설이 있습니다. 1886년에 영국에서 출간된 이 소설은 인간의 다중인격을 다룬 최초의 소설로 알려져 있습니다. 작가인 스티븐슨은 이 소설에서 지킬박사의 내면에 잠재해 있는 분신 하이드의 행동을 통해 선악 양면성을 지닌 인간의 모습을 적나라하게 보여줍니다.

　스티븐슨이 소설을 통해 주장하고자 했던 것처럼, 극히 예외적인 분들을 제외하면, 모든 인간은 선악 양면성을 가지고 있다고 해도 틀린 말이 아닙니다. 충신과 간신의 경우도 마찬가지입니다. 간신이라고 해서 충신다운 면모가 전혀 없지는 않으며, 충신이라고 해서 간신다운 면모가 전혀 없는 것은 아닙니다. 조선 제일의 청백리로 칭송받는 황희도 실록을 보면 뇌물수수에 매관매직, 심지어 간통의 기록까지 있습니다. 인간이면 누구나 가지고 있는 양면성 중에서 어느 면이 두드러졌는지에 따라 선인과 악인, 간신과 충신이라는 평판을 얻는 것입니다.

최근 김용준 총리 후보자[20]에 이어 각종 논란에 휩싸인 이동흡 헌법재판소장 후보자마저 자진사퇴 함으로 박근혜 정부 출범에 빨간불이 켜졌습니다. 두 사람의 낙마는 사필귀정이니 재론할 여지가 없습니다. 문제는 검증 잣대가 더욱 엄격해지면서 깨끗하고 흠 없는 후보자를 찾기가 점점 더 어려워지고 있다는 사실입니다. 실제로 후보군에 오른 인사 중 상당수가 가족들의 반대로 공직 후보 지명을 고사한다고 합니다. 후보자 본인은 물론 가족의 신상(身上)까지 탈탈 털리는 청문회에 대한 두려움 때문입니다.

잇따른 공직 후보자들의 낙마를 지켜보면서 떠오르는 의문이 있습니다. 공직 후보자의 검증은 도덕성뿐만 아니라 업무 역량에 대한 검증도 중요합니다. 지금처럼 후보자의 정책적 능력은

---

20) 박근혜 정부 초대 총리로 지명된 김용준 후보자는 법관 재직 중의 부동산 투기, 두 아들의 병역기피 의혹이 제기되자 지명된 지 5일 만에 자진사퇴 했다.

도외시하고 도덕성 검증에만 매달리는 것이 바람직할까요? 도덕적 흠결은 없어도 공직자가 무능하면 공동체에 더 큰 해악을 끼치는 것은 아닐까요? 그리고 도덕성 검증은 어느 수준까지 이루어져야 할까요? 배우자와 자식은 물론 부모 형제까지 샅샅이 터는 게 바람직한 것일까요?

동아일보 주필을 지낸 역사학자 천관우는 친일파로 비난을 받는 이광수, 최남선을 옹호하면서 이런 말을 했다고 합니다. "그분들이 얼마나 견디기 어려운 압력을 받았는지 그 자리에 없었던 우리는 모른다. 우리나라에는 존경할 만한 인물이 적다. 따라서 웬만한 허물은 덮어 두는 것이 좋지 않겠는가?" 물론 이광수, 최남선 등 역사적 인물에 대한 판단은 사람에 따라 다르겠지만 천관우가 말하고자 하는 취지만은 새겨들을 가치가 있다고 생각합니다.

인사청문회법은 김대중 정부 시절인 2000년 6월에 도입된 제도입니다. 그 이전에는 자기관리의 중요성에 대한 사람들의 인식이 지금처럼 뚜렷하지 않았습니다. 특히 공직이 아닌 민간분야에서 일했던 사람들은 더욱 그러했을 것입니다. 그렇다면 제도가 도입되기 전에 있었던 사소한 과실에 대해서는 눈을 감아 주는 아량도 필요하지 않을까요?

흠이 적지 않았던 황희 정승은 세종의 신임에 힘입어 조선의 황금기를 여는데 크게 기여했습니다. 조그마한 흠이나 과실 때문에 또 다른 황희정승이 나올 가능성을 원천적으로 차단해서는 안 될 것입니다.

(2013. 2. 15.)

공공선택이론이 던지는 경고

정치학과 경제학을 넘나드는 '공공선택이론(公共選擇理論, public choice theory)'이라는 경제이론이 있습니다. 국가나 정부는 생산자, 국민은 소비자로 보고 경제학적 관점에서 공공재가 생산되는 정치과정을 분석하는 이론입니다. 노벨경제학상을 받은 제임스 뷰캐넌(James M. Buchanan)이 체계화한 이 이론은 전통적으로 '공익'을 대변한다고 여겨온 국가와 정부를 새로운 시각에서 해석합니다.

20세기 들어 정부의 역할이 커지면서 등장한 공공선택이론은 정부에 의한 자원 배분의 왜곡 가능성을 인정합니다. 전통적으로 개인은 사익을, 국가나 정부는 공익을 추구한다고 생각해 왔습니다. 하지만 공공선택이론은 그러한 이분법을 부정합니다.

국가나 정부는 추상적으로 존재할 뿐 그것을 실질적으로 움직이는 실체는 정치인과 관료입니다. 그들이 시장에서 이익 극대화를 위해 노력하는 소비자나 기업처럼 행동하면서 자원 배분이 왜곡될 수 있다는 것입니다.

이러한 통찰은 '정부=공익의 수호자'라는 관념을 깨뜨립니다. 사실 정치인과 관료가 말로는 공익을 위한다고 하면서 실제로는 이기적 동기에 따라 움직이는 경우가 드물지 않습니다. 관료는 권한 확대를 위해 불필요한 규제를 양산하고, 국회의원은 이익집단의 로비에 휘둘려 법을 만들기도 합니다. 정치적 이해관계에 따른 예산 분배로 공공재[21]를 과잉 또는 과소 공급하기도 합니다. 이른바 '정부 실패(government failure)' 현상이 발생하는 것입니다.

'정부 실패'에 주목한 공공선택이론은 가격원리가 작동하는 시장을 통한 공공재 공급을 주장합니다. 정부의 역할이 커질수록 '정부 실패'의 가능성도 커진다는 점을 강조합니다. 하지만 모든 공공재 공급을 시장에만 맡길 수 없습니다. 국방, 치안, 교

---

21) 공공재는 국방, 치안, 교육, 도로 등이 대표적으로 두 가지 특징을 가지고 있다. 하나는 '비배제성'으로 특정 개인을 소비에서 배제할 수 없다. 다른 하나는 '비경합성'으로 한 사람이 소비한다고 해서 다른 사람의 소비량이 줄지 않는다. 공공재의 비배제성으로 인해 혜택은 누리면서 비용은 부담하지 않으려 하는 무임승차 문제와 시장의 가격 논리가 작동하지 않는 '시장 실패(market failure)' 현상이 발생한다.

육처럼 시장이 공급하려 하지 않거나 소비자에게 비용 전가가 불가능한 '시장 실패(market failure)'의 영역은 여전히 정부의 몫입니다. 그렇기에 정치인과 관료가 공익의 수호자로서 제대로 일하고 있는지를 늘 살펴봐야 할 이유가 여기에 있습니다.

공공선택이론은 경제적학 관점에서 작은 정부론을 뒷받침하는 이론이지만 정치학적 관점의 함의(含意)는 정부에 대한 감시와 견제의 중요성입니다. 치열했던 4·15 총선이 막을 내리고, 300명의 선량(善良)이 새로 뽑혔습니다. 우리가 선거 때만 정치에 관심을 갖고, 당선된 국회의원들의 의정활동에 무관심하다면 스스로 주인 되기를 포기하는 것입니다. 권력자를 감시하는 시민의 눈이야말로 민주주의를 지탱하는 가장 강력한 힘입니다. 선거는 끝이 아니라 시작일 뿐입니다. 그것이 공공선택이론이 우리에게 보내는 메시지입니다.

추사 김정희는 서화를 감상할 때 금강안(金剛眼)과 혹리수(酷吏手)가 필요하다고 했는데 정치도 마찬가지입니다. 시민 한 사람 한 사람이 금강역사처럼 눈을 부릅뜨고 혹독한 세리(稅吏)의 손끝과 같은 엄정함으로 300명의 선량이 국민을 위해 사심 없이 일하는지 끊임없이 살피고 감시해야 합니다. 그렇게 할 때만이 우리 정치가 똑바로 서고 우리나라가 올바른 방향으로 나아가게 될 것입니다.

(2020. 4. 16.)

다시 태어나도 이 길을

　추석 연휴 동안 모처럼 가족만의 오붓한 시간을 무주리조트에서 보냈습니다. 여름휴가를 같이 보낸 적은 있지만, 명절 가족여행은 이번이 처음이었습니다. 부모님이 살아 계실 때는 고향을 찾아 부모님을 뵙고 성묘하는 일이 항상 먼저였습니다. 공무원이라는 저의 직업적 특성 탓도 컸습니다. 현직에 있을 때를 돌이켜보면 설이나 추석 등 남들이 쉴 때 비상 근무를 하는 경우가 많았습니다. 여름휴가마저 제대로 보낸 적이 많지 않으니 명절 때는 더 말할 것이 없습니다.

　이번에 모처럼 가족여행을 하면서 아들과도 많은 시간을 같이 보낼 수 있었습니다. 카이스트에서 우주항공학과를 졸업하고 석·박사 학위를 취득한 아들은 대전 유성구에 있는 국방과학연

구소(ADD)의 연구원으로 일하고 있습니다. ADD는 박정희 대통령이 무기 국산화를 통한 방위산업 육성을 위해 1970년에 설립한 우리나라 최초의 정부출연 연구소입니다. 3백만 평 부지에 5천여 명의 고급인력이 일하고 있는 우리나라 자주국방의 산실이기도 합니다.

부모에게서 독립해 자유롭게 생활하기를 원하는 요즘 젊은 세대와 달리 아들은 아직도 엄마가 해주는 밥이 좋나 봅니다. 같이 산다고 해서 아들의 얼굴을 자주 볼 수 있거나 대화할 기회가 많은 것은 아닙니다. 아들은 ADD 입사 후 일에 파묻혀 살다 보니 자정이 다 되어 퇴근하는 것이 일상이 되었습니다. 주말에는 외출하거나 게임 삼매경에 빠져 아빠에게 내줄 시간이 없어 보입니다. 그런 까닭에 아들이 ADD에 입사한 지 2년이 넘었지만, 미사일 개발과 관련된 일을 한다는 것만 대강 알고 있을 뿐 세세한 내용은 알지 못합니다.

이번에 오랜만에 긴 시간을 같이 보내면서 하는 일에 대해 이것저것 물었지만, 자세히 알려고 하지 말라면서 입을 꾹 다뭅니다. 겨우 알아낸 것은 자기 팀이 비밀 프로젝트 조직이란 것, ADD 직원들도 자기 팀의 존재는 알고 있지만 구체적인 임무는 잘 모른다는 내용뿐이었습니다. 아버지도 못 믿는 아들의 단호한 태도에 서운함도 없지 않았지만, 아들이 그만큼 국가안보를 위해 중요한 일을 하는 것 같아 마음이 뿌듯하고 대견스러웠습니다.

제 부친도 공무원이었고 저 역시 30년 넘게 나랏밥을 먹었습니다. 모든 사람이 자신의 직업에 나름의 가치와 보람을 느끼겠지만 공무원들 역시 국가와 국민을 위해 일한다는 긍지와 자부심으로 일하는 분들이 많습니다. 저도 오랜 공직생활을 하면서 한순간도 공무원이 된 것을 후회해 본 적이 없었습니다. 저는 아들이 할아버지와 아버지의 뒤를 이어 국가의 녹(祿)을 먹는 사람이 되길 원했습니다. 비록 아들의 선택이 정확하게 제가 바랐던 그 길은 아니지만, 국가와 국민을 위해 일하고 있는 아들이 정말 자랑스럽습니다.

(2023. 10. 3.)

영랑생가에 얽힌 흑역사

　30년 넘는 긴 공직생활 동안 보람된 순간도 많았지만 아쉽고 후회되는 일도 적지 않습니다. 오늘 겨울비가 촉촉이 내리는 가운데 순천대 농업경영자 과정 동기생들과 함께 들렀던 강진의 영랑생가에 얽힌 일이 그렇습니다. 영랑생가는 「모란이 피기까지는」라는 시로 유명한 영랑 김윤식이 나고 자란 곳으로 국가지정 문화재입니다. 야트막한 언덕을 올라 영랑생가의 뜨락에 서서 앞을 바라보니 시야를 가로막고 서 있는 오른편의 4층짜리 빌라가 제 마음을 무겁게 짓누릅니다.

　그 흉물스러운 빌라의 건립에는 저와 연관된 흑역사가 있습니다. 1993년 제가 전남도청 문화재 계장으로 일하고 있을 때의 일입니다. 하루는 영랑생가 앞에 8층짜리 아파트를 짓겠다며 문화재 현상변경 허가를 원하는 민원인이 저를 찾아왔습니다. 모든 문화재의 경계로부터 500m 이내에서 건축행위를 하기 위해서는 먼저 문화재 현상변경 허가를 받아야 합니다. 그 당시는 영랑생가가 도지정문화재여서 현상변경 허가 권한이 전남도청에 있기 때문에 저를 찾아온 것입니다.

하지만 영랑생가의 조망을 해칠 현상변경 허가를 해줄 수는 없는 일이었습니다. 제 설명을 들은 민원인은 크게 낙담했습니다. 그동안 땅 매입과 설계 등에 큰돈을 투자했다며 현상변경 허가를 받지 못하면 파산해 길거리에 나앉을 수밖에 없다면서 읍소하기 시작했습니다. 젊고 순진해 보이는 그의 처지가 너무 안타까웠습니다. 고민 끝에 건물 높이를 8층에서 4층으로 낮추는 방안을 제시했고 그 결과 지금의 빌라가 들어서게 된 것입니다.

돌이켜보면 저의 결정은 공적인 사명보다 개인적 연민을 앞세운 미숙한 판단이었습니다. 비록 민원인의 처지가 딱하기는 했지만, 공적인 일을 처리하면서 사소한 인정에 사로잡힐 일이 아니었습니다. 저의 그릇된 판단은 영랑생가의 고졸미(古拙美)[22]를 훼손했고, 위대한 시인의 삶과 시심이 담긴 공간에 흉터를 남긴 셈입니다. 지혜도 부족하고 경험도 일천한 30대 초반의 나이

---

22) 기교는 없으나 예스럽고 소박한 데서 나오는 아름다움

탓도 있지만, 평소 모질지 못하고 온정적인 저의 성향이 올바른 판단을 그르쳤던 것입니다.

오늘 영랑생가를 머무르는 내내 마음이 무거웠습니다. 참으로 후회막급(後悔莫及)입니다. 영랑에게 부끄럽고 죄송한 마음 금할 길이 없습니다. 영랑은 "모란이 피기까지는 나는 아직 나의 봄을 기다리고 있을 테요"라고 노래했습니다. 이 겨울이 지나면 머지않아 영랑생가에도 따뜻한 봄이 찾아오고 모란도 피어날 것입니다. 그렇게 해마다 계절의 봄은 돌아오고 모란도 피겠지만 제 마음속 영랑생가의 뜨락에 모란이 필 날은 기약할 길 없습니다.

(2023. 11. 16.)

선비와 내시

　최근 한 언론에 한 지자체의 특정 공무원에 대한 무리한 징계 시도와 퇴직 강요, 그리고 집단 따돌림 등이 보도돼 큰 파문이 일었습니다. 사실이라면 민간기업에서도 있을 수 없는 일이 공공기관에서 버젓이 자행된 셈입니다. 무엇보다 단체장의 눈 밖에 난 공무원을 상대로 오랜 세월 함께 일했던 동료들이 정신적 가해에 동참했다는 사실은 충격을 넘어 서글픔을 안겨줍니다. 지시인지 자발적 행동인지 그 여부는 알 수 없지만 공직사회에서 있어서는 안 될 일임은 분명합니다.

　민선 자치 시대가 시작된 1995년 이후 공무원에 대한 지자체장의 통제력이 엄청나게 강해졌습니다. 임명직 관선 시대의 지자체장 임기는 길어야 1년이었습니다. 그 시대에는 공무원들이 주인이고, 지자체장은 지나가는 과객(過客)에 불과했습니다. 얼마 지나지 않아 바뀔 지자체장은 그다지 두려운 존재가 아니었습니다. 그러나 민선 자치 시대는 지자체장을 무소불위(無所不爲)의 권력을 가진 지역의 소통령으로 만들었습니다. 법적으로 최대 3선(選)까지 가능하니 한 번 밉보이면 12년의 세월을 고스란히 감내해야 합니다. 지자체장에게 무조건 맹종할 수밖에 없는 구조가 만들어진 것입니다.

제가 현직에 있을 때 한 지인이 툭 던진 말이 가슴을 찌르는 비수처럼 다가왔습니다. "요즘 공무원들은 선비는 없고 내시만 득실거린다." 그의 말에 심한 부끄러움을 느꼈습니다. 조선 시대의 관료 중에는 옳은 일을 위해 목숨조차 개의(介意)치 않던 선비들이 있었습니다. 사육신이나 삼학사가 바로 그들입니다. 서거정은 그들의 기개를 "항뇌정 도부월 이불사(抗雷霆 蹈斧鉞 而不辭)"로 표현했습니다. "벼락이 떨어져도 목에 칼이 들어와도 서슴지 않는다"는 뜻입니다. 지금 대한민국은 권력자의 눈밖에 났다고 하루아침에 귀양 가거나 멸문지화를 당하는 왕조 시대가 아닙니다. 그럼에도 선비다운 기개와 지조를 갖춘 공무원들을 찾아보기가 힘듭니다.

이번 사안을 접하며 후배 공무원들에게 꼭 권하고 싶은 수필 두 편이 떠오릅니다. 언론인 송건호의 「선비정신」과 국어학자 이희승의 「딸깍발이」입니다. 서양에 기사도, 일본에 무사도가 있다면 우리나라에는 선비정신이 있습니다. 송건호와 이희승은 수필에서 우리나라가 바로 서기 위해서는 선비정신을 새롭게 되살려야 한다고 강조합니다. 선비들의 어쭙잖은 소중화(小中華) 사상이나 현실과 유리된 고답적 삶의 태도는 버리되 그들의 기개와 강직함, 불의에 맞서는 용기만은 본받을 것을 주장합니다.

조선을 이끌던 사대부(士大夫)는 조정에 출사하면 관리(大夫)였고 물러나면 학문을 닦는 선비(士)였습니다. 그들은 조정에서 관료로 일하면서도 선비다운 기개를 잃지 않았습니다. 대한민국 공무원은 조선 시대의 사대부입니다. 혀 짧은 서당 훈장이 제자들에게 "나는 바담 풍해도 너는 바람 풍해라"고 말했다는 고사가 있습니다. 공직생활을 회고해 볼 때 저 역시 혀 짧은 서당 훈장처럼 허물이 있는 사람이었습니다. 하지만 후배 공무원들만큼은 그렇지 않기를 바랍니다. 당당하고 기개 있는 선비형 공무원들이 많아졌으면 좋겠습니다.

(2024. 1. 27.)

공무원의 인권

2000년 영국 유학 시절의 일입니다. 영국에 도착하자마자 저는 두 아이가 다닐 학교부터 알아봤습니다. 영국의 초등학교는 한 학년이 1개 학급이고 정원은 30명입니다. 그러다 보니 두 아이가 한 학교에 다니지 못하는 예기치 못한 일이 벌어졌습니다. 매일 등·하교 시마다 아내와 제가 한 아이씩을 맡아 픽업하는 일은 보통 번거로운 일이 아니었습니다. 그때 한 선배 유학생이 교육청에 청원서를 내면 학급 정원을 초과해 받아 주는 경우도 있다고 해 교육청을 찾아갔습니다.

교육청 1층 현관에 들어서자 안내 데스크 직원이 용건을 묻더니 담당자에게 연락을 취했습니다. 잠시 후 내려온 담당자는 청원서 양식을 주면서 작성해 제출하면 검토하겠다고 말하고 사무실로 되돌아갔습니다. 주변에는 소파 하나만이 달랑 놓여 있을 뿐 책상도 의자도 보이지 않았습니다. 할 수 없이 소파에 앉아 들고 갔던 가방을 받침 삼아 청원서를 작성해 제출했습니다. 사무실에는 들어가 보지도 못한 채 돌아오면서 한국과 달리 영국 지방자치의 무게 중심은 민원인보다는 공무원에게 있다는 생각을 지울 수 없었습니다.

영국 유학 시절의 또 다른 경험입니다. 무슨 일로 민원센터를 찾아간 제가 담당 직원과 이야기하는 도중에 그 직원 책상의 전화벨이 계속 울렸습니다. 그런데도 그 직원은 전화를 받지 않았습니다. 제가 전화를 받으라고 이야기하자 그때야 수화기를 들었습니다. 그 직원은 시간과 비용을 들여 찾아간 저에게 먼저 서비스를 제공하려 했던 것처럼 보였습니다. 저의 경험이 보여주듯이 영국 지자체 공무원들의 전화 응대 태도는 정말 악명이 높습니다. 하지만 그런 문제로 징계를 받은 공무원은 찾아보기 어렵습니다.

영국에 비하면 우리나라 지자체의 민원 서비스 수준은 정말 훌륭한 편입니다. 불친절한 공무원에 대해 삼진아웃제를 도입하고, 심지어 전화를 불친절하게 받았다는 이유로 옷을 벗긴 사례도 있습니다. 전남도청에서는 1997년 '전화 친절도 조사'를 도입, 민간 조사기관 직원이 민원인으로 가장해 공무원들의 전화 응대 태도를 평가하도록 했습니다. 1998년 DJ 정부 출범 직후 사정 바람이 불 때 전남도청에서는 전화 친절도 조사에서 최하위로 평가된 10명이 공직에서 퇴출당하였습니다. 전남도청의 전화 친절도 조사는 지금도 시행 중입니다.

우리나라의 지자체 공무원들이 가장 힘들어하는 것은 민원인을 상대하는 일입니다. 관선 시대에는 공무원들이 주민 위에 군림했지만, 지방자치 실시로 주민들의 주인의식이 확고해지면서 상황이 역전되었습니다. 민원 응대 과정에서 폭언과 폭행, 심지어 성희롱을 겪는 공무원들이 적지 않습니다. 악성 민원에 시달리다 못해 직장을 떠나거나 심지어 극단적 선택을 하는 사례도 있습니다. 최근 전국 지자체에서 일제히 '악성 민원 대응 모의훈련'을 실시한 것만 보아도 상황이 얼마나 심각하지 알 수 있습니다.

한때 우리는 공무원을 공복(公僕)이라 불렀습니다. 내가 낸 세금으로 급여를 받고 있다는 이유로 공무원을 하인 취급하는 민원인도 있습니다. 그러나 공무원은 국민 전체에 대한 봉사자이지 특정 민원인의 종이 아닙니다. 공무원들이 친절하고 적극적인 태도로 민원을 처리해야 하는 것은 당연한 책무입니다. 동시에 존엄한 한 인간으로서 인권을 존중받을 권리도 있습니다. 민원인들이 공무원을 내 이웃으로 존중할 때 우리의 지방자치는 더욱 밝고 건강해질 것입니다.

(2025. 3. 31.)

제3장
이념 – 인간이 창조한
또 하나의 프랑켄슈타인

빨강의 복권

2월 1일 자 모든 조간신문은 박근혜 대통령 당선인과 17개 시·도지사의 회동 기사와 함께 실린 한 장의 사진으로 일제히 1면을 장식했습니다. 게재된 사진은 전날인 1월 31일 오후, 박 당선인이 서울특별시 통의동 집무실에서 시·도지사들과 간담회를 마친 뒤 찍은 기념사진입니다. 사진을 보면 참석자 모두가 같은 색깔의 스카프를 목에 두르고 있는데 화합과 단합을 의미하는 것이라고 합니다.

의례적인 사진이라고 생각하고 넘길 수도 있지만, 저의 눈에는 스카프가 눈에 확 띄었습니다. 색깔이 빨간색이었기 때문입니다. 순간 '빨강의 복권'이란 생각이 머리를 스치고 지나갔습니다. 요즘 젊은 세대들은 다르게 받아들일 수 있겠지만 저 같은 기성세대에게 빨강은 공산주의를 상징하는 금기의 색깔이었습니다. 공산주의자를 뜻하는 '빨갱이'란 낙인은 사회적 매장을 의미하는 주홍글씨나 다름없었습니다.

그러나 역사적으로 빨강은 부정보다 긍정의 의미가 강한 색입니다. 로마 시대 이래 유럽에서는 빨강은 왕과 귀족의 상징이었습니다. '자유, 평등, 박애'를 나타내는 프랑스의 삼색기에서 빨강은 박애를 의미하며, 국제 적십자사의 십자문양의 색깔도 빨강입니다. 동양에서도 빨간색은 '상서로움'과 '벽사(辟邪)'의 긍정적 이미지를 갖고 있습니다. 중국은 혼례복, 홍바오(紅包)[23] 등에서 알 수 있듯이 공산화 이전의 먼 옛날부터 빨간색을 널리 애용해왔습니다. 우리나라에서 동짓날 팥죽을 먹는 것은 양(陽)을 상징하는 붉은색의 팥을 통해 음(陰)의 기운인 잡귀와 액운을 물리칠 수 있다고 믿었기 때문입니다.

부당한 대우를 받던 빨강이 복권의 조짐을 보인 것은 지난 2002년 한일 월드컵 때가 아닌가 합니다. 국가대표팀 응원단 '붉은 악마'가 대표팀 유니폼인 빨강 티셔츠를 입고 응원을 시작했는데 그것이 삽시간에 전국적 열풍이 되었습니다. 국내의 빨강 티셔츠가 동이 나는 바람에 중국에서 긴급 수입까지 할 정도

---

23) 홍바오는 빨간 봉투를 뜻하는 중국말이다. 설날, 결혼 등 특별한 날에 빨간 봉투 안에 빳빳한 새 돈을 넣어 건네준다.

로 빨강의 열풍이 전국을 휩쓸었습니다. 한여름 밤의 광화문 광
장을 뒤덮었던 빨간색의 물결이 지금도 제 눈에 선합니다.

붉은 악마 덕분에 복권의 조짐을 보이던 빨강은 마침내 정통
보수정당인 새누리당의 상징색이 되기에 이르렀습니다. 전통적
으로 보수의 상징색은 파랑이었습니다. 그런데 작년에 한나라당
이 당명을 새누리당으로 개칭하면서 당의 상징색을 파랑에서 빨
강으로 바꾼 것은 상당히 놀라운 일로 그 정치적 함의(含意)가
작지 않다고 생각합니다. 금기의 색을 끌어안음으로써 보수의
정치 지평을 넓히려는 의도이겠지만 언젠가 한국 정치에서 매카
시즘[24]의 악령이 사라질 수도 있겠다는 기대를 갖게 합니다.

1950년대 초 미국을 휩쓴 매카시즘(McChathyism)은 수많은
무고한 사람들을 공산주의자로 몰아 피해를 입힌 현대판 마녀
사냥이었습니다. 우리나라에서도 과거 군사정권 시절 정적이나
민주인사를 제거하려고 빨갱이로 조작하는 경우가 흔했습니다.
그랬던 정치적 관성 때문인지 미국에서는 이미 사라진 매카시
즘의 유령이 한국에서는 아직도 어둠 속에 숨어 있다 기회만 생

---

24) 제2차 세계대전 직후 조지프 매카시(Joseph McCathy) 상원의원의 "미 국무부 안
에 수십 명의 공산주의자가 침투해 있다"는 폭탄 발언으로 정부, 군, 언론, 학계, 할
리우드 영화계에 이르기까지 대대적인 정치적 마녀사냥이 벌어졌다. 이후 매카시즘
은 근거 없는 의혹 제기와 광적인 이념 검열, 정치적 마녀사냥을 뜻하는 보통명사가
되었다.

기면 모습을 드러내곤 합니다.

하지만 빨강에 대한 보수정당의 인식 변화는 우리 정치의 미래에 희망을 갖게 합니다. 빨강의 수용이 단순한 색깔 문제에 그치지 않을 수 있기 때문입니다. 진보 세력을 빨갱이나 용공(容共) 세력으로 몰아 정치적 이득을 추구해온 보수 세력이 과거의 후진적 정치행태에서 벗어나려는 신호일 수도 있습니다. 물론 제비 한 마리가 왔다고 해서 봄이 온 것은 아닙니다. 그러나 '빨강의 복권'이, 우리 정치가 낡은 이념의 굴레를 걷어내고 보다 성숙한 민주주의로 나아가는 대장정의 첫걸음이 되기를 기대해 봅니다.

(2013. 2. 2.)

예수의 참뜻은

　어제저녁 지인들과 저녁 모임이 있어서 서울에 다녀왔습니다. 오후 3시 고속버스로 서울에 올라가서 심야버스를 타고 광주로 내려오는 힘든 일정이었습니다. 작년에는 과천에 있는 중앙공무원교육원에서 1년 동안 장기교육을 받으면서 주말마다 심야 고속버스를 타고 서울과 광주를 오르내린 적이 있습니다. 그때마다 어둠을 뚫고 시원스럽게 고속도로를 달리는 버스의 창밖에서 유독 제 눈길을 끄는 것이 하나 있었습니다. 그것은 바로 교회의 빨간 십자가입니다.

　마을이 있고 도시가 있는 곳을 지나칠 때면 어김없이 빨간 십자가의 불빛이 제 시선을 사로잡습니다. 그리스도의 보혈인 양 성스러운 아름다움으로 빛나는 십자가의 불빛은 교회를 다니지 않는 사람에게도 마음의 평화와 안식을 가져다줍니다. 지금은 교회를 떠나 있지만, 한때는 누구 못지않게 신앙생활을 열심히 했던 저였기에 십자가의 불빛을 보면서 수구초심의 마음가짐을 새롭게 가다듬곤 합니다.

교회는 언젠가 제가 돌아가야 할 고향과도 같은 곳이기에 십자가의 불빛을 볼 때마다 느끼는 안타까움이 하나 있습니다. 그것은 시간이 흐르면서 교회의 십자가는 하나둘씩 늘어나고 있지만, 우리가 사는 세상은 오히려 더 삭막하고 인정이 메말라 가고 있기 때문입니다. 교회는 더 높이 치솟고 더 웅장해지고 더 화려해지고 있지만, 가난과 질병으로 고통을 겪고 있는 우리의 이웃도 더 많아지고 있습니다.

예수님께서는 세상 끝까지 복음을 전파하라고 하셨는데 지금처럼 교회가 양적으로 증가하고 외형적으로 팽창하기만 하면 그렇게 되는 것일까요? 목수의 아들로 태어나 평생을 검소하게 사셨던 예수님께서는 당신의 성전들이 웅장하고 화려해지는 것을 결코 기뻐하지 않으실 것입니다. 좁은 골목을 사이에 두고 경쟁하듯이 마주 선 두 교회의 모습 또한 예수님의 뜻과는 거리가 멀 것입니다.

교회의 양적 증가와 외형적 팽창만으로 복음이 전파될 수는 없습니다. "신은 죽었다"던 무신론자 니체는 "그리스도인들이여! 성경이 전해 준다는 그 기쁜 소식이 당신네 얼굴에도 씌어 있었더라면, 사람들로 하여금 그 책의 권위를 믿도록 하기 위해서 당신들이 그토록 애쓸 필요가 없었을 거요"라고 기독교인들의 행태를 꼬집었습니다. 하느님을 믿는다고 하면서도 말과 행동이 다르고 그 신앙을 삶 속에서 실천하지 못하는 신자들에 내리는 죽비(竹扉 : 따끔한 가르침, 질타)입니다.

성경적 삶이 몸에 배 있고 그것을 일상생활에서 실천하는 신앙인들이 하나둘씩 늘어날 때 니체가 설파(說破)했듯이 굳이 애쓰지 않아도 복음은 저절로 전파될 것입니다. 밤이 깊어 도시의 네온사인들이 하나둘 꺼져갈 때 빨간 십자가가 더욱 빛을 발하는 것처럼 짙은 어둠의 질곡에 빠져 있는 이 세상에 희망의 빛을 던지는 참 신앙인들이 많아지길 소망합니다. 저 또한 누군가의 어둠을 밝히는 작은 불빛이 될 수 있다면 큰 기쁨일 것입니다.

(2013. 2. 21.)

영화 <설국열차>가 주는 교훈

늦더위가 기승을 부리는 요즘, 집 가까운 피서지로는 영화관만 한 곳이 없는 것 같습니다. 지난 일요일, 가족과 함께 CGV에서 영화 <설국열차>를 봤습니다. 애초에는 집에서 책을 읽으며 휴일을 보낼 요량이었는데 선풍기만으로는 더위를 이길 재간이 없어 결국 영화관을 찾았습니다. 조선 시대 유일한 여성 성리학자였던 임윤지당은 조카들에게 "정신을 집중해서 책을 읽으면 가슴 속에서 자연히 서늘한 기운이 생기는데 어찌 부채질할 필요가 있겠는가?"라고 꾸짖었다고 합니다. 하지만 시성 두보(杜甫)조차도 「조추고열(早秋高熱)」이라는 시에서 속대발광욕대규(束帶發狂欲大叫)[25]라고 했으니 저 같은 범인(凡人)은 더 말

---

25) 의관을 갖추고 있자니 더위에 미칠 것 같아 고함지르고 싶다는 뜻이다.

할 나위가 없을 것입니다.

봉준호 감독의 〈설국열차〉는 프랑스 원작 만화를 각색해 만든 영화입니다. 영화에서 열차 속 세상은 인간사회의 축소판입니다. 열차는 맨 앞의 1등급부터 3등급, 그리고 꼬리 칸으로 철저하게 분리되어 있습니다. 1등급은 상류층, 2등급은 중류층, 3등급은 평민, 그리고 꼬리 칸은 빈민들의 세계입니다. 1등급 칸에 있는 지배계층의 호화로운 삶과 꼬리 칸에 있는 피지배계층의 비참한 삶은 우리가 살아가는 세계와 다르지 않습니다. 열차 속 사회는 계층 간 이동이 철저히 차단된 세상입니다. 살아남기 위해 서로를 잡아먹고 바퀴벌레 양갱으로 연명하던 꼬리 칸 승객들은 비참한 현실에서 벗어나기 위해 반란을 일으킵니다. 맨 앞 칸을 향해 한 칸 한 칸 앞으로 나아가는 꼬리 칸 승객들의 모습은 신분 상승을 희구하는 인간군상의 모습 그대입니다.

어찌 보면 오늘날 우리 사회 역시 설국열차 속 세상의 모습을 어느 정도 닮았다고 해도 과언이 아닙니다. 해방 후 1970년대까지만 해도 우리 사회는 계층 간 이동이 활발했습니다. 하지만 고도 성장기를 지나 사회가 안정화되면서 "개천에서 용 난다"는 말은 옛말이 되었습니다. 경제성장의 과실이 특정 계층에 집중되고 자산과 교육격차가 확대되면서 신분 상승의 사다리가 끊어지고 있습니다. 부모의 사회경제적 지위가 자녀에게 고스란히 대물림되는 현실은 계층 이동이 차단된 설국열차 속 세상 모습과 크게 다르지 않습니다.

이런 구조가 고착화되면 계층 갈등이 심화되어 사회통합을 저해하고 우리 사회의 발전 동력을 크게 약화시킬 것입니다. 더 늦기 전에 빈곤의 대물림 단절과 사회적 이동성(social mobility)[26] 회복을 위한 정부 차원의 대책이 마련되어야 합니다. 무엇보다 시급한 것은 교육 불평등의 해소로 계층 이동의 사다리를 복원하는 일입니다. 더불어 가진 자들의 노블레스 오빌리주(noblesse oblige) 실천도 중요합니다. 가진 자들이 못사는 자들을 위해 베푸는 게 일방적 시혜가 아니라 결국, 자기 자신을 위하는 길이라는 것을 깨달아야 합니다.

영화 〈설국열차〉는 단순히 오락성의 재난 블록버스터가 아니라 우리 사회의 불평등과 기득권 구조에 대한 날카로운 은유입니다. 영화에서 열차는 계층 이동이 단절된 폐쇄적 사회 시스템의 상징입니다. 송강호가 열연한 남궁민수는 그런 열차 밖으로 나가야 산다고 믿고 엔진실에 폭약을 설치합니다. 폭약이 터지면서 발생한 열차의 폭발과 탈선은 곧 구체제의 붕괴를 뜻합니다. 기득권층이 변하지 않고 공정한 기회가 보장되지 않는 사회

---

26) 개인이나 집단이 자신의 계층적 위치를 변화시킬 수 있는 가능성

는 파국을 맞이할 수밖에 없다는 사실을 영화는 보여줍니다. 그
것이 봉준호 감독이 영화를 통해 우리에게 던지고자 했던 메시
지가 아니었을까요?

(2013. 8. 19.)

민주주의와 관용의 정신

1941년 12월 7일, 일본제국은 진주만의 미 태평양 함대를 기습공격 해 막대한 타격을 가합니다. 이튿날 루스벨트 대통령은 의회에 대일 선전포고 승인을 요청했고, 상원에서는 만장일치로 가결되었지만, 하원에서는 한 사람의 반대에 부딪힙니다. 반대표의 주인공은 몬태나주 출신의 자네트 렁킨 여사였습니다. 입을 굳게 다문 채 연단에 올라선 그녀는 "뛰어난 민주주의란 반드시 만장일치로 선전포고에 찬성하는 것이 아니라는 것을 누군가가 기록해 두어야 합니다"라고 말했습니다. 이것이 그녀가 반대표를 던진 이유였습니다.

오늘 저녁 인터넷 뉴스를 검색하다 보니 논란이 많았던 다큐멘터리 영화 〈천안함 프로젝트〉의 상영중단 소식이 올라와 있었습니다. 그동안 〈천안함 프로젝트〉는 해군과 유가족들이 사실 왜곡과 희생자들의 명예훼손을 이유로 상영금지 가처분 신청을 제기해 개봉 여부가 불투명했었습니다. 개봉 예정일 하루 전인 지난 5일, 법원의 상영금지 가처분 기각결정으로 가까스로 상영에 들어갔지만, 개봉 이틀 만에 상영이 중단된 것입니다. 영화 배급사인 ㈜아우라픽처스에 따르면 상영관인 메가박스 측의 결정이라고 합니다. 메가박스 측은 일부 단체의 강력한 항의와 시위 예고로 관객들의 안전이 우려돼 어쩔 수 없이 취한 조치라고 밝혔습니다.

〈천안함 프로젝트〉는 2010년 3월 26일, 백령도 해상에 일어났던 천안함 폭침 사건이 북한의 소행이라는 정부의 발표에 대해 의문을 제기하고 있는 다큐멘터리 영화입니다. 국가의 녹을 먹고 있는 공무원으로서 정부의 공식 발표조차도 믿지 못하는 우리 사회의 현실에 대해 씁쓸함을 금할 수 없습니다. 하지만 영화 상영 자체가 중단된 것은 그 이유가 무엇이든 간에 한국 민주주의의 현주소를 보는 것 같아 안타까움을 느낍니다. 미국에서도 과거 〈천안함 프로젝트〉와 비슷한 성격의 영화들이 제작된 적이 있었습니다. 마이클 무어 감독의 〈화씨 911〉이나 딜런 애브리 감독의 〈루즈 체인지〉란 영화는 모두 9·11테러에 관한 음모론을 소재로 하고 있습니다. 하지만 어떤 반대나 저항 없이 상영되었다는 사실은 미국 민주주의의 성숙도를 보여줍니다.

표현과 창작의 자유는 헌법이 보장하는 민주주의의 핵심 가치입니다. 영화의 내용이 아무리 불편해도 그것을 강제로 억누르기보다는 공론의 장에서 토론과 검증을 거쳐 국민이 평가하도록 하는 것이 옳을 것입니다. 서로 다른 생각들이 거리낌 없이 표출되고 소수 의견도 존중되는 사회야말로 건강한 사회입니다. 민주주의는 다양한 의견을 관용의 용광로에서 녹여내어 더 나은 길을 찾아가는 제도입니다. 다양성이 존중되는 가운데 통일성을 지향하는 사회가 우리가 꿈꾸는 민주사회입니다. 우리 사회가 자네트 렁킨 여사와 같은 소수 의견도 포용하는, 관용의 정신이 충만한 사회가 되면 좋겠습니다.

(2013. 9. 8.)

이데올로기, 그 존재의 이유

　지난 주말, 집에서 영화 〈변호인〉을 유료 영화 채널에서 4천 원을 주고 구매해 시청하였습니다. 작년 12월 31일 광주 유스퀘어의 CGV 영화관에서 이미 본 작품입니다. 한 번 봤던 영화를 또다시 보게 된 까닭은 여러 가지 이유가 있지만, 배우 곽도원이 연기했던 차동영 경감의 캐릭터가 주는 강렬한 매력도 빼놓을 수 없습니다. 영화 〈변호인〉의 흥행 비결 중의 하나는 곽도원 같은 조연들의 열연일 것입니다.

　영화 속 차동영 경감의 모습과 오버랩되는 인물을 소설 속에서도 찾아볼 수 있습니다. 바로 임철우의 소설 『붉은 방』에 나오는 고문 경찰 최달식 과장입니다. 두 작품 모두 1980년대를 배경으로 당시의 이데올로기 문제와 국가권력의 고문과 폭력, 이로 인한 정신적 상처를 그리고 있습니다. 영화 〈변호인〉의 차동영은 고문 장소를 추적해 온 송우석 변호사를 무자비하게 폭행하며 "나 같은 사람들이 목숨 걸고 빨갱이를 잡아 주기 때문에 당신 같은 사람이 뜨거운 밥 먹고 편하게 사는 것"이라고 꾸짖습니다. 소설 『붉은 방』의 최달식 역시 차동영처럼 자신을 '국가와 민족의 파수꾼'이라고 생각합니다. 이들은 사상적 오염으로부터 국가와 국민을 보호한다는 신념으로 무고한 이들을 고문을 통해 용공으로 조작하면서도 그것이 애국이라고 굳게 믿습니다. 조작으로라도 빨갱이를 만들어 국민에게 경각심을 불러일으켜야 한다고 생각합니다.

고문과 조작에만 초점을 맞추고 보면 두 사람 모두 악의 화신입니다. 하지만 저는 영화를 보는 내내 차동영이, 소설 『붉은 방』의 최달식도 그렇지만, 가해자이면서 동시에 피해자라는 생각을 지울 수 없었습니다. 차동영은 공안검사 강형철을 처음 대면하는 자리에서 일제강점기 때 고등계 형사였던 아버지가 6·25 때 학살당한 이야기를 합니다. 최달식 역시 6·25 때 아버지가 경찰이라는 이유로 일가친척들이 몰살당한 아픔 때문에 공산주의자들에 대한 깊은 원한을 가지고 있습니다. 두 사람 모두 6·25와 이데올로기의 상처를 가슴속에 안고 살아가는 분단 시대 이념의 피해자인 것입니다.

영화 〈변호인〉은 한국 민주화를 소재로 한 작품이지만 이데올로기의 존재 이유를 다시 한번 되새겨 볼 수 있었던 영화였습니다. 프랑스 영화감독 뤽 베송의 〈제5원소〉라는 SF영화가 있습니다. 여주인공 리루는 지구를 구하기 위해 다른 행성에서 온 외계인으로 컴퓨터를 통해 지구와 인간에 대한 지식을 쌓아갑니다. 어느 날, 컴퓨터에서 War(전쟁)를 검색하던 리루는 코벤에게 이야기합니다. "인간들은 이상해요. 모든 것을 파괴하기 위해 창조해요" 그런데 우리 인간이 파괴를 위해 창조한 것이 도시나 무기 등 유형적인 것뿐일까요? 이데올로기 역시 인간 스스로 만든 파괴적 창조물이 아닐까요?

이데올로기는 우리 인간이 행복한 사회를 만들고자 창조한 관념체계일 뿐입니다. 그렇다면 이데올로기 그 자체는 수단이지 목적이 아닙니다. 그러나 지난 냉전 시대를 돌이켜보면 이데올로기 대립에서 비롯된 전쟁으로 세계 곳곳에서 수많은 사람이 귀중한 목숨을 잃었습니다. 이데올로기에 대한 맹신과 맹종이 가져온 목적과 수단의 가치 전도 현상 때문입니다. 이처럼 수단이어야 할 이데올로기가 절대적인 목적 가치로 변할 때 비극이 싹트게 됩니다. 이데올로기보다 더 소중한 것은 사람입니다. 사람을 위해 이데올로기가 존재하는 것이지 이데올로기를 위해 사람이 존재하는 것이 아닙니다. 무엇을 위한 이데올로기이고 누구를 위한 이데올로기인지 우리 모두 곰곰이 생각해 볼 일입니다.

(2014. 4. 17.)

국가와 개인

한국 현대사에서 노무현 대통령만큼 국민의 호불호가 극명하게 갈리는 인물도 드뭅니다. 몇 년 전 그를 모델로 한 영화 〈변호인〉이 천만 관객을 돌파했는데 그 영화가 실제냐 허구냐를 놓고 많은 논란이 있었던 것으로 기억합니다. 저도 당시 그 영화를 재미있게 보았는데 저의 관심은 픽션이냐 논픽션이냐의 문제보다 송우석 변호사와 차동영 경감의 갈등과 대립구조에 있었습니다. 두 사람 모두 '국가'를 말하지만, 그 의미는 전혀 달랐기 때문입니다.

차동영 경감에게 국가는 영국의 철학자 토마스 홉스(Thomas Hobbes)의 '리바이어던(Leviathan)'과 같은 존재입니다. 리바이어던은 구약성서 욥기에 나오는 상상 속의 바다괴물입니다. 홉스는 인간들이 "만인에 대한 만인의 투쟁(the war of all against all)"이 벌어지는 자연상태의 극복을 위해 국가라고 하는 괴물, 즉 리바이어던을 만들어냈다고 주장합니다. 1651년에 출간된 홉스의 저서 『리바이어던』표지에는 거대한 인간형의 존재인 리바이어던이 산 위에서 도시를 굽어보는 모습이 그려져 있습니다. 그런데 수많은 사람이 뭉쳐 만들어진 몸통과 달리 머리, 그리고 들고 있는 왕홀과 검은 하나로 이루어진 완전체입니다. 이는 인간이 리바이어던을 만들긴 했지만 단순한 인간의 집합체가 아니라 인간을 초월하는 독자적 인격체라는 것을 형상화한 것입니다.

홉스에 따르면 사람들은 자신의 생명과 안전, 재산을 보장받는 조건으로 자신의 권리를 하나의 합의체에 양도함으로써 리바이어던이란 국가가 탄생했다고 봅니다. 그렇게 해서 탄생된 국가는 무질서와 범죄, 외부 침략의 위협에서 사람들을 보호하기 위해 무소불위의 권력을 행사하는 세속의 신입니다. 국가는 사람들의 생명과 안전, 재산을 지키기 위해 다른 모든 가치를 희생시킬 수 있으며 무제한의 폭력을 정당하게 행사할 수 있습니다. 개인은 국가에 종속되며, 모든 것은 국민이 아니라 국가가 판단합니다. 홉스의 이런 국가관은 곧 영화 속 차동영의 국가관이기도 합니다.

반면에 송우석 변호사에게 국가란 곧 국민입니다. 최후의 변론에서 송우석은 차동영 경감을 향해 피를 토하듯 부르짖습니다. "헌법은 네가 말하는 국법의 위야! 나라가 뭡니까? 헌법 제1조 1항! 대한민국은 민주공화국이다. 대한민국의 주권은 국민에게 있고 모든 권력은 국민에게서 나온다. 국가란 국민이다!" 송우석이 생각하는 국가는 홉스나 차동영의 그것과는 달리 국가보다는 개인이 우선이며 국가가 개인을 위해 존재합니다. 존 로크(John Locke)나 장 자크 루소(Jean Jaque Rousseau), 존 스튜어트 밀(John Stuart Mill) 등이 주장하는 그런 국가입니다.

　로크나 루소, 밀은 국가가 어떠한 경우에도 침범할 수 없는 개인의 기본권을 중시합니다. 누구도 헌법과 법률이 규정한 바를 떠나서 자의적으로 권력을 행사해서는 안 된다고 주장합니다. 법치주의에서 일탈하는 국가권력은 정당성을 상실하고 정당성을 잃은 권력에 대해 국민은 복종할 의무가 없습니다. 국가와 정부를 동일시한 홉스와 달리 로크나 루소 같은 자유주의 국가론자들은 국가와 정부를 엄격하게 분리하여 생각합니다. 그들에게 정부는 주권자인 국민이 맡긴 권력을 주권자의 이름으로 행사하는 대리인에 지나지 않습니다. 만약 대리인에 불과한 정부가 법치주의를 일탈하여 주권자인 국민의 자유를 부당하게 침범하는 경우 정부를 무너뜨릴 수 있는 저항권을 인정합니다.

영화 〈변호인〉에서 송우석과 차동영의 갈등은 선과 악의 대립만이 아닌 국가관의 대립이기도 합니다. 차동영은 홉스처럼 국가의 이익을 위해서라면 경우에 따라 개인의 인권침해도 불가피하다고 생각합니다. 반면에 송우석은 자유주의 국가론자들이 그랬듯이 어떠한 경우에도 개인의 자유와 인권은 침해될 수 없다고 믿습니다. 대한민국은 자유민주주의를 지향하는 국가이기 때문에 이념적으로 차동영의 홉스식 국가관은 설 자리가 없습니다. 그러나 이론과 달리 현실 세계에서는 문제가 그리 간단치 않습니다. 남북분단의 특수상황에 놓여 있는 대한민국에서 차동영의 국가관 역시 강한 생명력을 발휘해 온 것은 부인할 수 없는 사실입니다. 특히 그것이 안보 등 국가의 이익과 직결될 때는 더욱 그러했습니다.

그러나 최근 평창올림픽의 남북 아이스하키 단일팀 구성을 둘러싼 논란은 시대의 변화를 보여줍니다. 과거 같았으면 올림픽의 성공적 개최와 남북관계 개선을 위해 단일팀 구성이 불가피하다며 대의를 내세우는 주장에 대해 특별한 반대가 없었을 것입니다. 하지만 이번에는 올림픽만을 바라보고 오랜 시간 땀을 흘린 선수들의 희생을 강요하는 것은 공정하지도 정의롭지도 않다는 반발이 청년세대를 중심으로 거세게 일어났습니다. 개인의 이익보다 국가의 이익을 여전히 상위가치로 보고 이를 당연시했던 기성세대로서는 실로 당혹스러운 일이 아닐 수 없습니다.

　이러한 변화는 어쩌면 예견된 일입니다. 많은 정치평론가는
이번 사태를 삶이 고단한 상황에서 정치적 목적으로 청춘들의
꿈과 희망을 빼앗는 정부 정책에 대한 청년층의 분노라고 해석
하고 있습니다. 그 말도 일리가 있지만 저는 근본적인 가치관의
변화에서 원인을 찾아야 한다고 생각합니다. 군사독재정권하에
서 홉스식 국가론의 교육을 받은 세대와 민주화된 시대에서 개
인의 자유와 권리를 중시하는 교육을 받은 세대의 가치관 차이
는 당연한 일입니다. 이제는 더 이상 국가나 공동체의 이익을 이
유로 개인의 희생과 양보를 요구하기 어려운 시대가 되었습니
다. 어느 정권이든 이러한 시대변화를 재빨리 읽고 대처하지 않
으면 국민의 마음을 얻기가 점점 더 어려워질 것입니다.

(2018. 2. 24.)

역사의 그레섬 법칙

　경제학에 '그레섬의 법칙(Gresham's law)'이라는 것이 있습니다. 16세기 영국은 금화를 새로 주조했는데 새 금화는 이전에 발행되던 금화에 비해 금 함유량이 현저히 떨어졌습니다. 그러자 사람들은 금 함유량이 높은 예전의 금화는 장롱 속에 보관하고 금 함유량이 낮은 새로운 화폐만 사용했습니다. 이렇게 금 함유량이 낮은 신화폐가 금 함유량이 높은 구화폐를 밀어내는 현상을 "악화(惡貨)는 양화(良貨)를 구축(驅逐)한다."[27]라고 하는데 이를 그레섬의 법칙이라고 합니다.

---

27) 엘리자베스 1세의 재정 고문이었던 그레섬(Thomas Gresham)이 한 말이다. 영어로는 'Bad money drives out good.'라고 한다. 구축(驅逐)은 '몰다'라는 뜻의 구(驅)와 '쫓다'라는 뜻의 축(逐)이 합쳐진 단어다.

그레셤의 법칙은 원래 금본위제하에서 화폐의 유통 현상을 설명하기 위한 법칙이지만 자세히 살펴보면 경제 영역을 넘어 인간사회의 모든 영역에서 작동되고 있는 법칙입니다. 값싼 모조품이 정품을 몰아내고, 방송의 황금시간대에서 자극적인 오락 프로그램이 교양 프로그램을 밀어내는 현상도 그레셤의 법칙에 다르지 않습니다. 시민들의 쉼터였던 도심의 녹지대가 주택단지로 바뀌며, 우유가 모유를 대체하는 현상 역시 마찬가지입니다. 직장에서도 요령 좋은 사람이 정직하고 성실한 사람을 제치고 먼저 승진하는 경우가 드물지 않습니다. 이런 현상은 거대한 역사의 흐름 속에서도 나타납니다.

해방 직후 친일 청산의 실패가 대표적 사례입니다. 1948년 반민족 친일세력의 처벌을 위해 출범한 반민특위(反民特委)는 이승만과 미국의 친일파 비호로 그 활동이 무력화됩니다. 이승만은 정권장악과 유지를 위해, 미국은 남한에 반공 국가 수립을 위해 친일파를 이용하고자 했던 것입니다. 프랑스는 2차 대전이 끝난 후 1,500여 명의 나치 부역자들을 사형대에 세웠지만 우리는 고작 14명의 친일파를 감옥에 보냈을 뿐입니다. 악화가 양화를 구축하듯이 오히려 친일파들이 득세하면서 민족독립을 위해 온갖 희생을 무릅쓴 애국지사들을 짓밟는 일들이 벌어졌습니다.

지난 2017년에 개봉된 한국 영화 〈더 킹〉의 포스터는 '대한민국의 왕은 누구인가'라는 질문을 던지고 있습니다. 영화 초반부에서 권력만을 좇는 부장검사 정우성은 검사로서 양심과 자존심을 지키려는 신참검사 조인성에게 자존심 버리고 권력 옆에 붙어있으라고 일갈합니다. 우리나라 역사에서 권력을 놓치고 잘된 사람은 없다면서 자신의 역사관에 대해 열변을 토합니다. "친일파며 그딴 놈들 어때? 다 재벌이고 장·차관하고, (엄지를 치켜들며)우리나라 이거야. 독립군들? 한 달 60만 원 연금 없음 밥 굶고 살아. 촌스러운 새끼! 요즘도 이런 철없는 새끼가 다 있나? 요즘 애들은 왜 역사 공부를 안 하니? 배워야지, 역사를!"

해방 직후 친일파에 대한 철저한 숙청과 단죄로 민족정기를 바로 세우지 못한 것은 우리의 뼈아픈 역사적 과오입니다. 반민특위의 좌절과 실패는 일제에 빌붙어 부귀영화를 누렸던 친일파들이 여전히 한국사회의 지배세력으로 군림하게 만들면서 심각한 후유증을 남겼습니다. 정말 인정하기 싫지만, 영화 〈더 킹〉의 정우성이 했던 말처럼 친일파들은 해방된 조국에서도 대한민국의 왕이었던 것이 우리의 현실이었습니다. 지금도 우리 사회의 곳곳에서 불의가 정의를 억누르는 비정상적 일들이 끊이질 않는 것은 과거 청산에 실패한 우리의 잘못에도 원인이 크다고 할 것입니다. 우리는 지난날의 역사적 실패를 또다시 반복할 수 없습니다. 작금의 화두이자 시대정신인 적폐청산도 그런 관점에서 바라볼 필요가 있습니다.

오늘은 99주년이 되는 3·1운동 기념일입니다. 수많은 선열의 피와 땀으로 되찾은 이 나라에 정의를 바로 세우는 일은 후손인 우리의 책무입니다. 프랑스는 지스카스 데스텡 대통령 밑에서 예산 장관을 지낸 모리스 파퐁의 행적을 무려 40년 넘게 추적한 끝에 지난 1998년 나치 협력 혐의로 법정에 세웠습니다. 그리고 90세의 그에게 10년 형을 선고했습니다. 프랑스처럼 할 수는 없더라도 최소한 미래 세대에게 친일파의 죄상을 밝히는 역사교육을 소홀히 해서는 안 될 것입니다. 춘추필법(春秋筆法)의 매서움으로 우리 후손들이 그릇된 역사관에 물들지 않도록 해야 합니다. 아울러 국가와 민족을 위해 희생하고 헌신하신 분들과 그들의 후손들이 대우받고 존경받는 그런 나라를 만들어야 합니다. 그 길만이 훼손된 민족정기를 바로 세우고, 독립 운동가는 3대가 못 살지만 친일파는 3대가 잘 사는 지난날의 비극을 바로 잡는 길일 것입니다.

(2018. 2. 28.)

제2부

사색의 숲

제4장
지성 - 가슴은 뜨겁게,
머리는 차갑게

도덕적 인간과 비도덕적 사회

얼마 전 7박 8일간의 짧은 일정으로 유럽 출장을 다녀왔습니다. 빠듯한 일정 속에서도 자투리 시간을 활용해 역사적 유적지나 관광명소를 둘러볼 수 있었던 것은 큰 즐거움이었습니다. 이번 출장 기간에 들렀던 도시 중에는 독일의 경제수도인 프랑크푸르트가 있었습니다. 라인강의 지류인 마인강을 끼고 있는 프랑크푸르트는 중세시대에 무역으로 번성했던 도시입니다. 지금도 유럽중앙은행이 있어 세계적 금융 중심지로서 위상을 굳건히 하고 있습니다.

프랑크푸르트는 2차 세계대전 당시 연합군의 폭격으로 시가지의 대부분이 잿더미로 변하는 바람에 지금은 고층빌딩이 즐비한 현대적 도시로 탈바꿈한 곳입니다. 하지만 다행히 뢰머광장 주변의 대성당과 시청사, 니콜라이교회 등 역사적 건물들은 큰 피해를 면해 중세시대의 모습과 분위기를 그대로 간직하고 있습니다. 뢰머광장에서 도보로 10분 정도 거리인 대문호 괴테의 생가를 향해 걷다 보면 붉은 빛깔의 사암으로 지어진 건물과 마주치게 됩니다. 1848년에 독일의 통일문제를 논의하기 위한 최초의 국민회의가 열렸던 성바울 교회입니다. 그런데 교회 옆에는 특이한 조각상이 있어 지나가는 관광객의 눈길을 끌고 있습니다. 밧줄로 묶인 두 손을 머리 위로 치켜든 채 고통스러워하는 남성의 조각상인데 나치의 유대인 학살을 참회하고자 세워진 기념물이라고 합니다.

저에게는 평소 독일을 떠올릴 때마다 풀리지 않는 궁금증이 하나 있었습니다. 독일에서 사는 교민들은 독일인들이 다른 유럽인들보다 순수하고 정직하며 이웃을 배려할 줄 아는 민족이라고 평가를 합니다. 더욱이 베토벤, 괴테, 칸트와 같은 걸출한 인물들을 배출한 데서 알 수 있듯이 음악과 문학을 사랑하고 사색을 즐기는 민족이기도 합니다. 그런데 그런 민족이 어떻게 2차 세계대전 중에 600만 명의 유대인을 학살하는 비이성적이고 반문명사적인 범죄를 저지를 수 있었는지가 늘 의문이었습니다.

이런 의문에 대해 현지 가이드는 법과 질서를 잘 준수하는 독일인들의 국민성에서 그 원인을 찾았습니다. 당시 히틀러가 만든 법 중에 외국인 법이라는 게 있었다고 합니다. 독일에 위협이되는 외국인들을 강제 수용하고 재산도 몰수할 수 있도록 한 악법입니다. 소크라테스가 "악법도 법"이라고 했듯이 법을 잘 지키는 독일인의 국민성이 아무런 죄의식 없이 국가의 명령에 따라 그런 엄청난 범죄를 저지르도록 이끌었다는 것입니다. 일면 타당성이 있는 해석이긴 하지만 단순히 그렇게 이해하고 넘어가기에는 무언가 개운치 않은 느낌을 지울 수 없었습니다.

그날 저녁, 호텔에서 한국에서 가져갔던 책을 읽다가 마침내 오랜 의문에 대한 해답을 찾을 수 있었습니다. 라인홀트 니버(R. Niebuhr)의 『도덕적 인간과 비도덕적 사회』라는 책입니다. 그 책에서 니버는 무엇이 선(善)인가에 대해 개인과 집단에 다른 기준을 적용해야 한다고 주장합니다. 개인에게는 양심이라는 도덕적 의식이 있지만, 집단에는 양심이 없기 때문입니다. 니버는 개인에게는 남을 이롭게 하는 이타적 행동이 최고의 선이지만 집단의 경우는 이기적인 행동이 선이고 다른 집단을 이롭게 하는 것은 악이 될 수 있다고 주장합니다. 일본 히로시마에 원폭 투하를 명령받은 미군 조종사가 수십만의 무고한 목숨을 구하기 위해 그 정보를 일본에 알려주었을 경우를 상정하면 니버의 주장을 쉽게 이해할 수 있을 것입니다.

니버가 시사하듯이 '착한 개인'이 모이면 '착한 사회'가 될 것이라는 생각은 순진한 이상주의일 수 있습니다. 양심적인 개인도 공동체나 계급, 인종, 민족 등 집단의 구성원으로서 개인이 되면 양심의 가책을 느끼지 않고 집단이 명하는 것은 무엇이든 저지르게 되기 때문입니다. 나치 친위대 대령이었던 아돌프 아이히만은 퇴근 후 집에서 가족들과 함께 바그너를 즐겨 들었던 선량한 보통사람이었습니다. 그런 그가 국제전범재판소에서 했던 최후의 진술은 '악의 평범성(the banality of evil)'을 극명하게 보여줍니다.

> "나는 나치 친위대 장교로서 단지 상부의 명령을 받고 청소했을 뿐이다. 나는 저 신 앞에서는 유죄지만 이 법정에서는 무죄다. 군인 신분으로서 충성한 게 무슨 잘못인가?"

우리는 니버가 지적한 집단의 비도덕성 내지 집단이기주의 사례를 동서고금의 역사나 현대 한국 사회에서 얼마든지 찾아볼 수 있습니다. 성지 탈환을 명분으로 십자군 전쟁에 참여한 기독교인들의 이슬람교도 학살, 백인들이 흑인들을 짐승 부리듯 학대한 미국의 노예제도는 집단의 비도덕성을 극명하게 보여줍니다. 우리나라에서도, 지금은 많이 희석되긴 했지만, 과거 호남에 대한 영남의 지역 차별 역시 그러한 범주를 벗어나지 않습니다. 호남 출신인 저는 대학에 다니면서 영남 친구들을 많이 사귀었습니다. 개인 대 개인으로 만났을 때는 더할 나위 없이 예의 바르고 선량한 친구들이었습니다. 그러나 영남인과 호남인이란

집단의 일원으로서 부딪치게 되면 넘기 어려운 벽이 존재함을
느끼곤 했습니다.

　국가의 비도덕성은 어찌할 수 없는 문제인지 모릅니다. 하지
만 국가라는 공동체 내에 존재하는 수많은 집단의 비도덕성, 특
히 우월한 권력을 가진 집단에 의한 사회적 약자의 착취는 그대
로 방치해서는 안 될 문제입니다. 집단의 힘은 언제든 비도덕적
으로 작용할 수 있기에 개인의 선의만으로는 사회정의를 이룰
수 없습니다. 한국 사회가 진정 정의롭고 도덕적인 공동체가 되
려면 집단의 이기심을 제어할 공정한 제도와 사회적 약자의 보
호 장치가 반드시 마련되어야 합니다.

　우리가 니버로부터 배우는 교훈은 정치의 중요성입니다. 집단
의 비도덕성 발현을 막고 이기심을 제어해 우리 사회가 '비도덕
적 사회'로 전락하지 않도록 하는 것은 정치의 몫입니다. 정치가
국민의 신뢰를 얻고 그 신뢰를 토대로 불합리한 법과 제도를 정
비함으로써 공정한 중재자, 더 나아가 사회적 약자의 보호자로
서 역할을 다해야 합니다. 그런 바람과 달리 지금 우리 정치는
국민 전체의 이익보다 진영 논리에 매몰되어 극단적 대립으로
치닫고 있습니다. 정치가 국민을 걱정하는 것이 아니라 국민이
정치를 걱정해야만 하는 현실이 참으로 안타까운 요즘입니다.

(2013. 10. 11.)

서울의 시계, 지방의 시계

    제가 사는 곳은 서울특별시 강남구 양재동입니다. 아침이면 마을버스를 타고 양재역으로 가서 지하철 3호선으로 갈아타고 광화문 서울종합청사로 출근을 합니다. 양재역은 남부순환로와 강남대로가 교차하는 교통의 요충지에 있는데 조선 시대에도 양재역이란 이름의 역참(驛站)[28]이 있었다고 합니다. 지하철 양재역 4번 출구 앞에는 '말죽거리'라고 새겨진 커다란 돌이 우뚝 서 있습니다. 그 돌은 양재역 사거리 주변 지역의 옛 이름이 말죽거리임을 알려주고 있습니다.

---

28) 역참은 말을 키우고 관리하면서 숙박도 가능한 교통시설이다. 서울에서 지방으로 공무출장을 가는 관원들은 역참에서 잠도 자고 지친 말을 바꾸기도 했다. 말죽거리는 말에게 죽을 끓여 먹이는 곳이라는 뜻이다.

말죽거리라는 지명은 서울을 잘 모르는 지방 사람들에게도 강남의 남자 고등학교를 배경으로 만들어진 영화 〈말죽거리 잔혹사〉를 통해 친숙해진 이름입니다. 권상우와 한가인이 주인공으로 열연했던 그 영화는 시간적 배경이 강남개발의 붐이 막 불기 시작하던 1970년대 말입니다. 영화 속에서는 말죽거리의 풍경이 지방 소도시의 모습처럼 비쳤는데 1970년대 말의 실제 말죽거리는 전형적인 농촌 지역이었다고 합니다.

제가 고등학교를 졸업하고 서울로 올라왔을 때가 1979년이었고 그 당시 강남 모습이 그랬던 것입니다. 특히 말죽거리는 제대로 된 포장도로도 없어 비만 오면 진흙탕으로 변했고 침수되기 일쑤였습니다. 그러나 고층빌딩들이 하늘을 찌를 듯이 빼곡히 들어차 있는 오늘날의 말죽거리에서 옛 모습을 찾기란 불가능합니다. 불과 30년 전만 하더라도 이곳이 비만 오면 침수되곤 했던 지역이라고 그 누가 믿을까요?

상전벽해가 되어버린 말죽거리의 화려한 모습을 바라볼 때마다 오버랩 되는 모습이 하나 있습니다. 30년 전이나 지금이나 큰 변화가 없는 고향 풍경입니다. 고려 말의 충신인 야은 길재는 망해버린 고려의 도읍지 송악을 보고 "산천은 의구한데 인걸은 간데 없네"라고 탄식했는데 제 고향이 꼭 그러합니다. 옛 어르신들과 죽마고우 친구들은 보이지 않고 변함없는 고향 풍경만이 저를 반겨줍니다. 옛 모습을 고이 간직하고 있는 고향 풍경이 정겹긴 하지만 시대의 흐름을 쫓아가지 못하고 낙후와 침체에 빠진 것 같아 안타까울 때가 더 많습니다.

믿을 수 없는 일이지만 서울의 시계와 지방의 시계는 시간의 속도가 다릅니다. 서울의 시곗바늘이 초음속 비행기라면 지방의 시곗바늘은 시골 비포장도로를 달리는 완행버스처럼 굼뜨기 짝이 없습니다. 앨빈 토플러는 『부의 미래』에서 기업과 정부, 정치 등에 존재하는 '변화 속도의 차이'를 지적했는데 이러한 현상은 서울과 지방 간에도 존재하는 것입니다. 속도의 차이는 가치의 차이를 낳고, 가치의 차이는 발전의 격차로 이어집니다. 서울의 1년이 지방의 10년, 20년과 맞먹는 가치를 갖다 보니 시간이 흐를수록 서울과 지방의 격차는 더욱 벌어지고 있습니다.

이러한 서울과 지방의 격차는 고도로 중앙집권화되어 있는 우리나라의 정치·행정 시스템 탓이 큽니다. 중앙집권형 정치·행정 시스템은 블랙홀과도 같습니다. 지방의 사람과 돈을 서울로 빨아들여 시간이 흐를수록 지방의 황폐화가 가속화되고 있습니다. 사람과 돈이 지방에 머무르게 하기 위해서는 서울로 오지 않고도 지방에서 많은 일이 해결될 수 있도록 해야 합니다. 그것은 서울에 집중된 정부 기관의 지방 분산과 중앙정부에 집중된 정부 권한의 지방정부 이양을 통한 지방분권형 정치·행정 시스템을 요구합니다.

　지방분권형 정치·행정 시스템은 망국적인 지역감정 해소에도 도움이 될 것입니다. 모든 권한과 기능이 중앙정부에 집중되어 있으면 중앙권력을 향한 지역 간 경쟁이 첨예화되는 것을 피할 수 없습니다. 그러나 지방분권형 정치·행정 시스템은 지역경영의 성패를 지방정부가 책임지도록 함으로써 중앙권력의 쟁취를 둘러싼 지역갈등을 약화시킬 것입니다. 더 나아가 지방의 자율과 창의성을 자극해 지역발전을 촉진하고 전체적인 국가경쟁력 강화에도 도움이 될 것입니다.

　혹자는 우리나라는 국토면적이 좁아 지방분권형 시스템이 맞지 않는다고 주장할지 모릅니다. 그러나 유럽의 스위스는 우리보다 더 작은 국가이지만 고도로 지방분권화 된 정치·행정 시스템을 유지하고 있습니다. 스위스는 독일인, 프랑스인, 이탈리아인 등으로 구성된 다민족·다언어국가로 우리보다 이질적 요소가 훨씬 강함에도 불구하고 이렇다 할 갈등 없이 전국이 고르게 잘 사는 세계 최고의 선진국입니다. 그 원동력이 무게중심이 아래에 있는 지방분권형 정치·행정체제에 있음을 반면교사로 삼을 필요가 있습니다.

(2013. 9. 23.)

윈스턴 처칠의 마지막 연설

　최근 한 지인이 자신의 카카오스토리에 올린 영국 총리 윈스턴 처칠에 관한 글을 읽은 적이 있습니다. 처칠은 독일의 침공으로 바람 앞의 촛불처럼 위태로웠던 영국을 이끌고 제2차 세계대전을 승리로 이끈 위인(偉人)입니다. 인물 자체야 새삼 설명이 필요 없지만, 저의 관심을 끈 것은 지인의 글에 소개된 처칠의 연설이었습니다. 처칠은 두 차례나 영국 총리를 지냈습니다. 처음 수상이 되고 나서 그 이듬해인 1940년에 모교인 해로우스쿨을 방문하여 연설하게 되었습니다. 그때 처칠이 후배들에게 준, 짧지만 강렬한 메시지는 이후 처칠의 삶과 리더십을 상징하는 말이 되었습니다.

　"절대로 포기하지 마라. 절대로, 절대로, 절대로! 크든 작든, 중요하든 사소하든, 명예와 현명한 판단에서가 아니라면 절대로 포기하지 마라."

윈스턴 처칠은 1874년에 옥스퍼드 근교의 블렌하임 궁전 (Blenheim Palace)에서 영국 명문가의 자손으로 태어났습니다. 그의 8대 선조인 말보러 공작 존 처칠은 1704년 독일의 블렌하임에서 벌어진 스페인 왕위계승 전쟁에서 프랑스를 격파한 영웅이었습니다. 그 공로로 존 처칠은 앤 여왕에게 블렌하임 궁전을 하사받게 되고 그곳에서 먼 훗날 윈스턴 처칠이 태어난 것입니다. 블렌하임 궁전은 제가 영국 유학 시절인 2000년 여름에 방문했던 곳이기도 합니다. 웅장하고 화려한 궁전, 그 궁전을 둘러싼 푸른 숲과 정문 앞에 펼쳐진 드넓은 초원에 깊은 인상을 받았던 기억이 지금도 생생합니다.

영국에서는 전통적으로 모든 화폐에 국왕인 엘리자베스 여왕의 얼굴을 넣습니다. 하지만 2016년 새로 바뀔 5파운드 지폐의 주인공은 여왕이 아닌 처칠로 결정되었습니다. 화폐에 정치인의 얼굴이 도안 되는 것은 처음 있는 일입니다. 이는 영국 국민이 그를 얼마나 존경하고 사랑하는지를 보여줍니다. 인도와도 바꾸지 않겠다던 셰익스피어나 '해가 지지 않는 나라' 대영제국의 초석을 다진 엘리자베스 1세 여왕 못지않은 존경과 사랑을 받고 있습니다. 널리 알려진 것처럼 처칠은 연설 솜씨와 유머 감각이 탁월한 정치 지도자로서 히틀러에게 맞서 제2차 세계대전을 승리로 이끈 영웅입니다. 처칠은 정치인으로서만 뛰어난 것은 아닙니다. 전쟁 회고록인 『제2차 세계대전』을 써서 노벨문학상을 받은 작가이자 그림에도 남다른 조예를 지닌 뛰어난 화가이기도 합니다.

그러나 처칠의 어린 시절은 극히 평범했습니다. 삼수 끝에 겨우 대학에 진학한 데서 알 수 있듯이 학업성적이 부진했습니다. 언어장애로 말이 어눌해 많은 사람 앞에서 말하기를 꺼렸던 수줍음 많은 학생이었습니다. 어린 시절 생활기록부는 처칠을 "의욕과 야심이 없고 다른 학생들과 자주 다투며, 상습적으로 지각하고, 물건을 제대로 챙기지 못하며 야무지지 못한 학생"으로 기록하고 있습니다. 지극히 평범하기 그지없던 그가 어떻게 위대한 인물이 되었을까요? 옥스퍼드 대학의 졸업식 축사의 일화는 그 해답을 명징(明徵)하게 보여줍니다.

학생들의 환호 속에 연단에 선 처칠은 한동안 그윽이 청중들을 바라보고만 있다가 연설을 시작했다. "절대로 포기하지 마세요(Never give up)!" 학생들은 이어질 말에 대한 기대 속에 노 정치가를 바라보았다. 또다시 아무 말 없이 한참을 가만히 있던 처칠은 좀 더 큰 소리로 외쳤다. "절대로 포기하지 마세요(Never give up)!" 놀란 청중들은 침묵 속에 노 정치가의 다음 말을 기다렸다. 다시 숨을 가다듬은 처칠은 이번에는 고함을 쳤다. "절대로 포기하지 마세요(Never give up)!"

세 단어로 된 그의 졸업식사가 강당에 메아리쳤을 때 청중 가운데 그 누구도 미동조차 하지 않았다고 합니다. 그리고 그들은 더 이상의 말이 필요 없다는 것을 깨달았습니다. 81세의 노정객 처칠이 모자와 코트를 집어 들고 천천히 몸을 돌려 무대에서 퇴장하는 순간 박수갈채가 시작되었습니다. 그 박수갈채는 처칠이 사라지고 나서도 한참이나 계속되었다고 합니다.

옥스퍼드 대학의 졸업축사는 처칠의 마지막 연설로 알려져 있습니다. 그의 마지막 연설은 "여성의 치마와 연설은 짧을수록 좋다"라고 했던 그의 명언 그대로입니다. 그런데 해로우스쿨에서 그랬듯이 옥스퍼드 대학의 연설에서도 처칠이 주고자 하는 메시지는 한결같았습니다. 아무리 어렵고 힘든 상황에서도 포기하거나 좌절하지 않는 불굴의 도전정신, 바로 그것이었습니다.

"절대로 포기하지 마세요(Never give up)." 처칠의 생애 전체를 꿰뚫은 정신이 응축된 말입니다. 앞서 이야기했듯이 처칠은 위대한 인물이지만 뛰어난 재능을 타고난 사람은 아니었습니다. 하지만 피나는 노력으로 자신의 약점을 극복하고 불멸의 영웅이 된 처칠! 이제 그는 영국인들의 기억 속에 역사를 뛰어넘어 신화가 되어가고 있습니다.

(2013. 10. 18.)

독일 땅의 F1 단상

한국시각으로 2013년 10월 5일 토요일 오후, 독일 출장 중이던 저는 프랑크푸르트의 한 호텔에서 아침을 맞았습니다. 잠에서 깬 저는 습관적으로 TV를 켠 후 리모컨으로 이리저리 채널을 돌리다가 RTL 방송에서 멈추었습니다. 한국에서 열리는 F1 대회[29]의 예선전이 생중계되고 있었기 때문입니다. 한국에 있을 때 F1 대회가 유럽 전역에 생중계된다고 듣긴 했지만, 현지에서 직접 눈으로 접하게 되니 놀랍고 반가웠습니다. 아침 식사 후 현지 가이드에게 RTL 방송에 관해 물었더니 독일에서 가장 큰 민영방송으로 한국의 MBC나 SBS에 해당한다고 했습니다.

---

29) F1(Formula One)은 매년 전 세계를 순회하면서 개최되는 최고 수준의 자동차경주 대회로서 1950년부터 시작되었다. 전남 영암의 F1 대회는 전라남도가 유치에 성공하여 2010년부터 2013년까지 4년 연속 열렸으나 적자 누적으로 지역 여론이 악화되면서 결국 대회가 중단되었다.

그다음 날 새벽, 눈을 뜨자마자 결승전을 보기 위해 다시 RTL 방송을 켰습니다. 결승전이 시작되려면 두 시간이나 남았지만 이미 생중계가 진행 중이었습니다. 한국 현지에 파견된 RTL 방송의 진행자가 독일이 배출한 카레이서 세바스찬 베텔의 동정을 중심으로 보도하고 있었습니다. F1 경기장 너머로 드넓은 영암호와 벼가 누렇게 익어가는 들녘, 그리고 시골길을 달리는 버스의 모습이 카메라에 잡혔습니다. 영암 삼호중공업의 거대한 크레인도 시선을 끌었습니다. 진행자가 삼호중공업을 찾아가 대형 컨테이너선의 건조 과정을 5분여에 걸쳐 방송하기도 했습니다. 중간중간 태권도, 부채춤, 농악 등 한국의 전통문화에 대한 소개도 있었습니다. F1 대회가 대한민국 홍보와 이미지 고양에 크게 기여하고 있다는 전남도청의 주장이 과장을 아님을 알 수 있었습니다.

머나먼 이국땅에서 고향의 F1 대회를 지켜보면서 뿌듯하기도 했지만 착잡한 마음도 금할 수 없었습니다. 오랜 세월 전남도청에서 근무했던 저로서는 F1 대회가 한 해 한 해 어떻게 치러지는지 그 어려움을 너무도 잘 알고 있었기 때문입니다. 문득 맹자가 말한 "천시불여지리 지리불여인화(天時不如地利, 地利不如人和)"가 머리를 스치고 지나갔습니다. "하늘이 주는 때는 땅의 이로움만 못하고 땅의 이로움은 사람의 화합만 못하다"는 뜻입니다. 어떤 일을 성공시키려면 천시(실행의 타이밍)와 지리(입지조건), 그리고 인화(내부단합)가 중요한데 그중 제일이 인화라는 뜻입니다. 전남의 F1은 맹자가 말한 천시와 지리, 인화의 세 요소 중 어느 하나도 갖추지 못했기 때문에 어려움을 겪을 수밖에 없다는 생각이 들었습니다.

우선 천시(天時), 중앙정부의 동의와 지지를 확보하지 못한 채 일을 추진했던 것이 어려움을 자초한 가장 큰 원인입니다. 유·무형의 엄청난 효과를 생각할 때 F1은 충분히 유치할 가치가 있는 행사입니다. 문제는 실행의 타이밍이 너무 빨랐습니다. 전남의 재정여건을 고려할 때 사전에 중앙정부의 동의와 지지를 끌어내는 일이 그 무엇보다 중요했지만 실패했습니다. 지리(地理), 입지조건의 불리함도 있습니다. 영암은 우리나라 최대 인구 밀집 지역인 수도권으로부터 너무 멀리 떨어져 있습니다. 전남도청의 실무 책임자는 개최장소가 전북 군산만 되었어도 충분히 승산이 있었을 것이라고 했습니다. 지리적 거리는 어쩔 수 없다 하더라도 시간적 거리나 심리적 거리 역시 우호적이지 않은 것이 전남의 현실입니다.

천시와 지리를 얻지 못했으면 인화(人和)라도 이루어야 하는데 그것마저 부족했습니다. 민주사회에서 피할 수 없는 일이기는 하지만 대회 유치 초기 단계부터 제기된 이런저런 의혹과 비판들은 F1 대회에 대한 지역민의 마음을 하나로 결집하는데 커다란 장애 요인이 되었습니다. 내부적 합의도 확실히 이루지 못한 상황에서 중앙정부의 동의와 지지를 얻기란 극히 어려웠을 것은 상상하기 어렵지 않습니다. 이렇게 보면 F1 대회는 시작할 때부터 성공보다 실패할 가능성이 더 큰 태생적 한계를 안고 있었던 셈입니다.

하지만 이러한 태생적 한계에도 불구하고 지금까지 치러진 네 번의 F1 대회는 큰 성과를 남겼습니다. 경이로운 일이 아닐 수 없습니다. 올해에는 적자 규모도 200억 원 이하로 줄였다고 합니다. 전남의 재정이 어렵긴 하지만 F1 대회의 경제적 파급효과를 고려할 때 200억 원 정도의 적자는 충분히 감내할 수 있는 규모입니다. 문제는 공무원을 동원한 티켓판매의 한계와 피로감입니다. 지금과 같은 방식으로는 대회를 지속하기 어렵습니다. 지금이라도 F1에 대한 지역민의 뜻을 하나로 모으고 결집된 뜻과 의지를 바탕으로 중앙정부의 지지와 동의를 얻기 위한 노력을 다시 시작해야 합니다. 그 길만이 F1 코리아가 살고 전남이 사는 길일 것입니다.

(2013. 11. 22.)

파독 광부와 간호사, 잊힌 영웅들

올해는 우리나라가 독일에 광부와 간호사를 보낸 지 50년이 되는 해입니다. 파독 50주년을 맞아 안전행정부가 주관하는 '독일에 울려 퍼진 아리랑'이란 주제의 전시회가 서울도서관(구 서울시청)에서 열리고 있습니다. 그래서 지난 금요일, 바쁜 시간을 쪼개 서울 중구에 있는 서울도서관을 찾아갔습니다. 며칠 전 성탄절에 찾아갔다가 휴관 중이어서 헛걸음한 적이 있기 때문에 두 번째 방문인 셈입니다. 도서관 앞 서울광장에 설치된 야외 스케이트장에는 영하의 추운 날씨에도 불구하고 많은 청소년들이 스케이팅을 즐기고 있어 젊음의 열기로 가득했습니다.

도서관 1층에 마련된 기획전시실에는 파독 광부와 간호사의 역사와 당시 생활상을 보여주는 희귀 유물과 기록물들이 전시되어 있었습니다. 광부 수첩과 월급 명세서, 한국에 보낸 송금 영수증과 함께 말쑥한 양복 차림으로 김포공항에서 독일행 비행기에 오르는 젊은 청년들의 사진이 눈길을 끌었습니다. 이들이 바로 파독 광부 1진 123명으로 그날이 1963년 12월 21일이었다고 합니다. 그 이후 1977년까지 약 8천여 명에 달하는 우리의 젊은이들이 독일로 건너가 광산에서 일했습니다. 간호사들도 1966년을 시작으로 1976년까지 약 1만 2천여 명이 파견됐다고 합니다. 파독 간호사 제1진이 김포공항에서 가족들의 배웅을 받으며 비행기에 오르는 사진도 있었는데 양장에 하이힐을 신고 멋을 잔뜩 부린 간호사들의 모습이 오히려 가슴을 아프게 합니다.

파독 광부와 간호사들이 우리나라 경제발전에 끼친 영향은 엄청났습니다. 이들은 당시 국내 직장인보다 8배가량의 월급을 받았는데 최소한의 용돈만 쓰고 나머지를 모두 국내로 송금했다고 합니다. 한 푼이라도 더 보내려고 주말에도 쉬지 않고 잡일을 했습니다. 1966년부터 1976년까지 이들의 국내로 보낸 금액은 1억 1,530만 달러로 이 기간 국내총생산(GDP)의 2%에 달했습니다. 이 돈이 경제발전의 마중물이 되어 우리나라가 세계에서 가장 못 사는 나라에서 가장 잘 사는 나라 중의 하나로 성장할 수 있었던 것입니다.

우리와 비슷한 역사적 경험을 간직하고 있는 나라가 스위스입니다. 스위스도 우리처럼 국토가 좁고 뚜렷한 부존자원이 없지만, 세계인들이 동경하는 살기 좋은 나라입니다. 스위스는 알프스의 자연경관도 수려하지만, 루체른처럼 아름다운 도시들도 많아 해마다 수많은 관광객이 찾고 있습니다. 알프스의 영봉들에 둘러싸인 루체른은 맑고 푸른 피어발트슈테터 호수를 끼고 있는 호반의 도시로서 아직도 중세의 분위기를 그대로 간직하고 있는 매혹적인 도시입니다. 루체른에는 카펠교, 빙하공원, 호프교회, 뮤제크성 등 볼거리가 가득하지만 '빈사의 사자상'을 빼놓을 수 없습니다. 저 역시 루체른을 방문할 때마다 찾아갔던 곳이기도 합니다.

'빈사의 사자상'에는 그 유례가 있습니다. 프랑스혁명의 불길이 거세게 타오르던 1792년 8월 10일, 파리 튈르리 궁전에서 루이 16세와 마리 앙투아네트를 지키던 786명의 스위스 용병과 혁명군 사이에 치열한 전투가 벌어집니다. 그 전투에서 스위스 용병들은 한 사람도 물러서지 않고 최후의 1인까지 싸우다가 모두 장렬히 전사합니다. 그로부터 30여 년이 흐른 뒤 그때 산화한 스위스 용병들의 충성심과 용맹을 기리기 위한 기념물이 루체른에 건립됩니다. 그것이 바로 '빈사의 사자상'으로 거대한 회색 암벽에 창에 찔려 죽어가는 사자의 모습을 새겼습니다.

사자가 안고 있는 방패의 문양은 백합꽃으로 스위스 용병들이 죽음으로써 지키고자 했던 프랑스 부르봉 왕가의 상징입니다. 조지훈은 「돌의 미학」이란 수필에서 석굴암에 대한 감동을 "돌에도 피가 돈다"라고 표현했는데 '빈사의 사자상'을 보고 있노라면 그 말이 과장이 아니라는 것을 깨닫게 됩니다. 고통 속에 죽어가는 사자의 표정이 너무나 사실적이어서 실제의 사자를 보고 있는 것 같은 착각을 불러일으킵니다. 그래서 미국의 소설가 마크 트웨인이 "세상에서 제일 슬픈 조각"이라고 했나 봅니다.

스위스 용병들이 그토록 용맹하고 충성심이 강했던 이유는 타고난 기질 탓도 있겠지만 그렇게 할 수밖에 없었던 조국의 현실도 있었습니다. 지금의 스위스는 세계에서 가장 잘 사는 최고의 부자나라이지만 그 당시만 해도 유럽의 가난한 농업 국가에 불과했습니다. 알프스의 수려한 자연경관 말고는 마땅한 자원이 없었던 스위스는 유럽 각국에 용병을 수출해서 그들의 삯전으로 나라 살림을 영위해야 할 만큼 가난했습니다. 그런 조국의 현실을 알고 있었기에 스위스 용병들은 아무리 어려운 상황에서도 물러서지 않고 고용주를 위해 끝까지 싸우다 죽음을 맞이했던 것입니다. 목숨을 구하려 도망친다면 후손들이 다시는 용병으로 일할 수 없음을 잘 알았기 때문입니다. 그렇게 피로써 이룩한 신뢰와 믿음이 스위스의 국가 이미지와 제품에 그대로 투영되어 오늘날의 스위스를 있게 한 원동력이 되었습니다.

스위스인들은 나라를 위해 헌신했던 용병들을 잊지 않고 '빈사의 사자상'을 세워 그들의 애국심을 기리고 있습니다. 그러나 우리는 파독 광부와 간호사들의 조국에 대한 헌신을 잊고 있는 것은 아닌지 염려가 됩니다. 너무 한산하고 썰렁했던 전시실을 보면서 도서관 앞 야외 스케이트장의 청소년 중에서 몇 사람이나 전시회를 찾았을지 생각해 보았습니다. 어려운 시절 대한민국 발전에 기여한 파독 광부와 간호사들은 스위스 용병 못지않은 진정한 영웅입니다. 그들이 흘린 땀과 눈물, 희생은 한국 근대화의 밑거름이었습니다. 대한민국은 그들을 기억해야 할 책무가 있습니다. 우리도 이 땅 어딘가에 파독 광부와 간호사들을 기리는 상징 조형물 하나쯤은 세워야 하지 않을까요? 과거를 잊고 사는 민족에게 미래는 없다는 사실을 잊지 말아야 할 것입니다.

(2013. 12. 29.)

신뢰적자 사회

　저의 고향은 순천이고 지금 사는 곳은 광주광역시 용봉동입니다. 그래서 고향을 방문했다가 돌아올 때면 동광주 톨게이트 통과 후 용봉 나들목으로 나가 집으로 갑니다. 그런데 동광주 톨게이트에서 용봉 나들목에 이르는 구간은 악명 높은 상습 정체 구간입니다. 특히 퇴근 시간에는 2km 남짓한 도로가 거대한 주차장으로 변하기 일쑤입니다. 정체가 심할 때는 순천에서 동광주 톨게이트까지 78km보다 동광주 톨게이트에서 용봉 나들목까지 2km의 주행시간이 더 긴 듯한 착각에 사로잡히기도 합니다.

　동광주 톨게이트를 지나면 제2순환도로와 각화동 방면 지선이 고속도로와 연결됩니다. 본선과 2개 지선의 차량이 한 지점에서 엉키다 보니 상습 정체가 발생하는 것입니다. 이 상황에서 지선 차량이 원활히 고속도로로 진입하려면 본선 운행차량 운전자들의 양보가 필요합니다. 그러나 양보를 잘하는 운전자들도 있지만 그렇지 않은 운전자들도 많습니다. 어떤 운전자들은 끼어드는 차량을 막기 위해 경적을 울리거나 앞차에 바짝 붙어 주행하기도 합니다. 평소에는 배려심 많고 선량하다는 평을 듣는 사람들조차도 운전대만 잡으면 별반 다르지 않은 것 같습니다.

통계에 따르면 고속도로에서 차로 다툼과 위협운전으로 해마다 30여 명이 사망한다고 합니다. 지난해에도 중부고속도로에서 차로 다툼으로 인한 5중 추돌사고가 발생하여 트럭 운전사가 사망하는 일이 있었습니다. 그래서 어떤 이는 한국 사람들은 운전대만 잡으면 원시 수렵시대의 공격적 본능이 되살아난다고 주장하기도 합니다. 이러한 주장 속에는 한국인들의 거칠고 양보를 모르는 운전습관은 선천적이라는 의미가 내포되어 있습니다. 그런데 정말 한국 사람의 공격적이고 때로는 폭력적이기도 한 운전문화가 선천적일까요?

10여 년 전 저는 영국 버밍엄에서 만 2년 동안 유학 생활을 했습니다. 영국 사회에도 문제점이 많지만 성숙한 운전문화는 분명 배울 점이 있었습니다. 특히 본선과 지선이 합류하는 T자형 교차점에서 두 나라의 운전문화의 차이를 확연히 느낄 수 있었습니다. 버밍엄의 운전자들은 T자형 교차점에서 본선 차량과 지선 차량이 한 대씩 교대로 주행합니다. 본선 차량 한 대가 지나 가면 그다음 차량은 지선 차량이 진입할 수 있도록 잠시 멈춥니 다. 지선 차량 역시 한 대만 진입할 뿐 뒤 차량이 '꼬리 물기'를 하지 않습니다. 그런 식으로 서로 한 대씩 교대로 양보하면서 원 활한 차량흐름을 이어갑니다. 버밍엄에는 많은 한국 유학생들 이 있었는데 흥미롭게도 그들 역시 이러한 영국의 운전문화를 잘 준수했습니다.

"귤이 회수(淮水)를 건너면 탱자가 된다"는 귤화위지(橘化爲 枳)의 고사가 있습니다. 춘추시대 제나라의 재상 안영이 외교 사절로 초나라를 방문했을 때 초왕이 안영을 욕보이고자 제 나라 죄수를 끌고 오게 한 후 다음과 같이 조롱했습니다. "제 나라 사람은 도둑질을 잘하는군." 그러자 안영이 이렇게 답했 습니다. "제가 듣기로는 귤이 회남(淮南)에서 나면 귤이 되지 만, 회북(淮北)에서 나면 탱자가 된다고 들었습니다. 그러한 까닭은 무엇이겠습니까? 물과 땅이 다르기 때문입니다. 지금 백성 중 제나라에서 나고 성장한 자는 도둑질을 하지 않습니 다. 그런데 초나라로 들어오면 도둑질을 합니다. 초나라의 물 과 땅이 백성들로 하여금 도둑질을 잘하게 하는 것입니다."

기후와 풍토가 다른 까닭에 강남의 귤이 강북에서는 탱자로 변하듯이 사람도 환경에 따라 변하기 마련입니다. 영국에서는 지킬박사처럼 운전하던 한국 사람들이 귀국만 하면 하이드 씨로 돌변하는 이유는 다른 운전자에 대한 신뢰가 없기 때문입니다. 영국 운전자들은 자신이 한 번 양보하면 다음 차례에 내가 양보받을 수 있을 것이라는 믿음과 신뢰가 있습니다. 하지만 한국에서는 한 번 양보하면 뒤 차량이 계속 밀고 들어올 것이라는 불신이 팽배하기 때문에 양보하고 싶지 않은 것입니다.

안타깝게도 한국 사회는 '신뢰적자(信賴赤子)' 사회입니다. 타인에 대한 불신이 믿음보다도 큰 사회입니다. 이러한 신뢰 결핍이 한국의 운전문화를 거칠고 공격적으로 만드는데 일조하고 있다고 생각합니다. 물론 모든 문제가 오로지 신뢰 결핍 때문이라고 단정할 수는 없습니다. 그러나 상당한 인과관계가 있음을 부인하기 어려울 것입니다. 내가 양보하면 상대도 양보할 것이라는 믿음, 내가 질서를 지키면 상대도 그럴 것이라는 신뢰가 우리의 운전문화 속에 뿌리내린다면 거리는 훨씬 밝고 안전해질 것입니다.

(2014. 2. 25.)

독일의 꿈, 탈(脫)원전을 넘어 탈(脫)석유로

지난 일요일 아침, 직장이 있는 서울로 올라가기 위해 광주 광천터미널에서 고속버스에 몸을 실었습니다. 고속버스가 시내를 벗어나자 가을 수확이 끝난, 텅 빈 들녘이 차창을 스치고 지나갑니다. 망연히 차창 밖 풍경을 보다가 문득 지난 10월 초 독일을 여행할 때 깊은 인상을 받았던 아우토반 주변 풍경이 떠올랐습니다. 독일의 아우토반 주변 풍경은 참으로 매혹적입니다. 독일은 산이 많은 우리나라와 달리 평야와 구릉지가 대부분인데 특이한 것은 평야 곳곳에 울창한 수림대가 존재한다는 사실입니다. 숲은 산에 있는 것이라는 고정관념에 익숙한 필자의 눈에 그 모습은 경이로움 그 자체였습니다.

푸른 숲을 배경으로 산재해 있는 농촌 마을의 아름다움도 감탄을 자아냅니다. 경사가 가파른 붉은 색 지붕의 주택들이 모여 있는 농촌 마을은 동화 속 한 장면을 연상케 합니다. 마을에는 붉은색 지붕의 주택들만 있는 게 아닙니다. 간혹 보이는 검은색 지붕들은 교회나 학교, 관공서 건물입니다. 그런데 자세히 보면 주택들도 지붕에 설치한 태양광 패널 때문에 검게 보이는 경우가 많다는 것을 발견하게 됩니다.

농촌 마을의 태양광 주택에서 알 수 있듯이 독일의 신재생 에너지 보급정책은 오랜 역사를 이어오고 있습니다. 독일의 신재생 에너지 보급정책은 지난 2011년 일어난 후쿠시마 원전사고를 계기로 더욱 강화되어 오는 2020년까지 독일 내의 모든 원전을 폐쇄할 계획[30]이라고 합니다. 독일과 달리 미국, 영국 등 세계 각국에서는 일본 후쿠시마 원전사고 이후 주춤했던 원전건설 바람이 최근 다시 일어나고 있습니다. 우리나라 사정 역시 이러한 세계적 흐름과 다르지 않습니다. 지난 12월 10일 박근혜 정부가 발표한 「제2차 에너지기본계획」[31]에 의하면 2035년까지 총 18~21기의 원전을 추가로 건설할 예정입니다.

---

30) 실제로 2023년 4월 15일 마지막까지 남아 있던 원전 3기가 모두 폐쇄되며 원전 제로 정책이 마무리되었다.
31) 한국의 원전정책은 정권이 바뀔 때마다 널뛰기를 반복한다. 박근혜 정부는 원전 확대, 문재인 정부는 탈원전, 윤석열 정부는 원전 르네상스, 이재명 정부는 원전과 재생에너지를 병행하는 에너지 믹스 정책을 내세우고 있다.

이처럼 우리나라를 비롯한 세계 각국이 원전건설에 나서고 있는 것은 마땅한 대체 에너지원이 없기 때문입니다. 그런데 오직 독일만이 예외[32]입니다. 더 놀라운 것은 탈(脫)원전에 머무르지 않고 2050년까지 석유 의존도 Zero화를 목표로 하고 있다는 사실입니다. 혹자는 원전폐쇄까지는 몰라도 석유 없는 세상을 꿈꾸는 독일의 꿈이 과연 실현 가능할지에 대해 의문을 제기할지 모릅니다. 하지만 저는 독일이라면 충분히 가능할 것이라고 믿습니다. 그 원동력은 물론 세계 최고를 자랑하는 풍력과 태양광 기술입니다.

하지만 그것만이 전부는 아닙니다. 이 지구상에서 가장 미래 대비가 철저하고 일상생활에서 근검절약을 실천하는 독일민족이기에 가능한 일입니다. 독일의 도시나 마을들은 대체로 어둡습니다. 화려한 네온사인을 찾아보기 어렵고 가로등도 꼭 필요한 곳에만 설치되어 있습니다. 가정에서도 부분 조명이 생활화되어 있으며 전깃불을 켜 놓은 채 TV를 보는 집도 드물다고 합니다. 속도제한이 없는 아우토반에서도 과속 승용차를 찾아보기 어렵습니다. 기름을 낭비하지 않기 위해 과속을 자제하기 때문입니다. 흐르는 물에 설거지하지 않으며, 허드렛물이 아닌 수돗물로 정원에 물을 주는 것은 상상하기도 어려운 나라가 독일

---

32) 2025년 들어 원전정책 변화가 감지된다. 소형 모듈 원자로(SMR) 도입을 검토 중이다. 원자력을 저탄소 에너지로 보려는 유럽의 움직임 반영이다.

입니다.

　기름 한 방울 나지 않는 우리로서는 독일에서 교훈을 얻어야 합니다. 독일처럼 신재생 에너지 공급확대를 위한 투자를 과감히 확대할 필요가 있지만 불필요한 에너지 소비를 줄이기 위한 수요관리정책도 병행되어야 합니다. 예를 들어, 제조업체에서는 에너지를 적게 쓰는 가공기술이나 공정 개발에 힘써야 하고 건설업체는 패시브 하우스 설계기술 개발을 서둘러야 합니다. 더 중요한 것은 국민의 에너지 절약 생활화입니다. 겨울에도 실내에서 반팔을 입고 생활하는 낭비적 생활습관부터 고쳐야 합니다. 지금 우리 세대가 누리고 있는 풍요는 미래 세대가 누려야 할 몫을 빼앗고 있는 것은 아닌지 곰곰이 생각해 볼 일입니다.

(2016. 1. 17.)

인생, 선연과 악연의 쌍곡선

온 나라를 혼돈의 소용돌이 속으로 빠져들게 한 최순실 게이트는 대통령과 한 여인과의 40년 인연에서 비롯되었습니다. 아리스토텔레스가 "인간은 사회적 동물이다"라고 이야기했듯이 사람은 혼자서 살아갈 수 없는 존재입니다. 그런 까닭에 우리는 평생을 사는 동안 수많은 사람을 만나게 되고, 그 사람들과 이런저런 인연을 맺게 됩니다. 그런데 그런 인연 중에는 우리에게 기쁨과 행복을 주는 인연도 있고 슬픔과 고통을 주는 인연도 있습니다.

예를 들어, 소크라테스와 플라톤, 헬렌 켈러와 설리번 선생, 이순신과 유성룡의 만남은 선연이었습니다. 플라톤이 있었기에 소크라테스의 철학이 후세에 전해질 수 있었고, 설리번 선생의 가르침이 있었기에 헬렌 켈러가 이 세상 모든 장애인의 희망이 될 수 있었으며 유성룡의 추천이 있었기에 이순신이 구국의 영웅이 될 수 있었습니다. 시대를 뛰어넘은 공자와 맹자의 만남도 선연입니다. 맹자가 있었기에 공자의 유교가 동양의 중심사상이 될 수 있었습니다.

반면에 진시황과 조고, 카이사르와 브루투스, 변양균과 신정아의 만남은 악연이었습니다. 중국 통일이라는 진시황의 위대한 업적은 조고의 농간으로 힘없이 무너져 내렸습니다. 로마의 영웅 카이사르는 아들처럼 사랑했던 브루투스의 배신으로 비참한 죽음을 맞았습니다. 엘리트 공무원으로서 승승장구했던 변양균 역시 신정아와의 잘못된 만남으로 한순간에 모든 것을 잃고 파멸의 나락으로 떨어졌습니다. 변양균은 나중에 그의 저서 『노무현의 따뜻한 경제학』 후기에서 그녀와의 만남을 "나의 불찰이고 뼈아픈 잘못"이라고 언급해 뒤늦은 후회를 드러냈습니다. 저 역시 공무원으로 그가 겪은 불행에 대해 많은 생각과 함께 동정심을 느끼지 않을 수 없습니다.

그런데 악연은 종종 선연의 가면을 쓰고 나타납니다. 지난 2011년, 장관을 지낸 후 전남 순천에서 국립대학 총장으로 일하던 분이 자살로 생을 마감한 비극적 사건이 있었습니다. 공무원을 소개해준 대가로 평소 알고 지내던 업자로부터 금품을 받은 혐의로 수사기관의 조사를 받던 중이었습니다. 그런데 그가 남긴 유서에는 "악마의 덫에 걸려 빠져나가기 어려울 듯하다"며 "모두 내가 소중하게 생각하던 '만남'에서 비롯됐다"라는 내용이 있었습니다. 소중하게 생각했던 만남이 선연이 아니라 악연이었던 것입니다.

한 사람의 일생은 선연과 악연이 씨줄과 날줄이 되어 짜인 한 편의 드라마와도 같습니다. 만나는 사람마다 선연이면 좋겠지만 악연도 피할 수 없는 것이 우리네 삶입니다. 드물게 선연과 악연을 분별할 수 있는 지혜를 갖춘 사람도 있겠지만 보통사람들은 신이 아닌 이상 한계가 있기 마련입니다. 선연의 탈을 쓰고 찾아오는 악연이야 어찌할 수 없지만, 선연이었던 인연이 악연으로 바뀌는 것은 본인이 감당해야 할 몫입니다. 자신의 잘못이나 실수 때문에 선연이었던 만남이 악연으로 끝난다면 참으로 가슴 아픈 일입니다.

화초 가운데 가장 기르기 어려운 것이 난이라고 합니다. 가람 이병기는 「풍란」이란 수필에서 적어도 10년 이상 난을 키워야 그 미립(경험에서 얻은 묘한 이치나 요령)이 나타난다고 하였습니다. 사람과 사람의 관계는 난을 키우는 일과 같습니다. 불교의 '업보'나 성경의 "뿌린 대로 거두리라"라는 말씀처럼 선연은 좋은 인간관계를 맺기 위해 시간과 정성을 쏟는 사람에게 하늘이 주는 선물입니다. 지극정성을 다해 난을 키우는 마음으로 좋은 인간관계를 맺고자 노력할 때 선연이란 향기로운 꽃은 피어날 것입니다.

(2016. 11. 25.)

바람직한 노사관계

오늘 제가 이사장으로 있는 한국지방재정공제회의 노동조합이 주최하는 워크숍이 김포 마리나베이 호텔에서 열렸습니다. 노동조합의 축사 요청을 받은 저도 워크숍 개회식에 참석했습니다. 마포 공덕동 사옥을 출발해 행사장으로 가면서 축사에 어떤 메시지를 담을지 곰곰 생각해 보았습니다. 의례적 인사말보다는 노사관계에 대해 무언가 의미 있는 이야기를 하고 싶었습니다. 그리고 행사장으로 가는 30여 분 동안 바람직한 노사관계에 대한 평소 생각을 체계적으로 정리해 축사에 갈음하고 사무실로 돌아왔습니다.

돌이켜보면 저와 노동조합의 인연은 완도군 부군수로 부임했던 2003년 2월로 거슬러 올라갑니다. 도지사로부터 사령장을 받고 완도군청에 부임한 날, 저를 맞이한 것은 공무원 노조가 내건 '부군수 낙하산 인사 반대!'라는 플래카드였습니다. 플래카드에는 그다지 개의치 않았지만 저는 평소 공무원 노조에 대해서 비판적이었습니다. 자긍심을 갖고 공익을 위해 일해야 할 공무원들이 노조를 결성해 활동한다는 것이 마뜩잖았습니다. 그러나 부군수로 일하는 동안 기초지자체의 실정을 직시하면서 공무원 노조에 대한 저의 생각은 변화되기 시작했습니다. 지역에서 무소불위의 권한을 행사하는 지자체장의 전횡을 견제하는 순기능이 노조에 있음을 깨달았기 때문입니다.

완도군 부군수 시절의 경험은 지자체나 한국지방재정공제회와 같은 공공기관의 노조에 대한 생각을 정립하는 계기가 되었습니다. 민간기업과 달리 지자체나 공공기관의 주인은 국민 또는 지역주민입니다. 시장·군수나 경영진은 국민이 채용한 근로자로서 법적 지위가 일반 직원들과 다를 바 없습니다. 근무 기간이 대개 2~4년에 불과하니 정년이 보장되는 직원들보다 신분보장에 관한 한 오히려 더 취약합니다. 그렇게 본다면 노사가 서로 대립하고 싸울 이유가 없습니다. 경영진과 직원 모두 선량한 관리자로서 국민이 위탁한 공공기관을 성실하게 운영하고 관리할 공동의 책무가 있습니다.

저는 경영진과 노조의 관계는 수레의 두 바퀴와 같아야 한다고 믿습니다. 수레의 두 바퀴는 철도의 레일처럼 가까워지지도 멀어지지도 않은 채 항상 일정한 간격을 유지하면서 같은 방향을 바라보고 굴러갑니다. 경영진과 노조는 수레의 두 바퀴처럼 각자의 독자성과 정체성을 유지하되 조직발전이라는 공동의 목표를 향해 함께 손잡고 나아가야 합니다.

노사관계는 유착관계, 밀월관계, 긴장 관계, 갈등 관계, 대립단계의 다섯 유형으로 구분할 수 있을 것입니다. 괘종시계의 시계추를 보면 일정한 범위에서 좌우로 움직이는 진자운동을 합니다. 노사관계 역시 마찬가지입니다. 유착단계와 대립단계를 양극단으로 두고 그 안에서 움직입니다. 중요한 것은 밀월이 지나쳐 유착으로 흐르지 않고, 갈등이 도를 넘어 대립으로 치닫지 않도록 노사가 양보와 타협의 정신을 잃지 않는 일입니다. 물론 가장 이상적인 관계는 밀월과 갈등 사이의 그 어디쯤인 건강한 긴장 관계일 것입니다.

경영진 입장에서 노조는 달가울 리 없는 존재입니다. 하지만 노조의 활동은 헌법이 보장하는 근로자의 권리입니다. 경영진은 노조를 귀찮고 성가신 존재로만 인식할 것이 아니라 동행해야 할 친구로 생각하고 대화와 소통에 힘써야 합니다. 노조 역시 조직발전과 노조발전이 동전의 양면과 같다는 점을 항상 염두에 두고 노사협상에 임한다면 협력적이면서 생산적인 노사관계는 단순한 수사로만 그치지 않을 것입니다. 더 나아가 노조가 경영진의 부패와 도덕적 해이를 막는 빛과 소금의 역할을 수행한다면 그 존재가치는 더욱 빛을 발할 것입니다.

(2019. 12. 6.)

항생제 유감

　오늘 아침, 그동안 먹지 않고 한 달 넘게 보관해오던 항생제를 쓰레기통에 버렸습니다. 연초에 독감 치료를 위해 처방받았던 감기약들 속에 포함돼 있던 항생제입니다. 가족과 정초(正初)[33]를 보내기 위해 세종에 갔을 때 들린 병원에서도, 순천에 돌아온 후 추가로 찾은 병원에서도 처방전에 항생제가 포함되어 있었습니다. 마지막으로 감기약을 먹었을 때가 10여 전으로 그때는 항생제가 처방에 없었던 것 같아 약사에게 물어보았더니 기관지에 염증이 있어 항생제를 넣은 것 같다는 대답이 돌아왔습니다.

　몇 년 전 영국에 살던 제수씨가 감기에 걸린 어린 조카 아이와

---

33)　정초는 '한 해의 맨 처음'이란 뜻으로 꼭 1월 1일 만이 아니라 1월 초를 가리킨다.

함께 잠시 귀국한 적이 있었습니다. 아이는 목에 가래가 그렁그렁하고 숨 쉬는 것조차 불편할 정도로 감기가 심했습니다. 제수씨에게 영국에서 병원에 가보지 않았냐고 물었더니 영국 의사들은 감기에 대해서는 약을 처방해주지 않는다고 했습니다. 감기는 바이러스 질환이라 근본적 치료 약이 없고 우리 몸의 자연 치유력에 의해 시간이 흘러야 낫는 병이라는 것입니다. 제수씨는 조카 아이를 바로 병원에 데리고 갔는데 한국 의사로부터 어떻게 아이가 이 지경이 되도록 내버려 뒀느냐고 하는 호된 꾸지람을 들었습니다.

감기약을 먹으면 2주 만에 낫고 안 먹으면 보름 만에 낫는다는 우스개가 있습니다. 그래도 약을 먹는 것은 우리 몸이 너무 힘들지 않게 증상을 완화하거나 폐렴과 같은 합병증 진행을 예방하기 위함일 것입니다. 어쩔 수 없이 약을 먹기는 하지만 양약에는 반드시 부작용이 있습니다. 더구나 항생제는 강력한 치료 효과가 있지만, 내성이나 부작용 문제가 크다는 것은 널리 알려져 있습니다. 제가 병원에서 항생제를 처방받고도 먹지 않았던 이유입니다.

서구와 달리 한국의 의사들은 약을 과잉 처방한다고 비판하는 전문가들이 적지 않습니다. 일부에 국한된 이야기이겠지만 제약사나 약국과 검은 거래 때문에 그렇게 하는 의사들도 없지는 않은 것 같습니다. 과잉 진료는 국민건강을 해치고 의료재정도 악화시킨다는 점에서 반드시 근절되어야 할 병폐입니다. 다만 과잉 진료의 문제를 의사 책임으로만 돌리는 것은 맞지 않습니다. 지나치게 낮은 보험수가 등 의료제도의 탓도 있기 때문입니다.

과유불급(過猶不及)이라는 말이 있습니다. 공자에게는 3천 제자와 72 현인이 있었다고 전해집니다. 공자의 제자 중에 자장과 자하가 있습니다. 하루는 자장과 자하 중에 누가 낫냐는 자공의 물음에 대해 공자는 자장은 지나치고 자하는 미치지 못한다고 대답했습니다. 자장이 더 낫다는 말씀이냐고 자공이 되물었을 때 공자가 "지나침은 미치지 못한 것과 같다"고 대답한 데서 유래한 사자성어가 과유불급입니다.

한국 의사들이 자장이라면 영국 의사들은 자하일지도 모르겠습니다. 어느 쪽이든 극단은 바람직하지 않습니다. 의사는 환자의 고통은 덜어주되 필요 이상으로 약을 처방하지 않아야 합니다. 우리나라에서 의사는 존경받는 직업입니다. 의사윤리강령이 강조하듯이 의사로서 명예와 품위를 지키며 양심에 따라 지나치지도 않고 못 미치지도 않게 진료하는 의사들이 많아지기를 소망합니다.

(2024. 1. 19.)

제5장
행복 – 오늘 아무런 일도 일어나지 않았다

은퇴, 끝이 아닌 새로운 시작

　제가 초등학생이었던 1970년대 초만 하더라도 TV는 참으로 귀한 물건이었습니다. 한 마을에 한두 집에나 있었을까요? 그러다 보니 그때는 라디오 청취가 서민들의 유일한 오락거리였습니다. 그러나 TV의 대중화로 라디오가 우리 주변에서 서서히 사라지고 있습니다. 운전할 때 아니면 라디오 켤 일이 드물게 되었습니다. 며칠 전 고향을 다녀오는 길에 졸음을 쫓으려고 라디오를 켰다가 흥미로운 얘기를 들었습니다. 요즘 노인들 사이에 성형 열풍이 불고 있다는 것이었습니다. 회춘 성형, 효도 성형이라는 낯선 단어들도 흘러나왔습니다. 옛날에는 '오랫동안, 건강하게' 사는 것이 행복의 조건이었는데 이제는 '아름답게'가 추가되었다고 합니다.

돌이켜보면 불과 반세기 전만 해도 우리의 소망은 장수와 건강이었습니다. 그러나 1960년 52.4세에 불과했던 우리 한국인의 평균수명이 지금은 80세를 훌쩍 넘었으며, 이제는 100세 시대도 멀지 않았습니다. 건강 역시 마찬가지입니다. 경제성장으로 소득수준이 높아지고 의학이 크게 발전하면서 이제는 적절히 자기절제만 잘한다면 건강을 지키는 일도 한결 수월해졌습니다. 장수와 건강 문제가 해결된 어르신들이 몸매나 외모 등 미용에 관심을 두게 된 것은 자연스러운 일일 것입니다. 피부 마사지와 얼굴의 주름 제거, 심지어 젊은이들이 하는 광대뼈 깎기와 같은 큰 수술도 마다하지 않는 노인들이 늘고 있다고 합니다.

그러면 '오랫동안, 건강하게, 아름답게'만 살면 노후의 삶이 행복할까요? 저는 여기에 하나를 더 보태고 싶습니다. 바로 '가치 있게'입니다. 심리학자 매스로우(Maslow)는 〈인간 욕구 5단계설〉을 주장했습니다. 그는 인간의 욕구를 생리적 욕구, 안전의 욕구, 애정과 소속의 욕구, 존중의 욕구, 그리고 자아실현의 욕구 등 5단계로 나누었습니다. 그리고 낮은 단계의 욕구가 충족됨에 따라 높은 단계로 성장해 간다고 주장했습니다. 그런 점에서 행복한 삶은 궁극적으로 이러한 욕구들이 모두 충족된 상태일 것입니다.

'오랫동안, 건강하게'가 생리적 욕구, 안전의 욕구와 관계된다면 '아름답게'는 사랑의 욕구, 존중의 욕구와 관계되는 것입니다. '가치 있게'는 자아실현의 욕구가 충족될 때 비로소 가능해집니다. 자신의 재능과 잠재력을 충분히 발휘하면서 가치 있는 삶을 살아갈 때 우리 인간은 비로소 충만한 행복감을 느낍니다. 어떤 삶이 가치 있는 삶인가에 대해서는 사람마다 견해가 다르겠지만 적어도 자신과 가족만을 위해 사는 삶은 아닐 것입니다. 이웃과 사회를 위해 무언가 기여하고 봉사하는 삶이야말로 가치 있는 삶이고 행복한 인생이란 사실에 대해 누구도 부정하지 못할 것입니다.

우리는 흔히 보람 있고 가치 있는 삶을 이야기할 때 평범한 사람들이 아닌 소위 사회적으로 성공한 유명인들의 삶을 떠올립니다. 그러나 연초부터 TV와 라디오를 통해 방송 중인 공익광고 실버톡(Silver Talk)[34]에 소개되는 노인들의 이야기는 우리에게 많은 것을 깨우쳐 줍니다. 교사로 은퇴한 후 양로원의 노인들에게 한글을 가르치는 양경복 씨, 아동 성폭력 예방을 주제로 한 인형극을 공연하는 '그랜드 파파마마 극단'의 할머니들, 30년 군 복무 후 전역해 지금은 77세의 나이로 유치원 아이들에게 전통놀이를 가르치는 황한규 씨 등의 이야기는 행복한 삶이 어떤

---

34) 실버톡은 한국방송광고진흥공사에서 '노인은 위대한 스토리텔레다'를 주제로 2013년 1년 동안 진행한 공익광고 명칭이다. 광고를 통해 실버세대가 가지고 있는 지혜와 경험의 소중함을 널리 알리고, 이를 통해 젊은 세대와 실버세대의 상호 이해와 소통을 촉진하는데 광고의 목적이 있었다.

것인지를 시사해 주고 있습니다.

옛날에는 60세 이후를 여생(餘生)이라고 했습니다. 덤처럼 남은 시간이라는 뜻입니다. 하지만 지금은 다릅니다. 은퇴 후에도 30~40년을 더 살아가야 하는 세상이 되었습니다. 단순히 여생으로 치부해 버리기엔 너무나 긴 세월입니다. 그러면 30년이 넘는 긴 세월을 어떻게 살아가야 할까요? 그저 손자 손녀의 재롱이나 보고 부부가 서로 등이나 긁어주면서 그렇게 살아야 할까요? 그러한 삶도 무가치하지는 않겠지만 그러기엔 너무 길고 아까운 시간입니다.

은퇴는 끝이 아니라 새로운 시작입니다. 그 세월은 덤이 아니라 또 하나의 인생입니다. 자신과 가족만을 위해 살던 삶에서 벗어나 이웃과 사회를 향해 발걸음을 옮길 때 우리의 노후는 진짜로 빛날 수 있습니다. 남은 시간이 그저 흘러가는 여생이 아니라 보람 있고 가치 있는 삶이 되도록 봉사, 재능기부, 사회참여 등 은퇴 후의 삶을 미리 준비할 필요가 있습니다. 저처럼 은퇴가 멀지 않은 50대 후반이라면 진지하게 고민해야 할 또 하나의 인생 과제입니다.

(2013. 3. 18.)

준비된 부부, 행복한 결혼

우리 인생의 젊은 날에 중요한 세 가지 사건을 꼽는다면 대학 진학, 취업, 그리고 결혼을 꼽을 수 있을 것입니다. 우리는 좋은 대학에 들어가고 번듯한 직장에 취업하기 위해서 오랜 시간 동안 엄청난 시간과 돈을 투자합니다. 그런데 대학이나 취업보다 더 중요할 수도 있는 결혼을 위해서는 아무런 준비를 하지 않는다고 해도 과언이 아닙니다. 물론 집을 장만하고 혼숫감을 마련하는 일에는 신경을 쓰긴 하지만 정작 중요한 일인 좋은 남편이 되고 좋은 아내가 될 준비는 거의 하지 않는 것처럼 보입니다.

결혼은 가풍이 다르고, 성격이 다르고, 가치관도 다른 두 남녀가 만나서 한 가정을 이루는 일입니다. 결혼은 소꿉장난이 아니라 현실이기에 살면서 크고 작은 문제에 부딪히기 마련입니다.

연애하는 동안에는 사랑에 눈이 멀어 너그러이 이해하고 넘어 갔던 일들도 결혼하고 나서는 사정이 달라집니다. 짧은 신혼기 가 지나 연애 시절의 설렘이 익숙함으로 바뀔 때쯤이면 서로에 대한 환상에서 벗어나 객관적이고 냉정한 시각으로 상대를 바 라보게 됩니다. 가풍이나 성격, 가치관의 차이에서 발생하는 다 양한 문제들을 사랑만으로 극복하기에는 분명 한계가 있습니다.

이러한 갈등을 극복하고 행복한 가정생활을 꾸려나가는 길은 두 가지가 있는 것 같습니다. 하나는 배우자를 있는 그대로 받아 들이는 것입니다. 부부갈등은 상대방이 나와 다를 수 있다는 '차 이'를 인정하지 않고 자신의 틀에 맞춰 상대방의 변화를 원하기 때문에 일어나는 경우가 많습니다. 두 사람 사이에 존재하는 '차 이'를 '틀림'이 아니라 '다름'으로 인정하고 받아들일 수 있다면 갈등의 소지는 크게 줄어들 것입니다. 하지만 이 세상에 대가 없 이 그냥 얻을 수 있는 게 아무것도 없습니다. 많은 부부가 그 사 실을 깨닫게 되었을 때는 이미 서로에게 크고 작은 수많은 상처 를 준 후인 경우가 많습니다.

또 하나는 내가 변하는 것입니다. 영국 웨스터민스터 대성당 지하에 있는 한 성공회 주교의 묘비는 그것을 이야기하고 있습 니다. 그 주교는 젊어서는 세상의 변화를 꿈꾸었고, 좀 더 나이 가 들어서는 나라를 변화시키고자 노력했고, 황혼의 나이가 되었을 때는 가족의 변화를 원했습니다. 그러나 아무것도 달라지지 않았습니다. 죽음을 맞이한 자리에서야 문득 깨달음을 얻고 지나온 삶을 후회하면서 묘비에 다음과 같은 글귀를 새겼다고 합니다.

　"만약 내가 나 자신을 먼저 변화시켰더라면, 그것을 보고 내 가족이 변화되었을 것을, 또한 그것에 용기를 내어 내 나라를 더 좋은 곳으로 바꿀 수 있었을 것을…… 그리고 누가 아는가? 세상까지도 변화되었을지!"

　불행히도 우리는 그 누구도 인생을 두 번 살지 못합니다. 배우자를 있는 그대로 받아들이고 내가 먼저 변해야 한다는 이치를 긴 세월이 흐른 뒤에야 깨닫게 된다면 성공회 주교의 한탄처럼 그때는 너무 늦을지도 모릅니다. 미국의 신학자인 니버(Reinhold Niebuhr)는 '지혜의 기도'라는 기도문에서 바꿀 수 없는 것에 대해서는 그것을 겸허히 수용할 수 있는 평안을, 바꿀 수 있는 것에 대해서는 그것을 과감히 변화시킬 수 있는 용기를, 그리고 바꿀 수 있는 것과 없는 것을 냉철히 구별할 수 있는 지혜를 달라고 간구했습니다. 니버의 기도문은 행복한 결혼생활을 꿈꾸는 모든 부부가 가슴에 새겨 두어야 할 금언이 아닐 수 없습니다.

결혼해서 남편과 아내가 되는 일은 대학입시나 취업 못지않게 많은 준비와 공부가 필요한 일입니다. 서로의 '차이'를 존중하고 나부터 달라지는 것이 행복한 결혼의 기초라는 것을 배워야 합니다. 그런 차원에서 결혼을 앞둔 젊은이들에게 체계적인 결혼교육 프로그램을 제공할 필요가 있습니다. 일례로 공공기관이나 종교단체에서 '예비부부 교실'을 운영할 수 있도록 정부가 지원하는 것도 한 방법입니다. 결혼은 사적 영역의 일이라는 반론이 있을 수 있지만 그렇게만 볼 일이 아닙니다. 가정은 한 사회의 기초로 가정이 무너지면 사회도 흔들립니다. 결혼 전 '예비부부 교실'에서 공부하는 젊은이들이 많아질수록 우리 사회 역시 더욱 튼튼해질 것입니다.

(2013. 6. 7.)

노년의 사랑과 성(性)

 며칠 전의 일입니다. 인생 50 고개를 넘어선 지인 몇 사람과 저녁 식사 모임이 있었습니다. 술잔이 몇 순배 돌았을 때 누군가 그러더군요. 남자 나이 50세가 넘으면 제일 먼저 술을 끊고, 그 다음에는 의사의 무시무시한 협박에 못 이겨 담배를 끊게 되며, 조금 더 시간이 흐르면 힘이 떨어져 여자를 끊게 되고, 마지막으로 곡기를 끊게 되면 파란만장한 일생이 끝난다는 것입니다. 그 말에 동석했던 모든 사람이 박장대소하며 공감을 표시했습니다. 웃자고 한 이야기이긴 하나 가슴 한편으로 쓸쓸함이 파도처럼 밀려 왔습니다.

 아무리 건강했던 사람도 나이가 들면 건강상의 이유로 술과 담배를 끊어야 하는 상황에 직면할 때가 있습니다. 어쩔 수 없이 금주와 금연을 해야 하는 상황에서 오는 심리적 충격이 작지 않을 것입니다. 하지만 젊은 사람 중에서도 자발적으로 금주와 금연을 실천하는 사람들이 많다는 점에서 다소의 위안을 얻을 수 있습니다. 하지만 여자를 멀리할 수밖에 없는 것은 다른 차원의 문제입니다. 성 기능의 노화는 남성을 정신적으로 위축시키고 우울하게 만듭니다. 일에 대한 자신감이 떨어지고 때로는 삶의 의욕마저 저하시킵니다. 남자로서 사망 선고를 받은 듯한 좌절감이 엄습합니다.

지금은 다르지만 불과 백여 년 전만 하더라도 남자 나이 40을 넘으면 인생을 어지간히 산 늙은이 취급을 받았습니다. 춘원의 소설 『무정』은 1917년 매일신보에 연재되었던 소설입니다. 소설을 읽다 보면 주인공 이형식이 장인이 될 김병욱과 처음 만나는 장면에서 "김 장로는 이제 사십 오륙 세 되는 깨끗한 중노인이다"라는 표현이 나옵니다. 40대에 대한 그러한 사회적 인식은 상당 기간 지속하였던 듯합니다. 금아 피천득은 「봄」이라는 수필에서 "인생은 사십부터"라는 말은 "인생은 사십까지"라는 말이라면서 "사십 이후는 여생"이라고 하였습니다. 수필 「봄」에 실린 금아의 시문선집 『산호와 진주』가 1963년에 발간됐으니 춘원의 시대로부터 반세기가 흐른 금아의 시대에도 40대에 대한 일반의 인식이 크게 달라지지 않았음을 짐작할 수 있습니다.

춘원이나 금아의 시각에서 보면 불혹(不惑)을 넘고 지천명(知天命)을 지나 이순(耳順)을 바라보는 나이에 육체적 사랑을 꿈꾸는 것은 지나친 과욕일지 모릅니다. 하지만 춘원과 금아 훨씬 이전 시대를 살았던 조선 시대의 송강 정철은 강계의 명기 진옥을 만났을 때 멋진 시조를 지어 노년의 삶에도 열정이 있고 사랑이 가능함을 보여주었습니다. 그때 그의 나이 54세였으니 지금으로 치면 70~80대의 나이입니다.

옥이 옥이라커든 번옥(燔玉)인줄 알았더니
이제야 보아하니 진옥(眞玉)일시 적실하다
내게 살 송곳 있으니 뚫어볼까 하노라

그런데 정철의 시조에 대한 기생 진옥의 화답은 조선 제일의 문장가 정철을 탄복시킵니다.

철이 철이라커늘 석철(錫鐵)로만 여겼더니
이제야 보아하니 정철(正鐵)일시 분명하다
내게 골풀무 있으니 녹여볼까 하노라.

번옥은 가짜 옥가루로 구워 만든 모조 옥을 의미하고 진옥은 진짜 옥이자 기생 진옥의 이름을 상징합니다. 석철이 잡것이 섞인 쇠라면 정철은 잡것이 섞이지 않은 순수한 쇠이자 송강의 이

름이기도 합니다. 살송곳은 남성의 중요 부위를 상징하고 대장
간에서 불을 피우기 위해 바람을 불어넣는 기구인 골풀무는 여
성의 중요 부위를 상징합니다. 번옥과 석철, 진옥과 정철, 살송
곳과 골풀무의 대구가 절묘합니다. 놀라운 재치와 해학이 아닐
수 없습니다.

수백 년 전 송강이 그랬듯이 요즘 시대에도 성생활에서 노익
장을 발휘하는 분들이 적지 않습니다. 지난 2002년에 개봉된,
노인들의 성생활을 정면으로 다룬 〈죽어도 좋아〉라는 영화가
있습니다. 한국 최초로 실제 정사 장면을 촬영해 화제가 됐던 영
화인데 주인공으로 출연한 김치규 할아버지와 이순례 할머니의
실화를 소재로 한 작품입니다. 두 분은 70이 넘은 나이에 만나
자마자 서로가 첫눈에 반해 결혼에 골인하신 분들로 노인들도
젊은이들과 조금도 다를 바 없는 성생활을 즐기고 있음을 보여
주고 있습니다.

누군가의 블로그에서 읽었던 아테네 올림픽 스타디움의 나체
조각상 이야기가 생각납니다. 젊은 남성과 노인이 등을 맞대고
있는 조각상으로 운동과 섹스의 관계를 해학적으로 보여주고
있는 작품이라고 합니다. 조각상에서 젊은 남성의 심볼은 크기
가 작고 축 처져 있는 반면 노인의 심볼은 크기도 큰 데다 하늘
을 향해 당당하게 치솟아 있다는 것입니다. 조각가의 의도는 젊

은 사람도 운동을 안 하면 노인만 못하고, 나이 들어도 운동으로 몸 관리를 잘하면 젊은 사람 부럽지 않다는 점을 말하고자 함일 것입니다.

영화 〈죽어도 좋아〉를 보면 김치규 할아버지가 아침에 일어나 열심히 맨손체조를 하는 장면이 나옵니다. 관객들이 폭소를 터트리지 않을 수 없는 우스꽝스러운 장면입니다. 하지만 저는 이 장면이 주는 의미가 아테네 올림픽 스타디움의 조각상이 주는 교훈과 일맥상통한다고 생각합니다. 김치규 할아버지처럼 70세가 넘어서도 젊은이 못지않은 성생활을 즐기고 싶다면 지금부터라도 운동을 열심히 해서 신체를 강건하게 만들어야 합니다. 보기에도 혐오스러운 몬도가네 음식만을 찾아다닐 일이 아닐 것입니다.

(2014. 9. 16.)

백세인생 행복론

시성(詩聖) 두보는 수많은 주옥같은 시를 썼지만, 그중에서도 「곡강이수(曲江二首)」는 절창(絶唱) 중의 절창으로 알려져 있습니다. 첫 수(首)의 "일편화비감각춘 풍표만점정수인(一片花飛減却春 風飄萬點正愁人)"[35]도 일품이지만 둘째 수의 "인생칠십고래희(人生七十古來稀)"도 인구에 회자되는 유명한 시구입니다. '예부터 70세까지 산 사람이 드물었다'는 뜻으로 70세의 나이를 뜻하는 고희(古稀)는 여기서 유래한 표현입니다. 실제로 조선 시대만 하더라도 높은 영유아 사망률과 전염병 창궐, 그리고 잦은 천재지변으로 평균수명이 20세 정도에 불과했다고 합니다.

---

35) '꽃잎 하나 떨어져도 봄빛이 줄거늘 / 수만 꽃잎 휘날리니 이 슬픔 어이 견디리'라는 뜻이다.

장수, 더 나아가 영생은 인간의 오랜 염원이었습니다. 봉래산 불로초를 찾아 동남동녀 3천 명을 보냈던 진시황, 부활을 꿈꾸며 미이라 되기를 마다하지 않았던 고대 이집트인의 사례가 그것을 잘 말해줍니다. 영생까지는 아니지만, 현대의학의 급속한 발달과 영양 상태의 개선으로 인간의 수명이 획기적으로 늘어났습니다. 요임금 시절 800년을 살았다는 팽조(烹調)나 한무제 때 서왕모의 복숭아를 훔쳐 먹고 18만 살을 살았다는 삼천갑자 동방삭(三千甲子 東方朔)의 이야기야 믿을 수 없지만 백세인생 시대가 현실로 다가왔습니다.

그러나 장수가 반드시 축복만은 아닐 수도 있습니다. 준비 없는 장수는 재앙이라고까지 이야기하는 분들도 있습니다. 무엇보다 육체적 수명 증가에 비례해 건강 수명이 같이 늘어나지 않을 수 있다는 것이 문제입니다. 신체 노화로 거동이 불편해 혼자서 대소변을 못 가리거나 치매에 걸려 자식도 못 알아본다면 살아도 사는 것이라 할 수 없습니다. 산소호흡기에 의존해 연명하고 있는 삼성그룹 이건희 회장의 삶을 행복한 삶이라고 생각하는 사람은 아마 없을 것입니다. 육체적으로 아무리 건강하더라도 경제력이 없으면 그 또한 문제입니다. 생활고에 시달려 하루하루 연명하기에 급급하다면 그런 삶 역시 행복할 수 없습니다. 우리가 흔히 청년출세(靑年出世), 중년상처(中年喪妻)와 함께 노년무전(老年無錢)을 인생의 3대 불행의 하나로 꼽는 것도 그러한 이유 때문입니다.

건강과 적당한 경제력이 뒷받침되지 않는 삶이 행복하기란 참으로 어려운 일이지만 그것을 갖추었다 해도 행복한 백세시대를 살기 위한 필요조건일 뿐 충분조건은 아닙니다. 그런 점에서 영화 〈반지의 제왕〉에 나오는 아르웬(Arwen)의 이야기는 백세인생 시대를 살아가야 할 우리에게 시사하는 바가 큽니다. 아르웬은 불사의 종족인 요정의 왕 엘론드(Elrond)의 딸입니다. 그녀는 아버지의 간곡한 설득에도 불구하고 불사의 땅인 서쪽 끝으로 가는 마지막 배에 타는 것을 포기합니다. 그리고 영생 대신 아라곤(Aragon)과의 사랑을 선택합니다. 아르웬의 선택은 행복한 삶을 살기 위해서는 장수보다도 더 중요하고 가치 있는 것들이 있음을 우리에게 일깨워 주고 있습니다. 만화영화 〈은하철도 999〉에서 감정이 없는 기계 인간으로 영원히 살기보다 기쁨과 슬픔을 느끼며 살아가는 인간의 삶을 선택한 철이 역시 아르웬과 다르지 않습니다.

장수는 누구나 바라는 것이지만 단순히 오래 산다고 해서 행복한 삶은 아닐 것입니다. 건강과 경제력의 문제 때문만은 아닙니다. 본능에 충실하면서 그저 하루하루를 살아가는 동물과 달리 우리 인간은 삶의 의미와 가치를 추구하는 존재입니다. 각자가 추구하는 바는 달라도 의미 있는 삶, 가치 있는 삶을 살기를 원하고 그것이 충족될 때 진정한 행복을 느낍니다. 그것이 아르 웬에게는 아라곤에 대한 사랑이었지만 꼭 이성 간의 사랑이어 야 할 이유는 없을 것입니다. 가족 간의 사랑, 친구와의 우정, 이 웃에 대한 봉사, 국가를 위한 헌신에서 삶의 기쁨을 느끼는 사람 역시 적지 않습니다. 가치와 의미를 찾기 어려운 삶은 참다운 삶 이 아니라 단순한 생존일 뿐입니다. 어떤 삶을 살 것인가? 점점 가까이 다가오고 있는 백세시대가 우리 모두에게 던지는 물음 입니다.

(2018. 2. 2.)

행복한 인생, 성공한 인생 1

KBS 1TV의 「아침마당」에서는 매주 수요일마다 〈도전! 꿈의 무대〉라는 트로트 노래경연을 방송합니다. 아마추어나 무명의 가수들이 출연해서 실력을 겨루는 일종의 오디션 프로그램입니다. 매주 5명의 가수가 나와서 노래 실력을 겨루는데 시청자들의 실시간 투표로 그중의 한 사람을 우승자로 결정합니다. 5주 연속 우승하면 KBS에서 음반 녹음과 홍보의 기회를 제공해 준다고 하니 가수로서 성공을 꿈꾸는 사람들에게 이보다 더 좋은 무대는 없을 것입니다. 실제로 단 한 주도 우승은 못 했지만, 아침마당 출연이 계기가 되어 출연 섭외가 밀려든다는 무명가수들의 후일담에서 방송의 위력을 실감하게 됩니다.

이 지구상에 우리처럼 노래 부르기를 좋아하고 또 실제로 잘 부르는 민족도 없을 것입니다. 고대 중국의 사서(史書)인 『삼국지』의 「위지 동이전」에도 우리 선조들이 노래와 춤을 즐겼다는 기록이 남아 있습니다. 그런 DNA를 물려받아서인지 출연자들의 노래를 듣고 있다 보면 그들의 뛰어난 가창력에 감탄을 금할 수 없습니다. 무명가수들도 기성 가수 뺨치는 노래 실력을 지니고 있어 왜 저런 사람들이 아직 빛을 보지 못하고 있을까 궁금증이 들곤 합니다. 그들을 보면서, 세상 모든 일이 그렇듯이, 노래 역시 실력만 있다고 성공하는 것은 아니라는 사실을 새삼 깨닫습니다. 국가대표 되기가 올림픽 금메달리스트 되기보다 어렵다는 우리나라의 양궁이나 쇼트트랙을 보더라도 실력이 뛰어난 수많은 선수가 이름도 없이 사라졌습니다. 성공의 문은 좁고 경쟁이 치열한 탓에 모든 사람이 그 문을 통과할 수 없는 현실이 안타까울 뿐입니다.

트로트 경연 무대라는 특성 탓인지 〈도전! 꿈의 무대〉에 출연하는 가수들의 연령대는 다양합니다. 20~30대가 많지만 40~50대는 물론이고 심지어 60대도 있습니다. 그들 중에는 어린 시절 부모의 이혼이나 사업실패, 가난 등으로 갖은 고초와 풍파를 겪은 사람들이 적지 않습니다. 불혹(不惑)을 넘어 지천명(知天命)의 나이가 되어서도 무명을 면치 못하고 있지만 젊은 시절의 꿈을 이루기 위해 꿋꿋이 자신의 길을 가는 그 모습은 감동적입니다. 아무리 어렵고 힘들어도 결코 포기하거나 좌절하지 않는 그들의 삶은 뮤지컬 〈라만차의 사나이〉의 돈키호테를 연상케 합니다. 어쩌면 그들이야말로 이룰 수 없는 꿈을 꾸고, 사랑할 수 없는 사람을 사랑하며, 이길 수 없는 적과 맞서고, 견딜 수 없는 고통을 감내하며, 딸 수 없는 밤하늘의 별을 따려는 현대판 돈키호테입니다. 그들에 비하면 우리는 조그만 시련과 고난에도 너무나 쉽게 좌절하고 포기하면서 인생을 살고 있는지도 모르겠습니다.

　매주 수요일 〈도전! 꿈의 무대〉를 시청할 때마다 성공이 무엇인가 하는 해묵은 주제에 대해 생각해 보곤 합니다. 〈도전! 꿈의 무대〉에 출연한 가수들은 공통점이 하나 있습니다. 노래가 좋아 가수의 길을 선택했고, 오랜 무명의 설움에도 노래가 좋아 가수의 길을 계속 걷고 있다는 점일 것입니다. 그들이 가족의 반대를 무릅쓰고 남들이 부러워하는 직장을 그만두고 편안하고 안정된 삶을 마다하고 가수의 길을 걷고 있는 이유는 오직 하나, 노래를 사랑하기 때문입니다. 돈을 많이 벌고, 직장에서 지위가 높아지고, 사회적으로 유명해지는 것을 성공으로 생각하는 사회 통념에 비추어보면 어쩌면 그들은 실패한 인생일지도 모릅니다. 하지만 무대에 서서 노래할 수 있는 것만으로도 행복해하는 모습을 보면서 세속적 기준으로 한 인생의 성공과 실패를 재단하는 것이 과연 옳은 것인지 의문을 품게 됩니다.

인생의 궁극적 목적은 성공이 아니라 행복이라는 사실을 부인할 사람은 많지 않을 것입니다. 가족과 더 많은 시간을 보내기 위해 미국의 권력서열 3위인 하원의장 자리를 헌신짝처럼 버리고 정계 은퇴를 선언한 폴 라이언의 사례가 보여주듯이 우리의 삶에서 성공보다 더 중요한 것은 행복입니다. 성공은 행복한 인생을 살기 위한 수단일 뿐 그 자체가 목적이 될 수는 없습니다. 성공은 행복의 문을 여는 수많은 열쇠 중의 하나일 수는 있어도 유일한 열쇠는 아닙니다. 성공한 인생이라고 해서 모두가 행복한 인생은 아니며 불행한 인생들도 적지 않습니다. 반대로 비록 성공은 못 했지만, 행복한 인생을 사는 사람들을 우리 주변에서 얼마든지 찾을 수 있습니다. 성공한 인생이 행복한 인생이 아니라 행복한 인생이 성공한 인생입니다. 그런 관점에서 본다면 〈도전! 꿈의 무대〉에 출연한 가수들은 이미 성공한 사람들입니다. 좋아하는 노래를 부를 수 있다는 것만으로도 행복해하는 그들의 모습에서 성공의 참 의미를 다시 한번 깨닫습니다.

(2018. 4. 14.)

행복한 인생, 성공한 인생 2

　은퇴 후의 삶에 대한 고민이 많은 요즘, 금요일이 되면 주말(週末)을 고향에서 보내기 위해 종종 순천으로 내려가곤 합니다. 순천에서는 지인들을 만나 식사하는 것이 주된 일정이지만 저녁 식사 후 특별한 일이 없을 때면 아랫장을 찾곤 합니다. 아랫장에서는 시장 활성화 정책으로 매주 금요일과 토요일마다 저녁 7시에서 10시까지 야시장 공연이 열리기 때문입니다. 공연을 구경하는 재미도 재미이지만 제가 색소폰을 배우면서 교분을 맺은 연예인들이 출연을 많이 하다 보니 공연도 볼 겸 응원도 할 겸 자주 찾게 됩니다.

　야시장 공연에 출연하는 사람들은 순천 지역을 주 활동무대로 삼고 있는 무명 연예인들입니다. 무명이라고 해서 실력이 모자라거나 무대매너가 촌스러운 것은 아닙니다. 아직 기회를 붙잡지 못했을 뿐 그들의 실력이나 무대를 휘어잡는 카리스마는 그 어떤 유명가수 못지않습니다. 공연의 대가로 그들이 받는 출연료는 10만 원 남짓입니다. 여가수들의 경우 의상이나 머리 손질에 들어가는 비용 등을 고려하면 오히려 적자일 수도 있는데 전혀 개의치 않습니다. 그들의 음악에 대한 열정과 사랑은 매사 이해타산을 따지며 주판알을 튕기는 저 같은 범인(凡人)을 부끄럽게 합니다.

행복은 목적지가 아니라 여정(旅程)이라는 말이 있습니다. 저는 그 말의 참뜻을 야시장 공연에 출연하는 무명 연예인들을 보면서 되새겨보곤 합니다. 권력, 부, 명예와 같은 것으로 성공 여부를 재단하는 세속적 관점에서 보면 그들은 성공한 인생과는 거리가 먼 사람들입니다. 그럼에도 불구하고 무대에 설 수 있다는 것만으로도 기쁨을 느끼는 그들의 모습에서 행복은 거창하거나 저 멀리 있는 것이 아니라는 사실을 깨닫습니다. 열악한 처우에 대한 연민보다는 그들의 열정에 존경심을 느끼지 않을 수 없습니다. 그들에게는 분명히 '딴따라의 끼'만으로는 설명할 수 없는 그 무언가가 있습니다. 그것은 '진정한 행복이란 무엇일까?'라는 근본적이고 철학적인 문제에 대해 우리가 찾고자 하는 해답일지도 모릅니다.

유명 연예인 네 사람이 시골 파출소의 경찰관으로 근무하면서 겪는 에피소드를 그리고 있는 「시골 순경」이라는 MBC의 예능 프로그램이 있습니다. 높은 인기에 힘입어 시즌4까지 제작됐는데 시즌3에 방영된 〈한 잔의 추억〉 편으로 기억합니다. 경찰관으로 출연한 연예인들은 갖가지 민원을 처리하느라 고되고 바쁜 일과를 보내지만, 주민들을 위해 무언가를 했다는 사실에 큰 기쁨과 행복을 느낍니다. 일과를 마치고 숙소로 돌아와 술 한 잔으로 피로를 푸는 엔딩 장면의 건배사가 인상적입니다. 그들의 건배사에서 우리는 진정한 행복이 무엇인지에 대한 깨달음을 얻을 수 있을 것입니다.

"성공해서 행복한 것이 아니라 행복해서 성공한 것이다"

(2019. 11. 1.)

행복은 평범이외다

제가 즐겨보는 TV 프로그램 중의 하나는 KBS의 「인간극장」입니다. 이번 주의 인간극장 〈꽃보다 고물〉 편은 35세의 젊은 나이에 여성의 몸으로 고물장수가 된 변유미 씨의 이야기를 그리고 있습니다.

"바람 한 번 불 때 너무 행복해요."

오늘 아침 방송된 제2화에서 나온 변유미 씨의 독백입니다. 바람 한 점 없이 푹푹 찌는 여름날, 불현듯 불어오는 한 줄기 시원한 바람이 주는 행복을 경험했던 사람이라면 변유미 씨의 말에 공감하지 않을 수 없을 것입니다.

요즘 코로나의 유행은 평온했던 우리의 삶의 풍경을 크게 바꾸었습니다. 많은 사람이 모이는 영화나 프로야구 관람이 중지되고, 결혼식과 회식 참석자 수도 60인과 4인 이하로 줄었으며, 병원 방문이나 대중교통 이용 시 마스크 착용은 필수가 되었습니다. 특히 코로나에 감염되어 집안에서만 생활해야 하는 분들은 평범한 일상이 행복이었음을 새삼 절감하지 않을 수 없을 것입니다. 변유미 씨가 한 줄기 바람에 행복을 느꼈듯 친구들과 카페에서 커피 한 잔 마시며 담소를 나누던 그 평범한 일상이 행복이었음을 뒤늦게 깨닫게 됩니다.

춘원 이광수가 쓴 글 중에 「금강산 유기」라는 기행문이 있습니다. 금강산 비로봉에 오른 춘원은 그 유명한 배바위가 지극히 평범한 모습으로 있는 것을 보고 처음에는 크게 실망합니다. 하지만 그 평범한 바위가 동해를 항해하다 폭풍우에 길을 잃고 헤매는 선원들의 길잡이가 되어 해마다 수천 명의 목숨을 구한다는 안내원의 말에 춘원은 깨달음을 얻습니다. 그리고 이렇게 외칩니다.

"위대는 평범이외다."

변유미 씨의 고백에서 알 수 있듯이 행복은 거창하거나 멀리 있는 것이 아닙니다. 나태주 시인이 「범사」라는 시에서 노래하듯이 하루하루 무탈하게 지나가는 우리의 평범한 일상 그 자체가 감사한 일이자 행복입니다. 춘원은 "위대는 평범이외다"라고 외쳤지만 "행복은 평범이외다"라고 하는 명제 역시 또 하나의 진리로 우리에게 다가옵니다.

범사 | 나태주

오늘도 세상엔 아무런 일도 일어나지 않았다.

내게도 특별한 일이 일어나지 않았다.

감사한 일이다.

오늘도 나는 초록색 자전거를 타고

금학동 집에서 문화원까지 출근했다가 돌아왔다

감사한 일이다

저녁에 몸을 씻고 알전등 아래 기도를 드리고

잠을 청하려고 그런다

역시 감사한 일이다.

(2020. 8. 25.)

오줌발, 남자의 자존심

세월이 흐르면서 생기는 신체의 노화는 인간의 힘으로 어찌할 수 없는 자연의 섭리입니다. 저 역시 나이가 들어가면서 젊었을 때는 몰랐던 신체의 변화를 경험하고 있습니다. 노안이 온 지는 10년이 넘었고, 청력이 약해졌는지 TV 볼륨을 크게 틀어 아내로부터 소리 좀 줄이라는 지적을 자주 받습니다. 자극적인 음식을 먹을 때는 종종 사레가 들리고, 겨울만 되면 피부 가려움 탓에 몇 년 전부터는 오일에 의존하고 있습니다. 다만 신기하게도 올겨울은 가려움증이 사라졌습니다. 이유는 알 수 없지만, 건강을 위해 평소 즐겨 먹던 빵이나 과자, 아이스크림 등을 멀리했기 때문은 아닌지 추측할 뿐입니다.

나이가 들면서 생긴 또 다른 변화는 자다가 깨는 현상입니다.

원래 저는 베개를 베자마자 코를 골기 시작해 다음 날 아침에 일어날 때까지 누가 업어 가도 모를 정도로 깊이 잠을 자는 스타일입니다. 그런데 2~3년 전부터 소변이 마려워 자다가 일어나는 습관이 생겼습니다. 처음에는 하룻밤에 한 번으로 그쳤는데 몇 달 전부터는 두세 번 깨는 경우도 드물지 않게 되었습니다. 자다가 일어나는 것만큼 귀찮은 일도 없을 것입니다. 그러나 보니 저녁 식사 후에는 목이 말라도 물 먹는 것을 자제하게 됩니다.

오줌발도 옛날 같지 않습니다. 아침에 거실에서 홈트레이닝을 하고 있으면 올해 서른이 된 조카가 화장실에 들어가 소변보는 소리가 들려옵니다. 그 소리가 얼마나 우렁찬지 이백의 절창(絶唱)인 「망여산폭포(望廬山瀑布)」의 “비류직하삼천척(飛流直下三千尺)”[36]이란 시구가 떠오릅니다. 아무리 나이를 먹어도 수컷은 수컷입니다. 폭포수가 쏟아지는 듯한 조카의 오줌 소리를 듣고 있으면 젊음이 부럽기도 하고 사내로서 자존심이 상하기도 합니다.

그런데 어느 날 인터넷 서핑을 하다가 눈이 번쩍 뜨이는 정보를 발견했습니다. 나이가 들면 방광의 소변 저장량 감소로 자주

---

36) 나는 듯 흘러 떨어지는 폭포수 길이가 삼천 척이라는 뜻이다.

소변을 보게 되지만 가능한 한 참았다가 한 번에 배뇨하는 게 좋다는 것입니다. 그렇지 않으면 갈수록 방광의 소변 저장량이 줄어들어 더 자주 소변을 보는 악순환이 반복된다고 합니다. 덧붙여 항문과 회음부에 힘을 주는 케겔 운동을 하면 오줌발이 강해진다는 내용도 있었습니다.

"밑져야 본전"이라는 생각으로 인터넷에서 알려준 대로 3개월 가까이 실천했더니 많은 신체적 변화가 일어났습니다. 우선 하루에 열 번 가까이 소변을 봤던 횟수가 절반으로 줄었고, 잔뇨감도 사라졌습니다. 무엇보다 가늘어졌던 소변 줄기가 다시 굵어지고, 오줌발도 젊은 날에 버금가는 힘을 되찾았습니다. 불과 몇 달 사이에 일어난 놀라운 변화입니다. 사람마다 차이가 있겠지만 잦은 소변이나 잔뇨감, 약해진 오줌 줄기가 고민인 남성들이라면 꼭 한 번 실천해볼 만한 방법입니다. 남자의 자존심을 지킬 수 있는 간단한 방법이니까요.

(2024. 2. 4.)

제6장
여성 – 영원히 풀리지 않는
수수께끼

여왕의 귀환

박근혜 대통령의 취임으로 여성 대통령 시대가 열렸습니다. 며칠 전 TV에서 대통령 취임식을 지켜보면서 저는 우리 대한민국이 또 하나의 역사적 변곡점 위에 서 있음을 느꼈습니다. 주지(周知)하다시피 우리보다 민주주의 역사가 훨씬 오랜 미국도 아직 여성 대통령이 없습니다. 그런데 민주주의 역사도 짧고 남존여비 문화가 뿌리 깊은 우리나라에서 여성 대통령이 배출된 것은 그 역사적 의미가 작지 않습니다. 박 대통령의 취임은 '남성우위 시대'에 조종(弔鐘)을 울리면서 우리 사회가 남성과 여성이 함께 이끌어 가는 성평등(性平等) 사회로 급격히 바뀌고 있음을 상징적으로 보여주고 있습니다.

여성의 관점에서 볼 때 우리나라 현대사는 남성 지배구조에 대한 도전사(挑戰史)이자 끊임없이 여성의 활동영역을 확장해 온 개척사(開拓史)입니다. 해방 이후 1950년대까지가 여성들이 집안에만 머무르는 '내조의 시대'였다면 1960~70년대는 '여공의 시대'였습니다. 1980년대는 사무직 분야로 사회진출이 이루어졌으나 대개 비정규직이나 하위직으로 사무실의 잡무를 담당하는 '남성 보조 시대'였습니다. 1990년대 들어 대기업들의 신규채용 규모가 커지면서 본격적인 '여성공채 시대'가 열렸고, 2000년대에는 마침내 여성들이 관리직으로 진출하는 '여성 리더 시대'가 개막되었습니다.

이제 우리 사회의 모든 분야에서 거센 여풍(女風)이 불고 있습니다. 지난 2월 중순께 단행된 KT의 인사에서도 상무 승진 대상자 17명의 30%인 5명이 여성이었습니다. 여성 대통령까지 배출된 마당에 여성 임원이 늘어나는 것쯤은 뉴스거리도 아닐지 모릅니다. 금녀(禁女)의 영역이었던 육군사관학교에서도 작년에 이어 올해도 여성이 수석 졸업했습니다. 여성 합격자들을 찾아보기 어려웠던 사법시험이나 행정고시에서도 여성 합격자 수가 많이 늘어나고 있습니다. 지금까지 우리 역사에서 주변인이자 소수자로 머물렀던 여성들이 역사의 중심부로 당당히 진입하고 있는 것입니다.

사실 따지고 보면 인류 역사의 대부분은 모계사회였고 부계사회는 수 천 년에 불과합니다. 약 350만 년 전 최초의 인류인 오스트랄로피테쿠스[37]가 아프리카에서 출현한 이래 우리 인간은 수렵과 채취에 의존해 살아왔습니다. 약 1만 년 전 농경사회가 열리기 전까지 남성들은 수렵, 여성들은 채취에 종사했기 때문에 인류 역사의 대부분은 수렵채취 시대라고 해도 과언이 아닙니다. 근력이 필요한 농경시대와 산업 시대는 남성들이 가족의 생계를 책임졌다면 수렵채취 시대에는 여성들에게 경제의 주도권이 있었습니다. 남성들의 수렵은 항상 성공하는 것이 아니었고 빈손으로 돌아오는 날이 많았기 때문에 여성들이 채취한 과일이나 나물 등에 의존해 생활할 수밖에 없었기 때문입니다.

경제의 주도권을 쥐고 있는 쪽에서 큰소리치고 사는 것이 옛날도 지금과 다를 바가 없었을 것입니다. 그렇게 본다면 현재 우리 사회에 불고 있는 여풍은 새삼스러운 현상이 아니라 오랫동안 권좌에서 떠나 있었던 '여왕의 귀환'인 셈입니다. 21세기를 흔히 지식 정보화 사회라고 합니다. 지식 정보화 사회는 근력이 아니라 머리에 의존해서 일하는 시대입니다. 여성들이 남성들보다 불리할 이유가 없습니다. 더구나 권위주의의 퇴조로 우리 사회가 수직적 사회에서 수평적 사회로 변하면서 소통 능력과 감성, 배려심이 뛰어난 여성들이 두각을 나타내고 있습니다.

---

37) 오스트랄로피테쿠스는 약 200만 년 전부터 서서히 현생 인류인 호모사피엔스로 진화하였다. 호모 사피엔스는 '생각하는 사람'이라는 뜻이다.

직장에서 여성들을 옥죄었던 '유리벽'과 '유리천장'이 소리 없이 무너져 내리고 있습니다.

이제는 남성들이 변해야 살아남는 시대가 되었습니다. 여성들과 어울려 사는 법을 배우고 여성들의 마음을 사로잡는 법을 배워야 남성들이 사회에서 성공할 수 있는 시대가 된 것입니다. 평범한 사람은 낙엽들이 보도 위를 나뒹구는 것을 보고 가을이 왔음을 압니다. 그러나 지혜로운 사람은 떨어지는 낙엽 한 장에도 추운 겨울이 멀지 않았음을 깨닫습니다. 하물며 거센 여풍으로 낙엽이 우수수 지고 있는데도 아직 새로운 시대가 오고 있음을 눈치 채지 못하는 사람이 있다면 지극히 어리석은 사람일 것입니다. 시대의 흐름을 쫓아가지 못하는 남성들이 설 자리는 점점 좁아지고 있습니다. 더 늦기 전에 새로운 시대를 맞이할 준비를 서둘러야 합니다. 그렇지 않으면 "우물쭈물하다가 내 이럴 줄 알았다"는 조지 버나드쇼의 묘비가 남성들의 무덤 앞에 세워질지도 모를 일입니다.

(2013. 2. 28.)

노출의 미학

 우리나라 4대 명절은 설날(음력 1월 1일), 한식(冬至로부터 105일째 되는 날)[38], 단오(음력 5월 5일), 추석(음력 8월 15일)입니다. 이 중 단오는 중국 초나라 회왕 때 굴원(屈原)이란 충신과 관련이 있습니다. 굴원이 간신들의 모함을 받아 멱라수에 투신자살하자 사람들이 그의 영혼을 위로하기 위해 해마다 그가 죽은 음력 5월 5일에 제사를 지냈다고 합니다. 중국에서 유래해 우리나라로 전해진 단오는 한국적 특성이 있는 명절로 발전하면서 축제가 열리기도 했는데 영광 법성포 단오제와 강릉 단오제가 대표적입니다.

---

38) 한식(寒食)은 말 그대로 '찬 음식을 먹는 날'이라는 명절이다. 춘추시대에 현인 개자추가 산 속에 은거하자 진(晉)의 문공이 그를 불러내기 위해 산에 불을 질렀는데 개자추는 산에서 나오지 않고 불에 타 죽었다. 사람들이 개자추를 애도하기 위해 그가 죽은 날에는 불을 피우지 않고 찬 음식을 먹었던 풍습이 후대에 전해져 한식이 되었다.

단오의 풍속 중에 빼놓을 수 없는 것이 여성의 그네뛰기입니다. 단오가 되면 TV에서 단오제 소식을 전해주는데 빠지지 않고 나오는 영상이 그네를 뛰는 여인의 모습입니다. 언뜻언뜻 속곳을 비추며 그네를 타는 여성의 자태가 참으로 매력적입니다. 그 모습에서 노출의 미학을 느끼는 사람들이 적지 않습니다. 그러면 여성의 노출이 어느 정도일 때 가장 매력적일까요? 영국의 리즈대 연구팀에 의하면 남성들은 여성들이 완전히 벌거벗고 있을 때 보다 노출도가 40% 정도일 때 가장 매력을 느낀다고 합니다. 흔히 남성들은 속살이 보일 듯 말듯 옷을 입은 여성에게 더 매력을 느낀다는 이야기를 많이 하는데 리즈대의 연구결과는 이와 크게 다르지 않습니다.

관음증(觀淫症)에서 알 수 있듯이 사람은 누구나 엿보고 싶어 하는 심리가 있습니다. 이러한 심리에 인간만이 지닌 상상력이 결합되어 은근한 노출에 더 강한 자극을 받게 되는 것입니다. 짧은 미니스커트보다 앞이나 뒤가 살짝 트인 스커트를 입은 여성이 더 섹시하게 보이는 이유가 바로 여기에 있습니다. 중국의 전통의상인 치파오를 입은 여성들이 관능적으로 보이는 이유도 기다란 옆트임이 있기 때문입니다. 치파오를 입은 여성이 걸을 때마다 슬쩍슬쩍 드러나는 속살은 남성의 상상력을 자극하고 감칠맛을 자아내 그 여성을 한층 매력적으로 보이게 합니다. 하지만 지나친 노출은 상상의 여지를 아예 없애 버리기 때문에 야

하기만 할 뿐 오히려 매력을 반감시킵니다.

은근한 노출이 더 자극적이라면 남성들이 치마를 휘날리며 그네 타는 여인에게 강한 성적 매력을 느끼는 것은 당연한 일입니다. 그네 타는 여인이 보여주는 노출의 미학은 프랑스 화가 프라고나르의 「그네(The Swing)」[39]라는 작품에 잘 나타나 있습니다. 그림을 보면 귀부인이 정원에서 남편으로 추정되는 늙은 남자가 밀어주는 그네를 타고 있습니다. 그네가 하늘로 향하는 순간 그녀의 핑크빛 드레스 자락이 뒤집히면서 하얀 스타킹과 허벅지가 드러나 관능적인 분위기를 물씬 풍깁니다. 그네의 왼쪽 아래에는 한 남성이 장미 덤불에 숨어 여성을 훔쳐보고 있는데 작품을 주문한 줄리앙 남작으로 귀부인의 애인이기도 합니다.

프라고나르의 그림은 조선 시대 화가 혜원 신윤복의 「단오풍정(端午風精)」을 연상시킵니다. 혜원의 그림에는 단옷날 계곡에서 머리 감는 반라(半裸)의 여인들과 속곳을 보이며 그네를

---

39) 1767년 경 제작된 그림에는 은유적인 상징들이 많이 숨어 있다. 귀부인의 시선 방향을 보면 남작이 자신의 치마 속을 들여다보는 것을 이미 알고 있는 듯 보인다. 남작은 팔을 쭉 뻗어 손가락으로 여성을 가리키고 있고 귀부인은 화답이라도 하듯이 한쪽 발을 쭉 뻗어 신발을 벗어 던지고 있다. 신발은 여성의 성기를, 남작의 팔은 남성의 성기를 상징한다. 남작은 '사랑의 신' 큐피트 동상의 좌대에 비스듬히 몸을 기대고 있는데 큐피트는 "쉿!"이라고 말하는 듯 손가락을 입에 대고 있어 남작과 귀부인의 관계가 불륜임을 암시한다. 「그네」는 화려하고 퇴폐적인 로코코 양식을 대표하는 그림이다.

뛰는 여인을 승려들이 암벽 사이에 숨어서 엿보고 있는 모습이 그려져 있는데 구도 설정이 프라고나르의 그림과 유사한 점이 있습니다. 승려들은 반라의 여인들과 속곳을 보이며 그네를 뛰는 여인 중에 어느 쪽을 더 관능적으로 느꼈을까요? 노출의 미학에 따르면 그네를 뛰고 있는 여인일 것입니다.

올해도 어김없이 무더위가 찾아오면서 노출의 계절이 시작되었습니다. 길거리를 걷다 보면 벌써 미니스커트나 반바지, 배꼽티를 입고 거리를 활보하는 젊은 여성들이 눈에 많이 띕니다. 경찰이 미니스커트를 입은 여성을 경범죄로 단속했던 1970년대는 이미 호랑이 담배 피우던 먼 옛날이 되어버렸습니다. 필자가 일하는 광화문 정부종합청사 주변에는 민간기업들의 사무실이 밀집해 있습니다. 여성들의 사회참여가 늘다 보니 점심시간이면 주변 빌딩에서 쏟아져 나오는 수많은 여성과 마주치게 됩니다. 우윳빛 미끈한 다리를 뽐내며 삼삼오오 걸어오는 그녀들을 보고 있노라면 눈이 부셔 어지러울 지경입니다.

실로 젊은 여성들이 개성을 마음껏 발산하는 모습은 아름답습니다. 피천득의 이야기처럼 녹 슬은 심장에도 피가 용솟음치게 만듭니다. 하지만 지나친 노출은 아름답기보다는 우리의 눈살을 찌푸리게 합니다. 아무리 사생활의 자유가 있다지만 침실과 같은 은밀한 사적 공간에서나 어울릴 법한 옷차림을 공공장소에서 하고 다니는 것은 오히려 매력을 반감시킵니다.

  세계적 열풍을 일으켰던 가수 싸이의 〈강남스타일〉이란 노래
가 있습니다. 그 노래에는 "가렸지만 웬만한 노출보다 야한 여
자"라는 가사가 나옵니다. 대중가요의 가사이긴 하지만 그 속에
진리가 담겨 있다고 생각합니다. 노출이 지나친 여성들에게서
아름다움과 매력을 찾기란 어려운 일입니다. 진정한 아름다움
은 노출의 미학이 아니라 가림의 미학에 있다는 사실을 깨닫는
여성들이 많아지면 좋겠습니다.

(2013. 6. 21.)

마음이 고와야 여자지

금아 피천득은 수필「인연」에서 아사코가 나이 들어 변해가는 모습을 꽃에 비유했습니다. 소녀 시절에는 어리고 귀여운 꽃인 '스위트 피'로, 20대 때는 청순하고 세련된 '목련꽃'으로, 그리고 결혼한 아사코는 시들어가는 '백합'으로 표현했습니다. 노천명은 「춘향」이란 시에서 고난 속에서도 정절을 꿋꿋이 지키는 여인을 매화에, 서정주는 「국화 옆에서」란 시에서 온갖 풍상을 다 겪으며 원숙해진 여인을 국화에 비유했습니다. 굳이 문학작품이 아니더라도 우리는 일상적 대화에서 종종 여성을 꽃에 비유하곤 합니다. 도회적이고 화려한 여성은 장미에, 청순하고 가냘픈 여성은 코스모스에 비유합니다. 물론 꼭 젊고 예쁜 여성만을 꽃에 비유하는 것은 아닙니다. 아름답지 않은 여성은 호박꽃, 나이 든 여인은 할미꽃으로 에둘러 표현합니다.

이처럼 여성을 꽃에 비유하는 것은 노소(老小)와 미추(美醜)를 따지지 않지만, 꽃이 주는 이미지가 아름다움이기에 예쁜 여성을 꽃에 비유하는 것이 일반적입니다. 그러나 제아무리 예쁜 꽃도 여성의 아름다움 앞에서는 그 빛을 잃습니다. 중국에는 '침어낙안 폐월수화(沈魚落雁 閉月羞花)'라는 말이 있습니다. 중국의 4대 미인인 서시, 왕소군, 초선, 양귀비를 가리키는 말입니다. 그중 양귀비를 지칭하는 수화(羞花)는 양귀비의 아름다움에 꽃조차도 부끄러워 고개를 숙였다는 데서 유래한 말입니다. 그래도 꽃이 아니고서는 여성의 아름다움을 형언할 길이 없기에 옛사람들은 미인을 해어화(解語花)라는 멋들어진 표현으로 불렀습니다.

해어화는 '말을 이해하는 꽃'이라는 뜻입니다. 원래 이 표현은 당나라 현종이 그의 애비인 양귀비의 빼어난 아름다움을 칭찬하면서 붙여준 이름입니다. 어느 초여름 날, 현종은 여러 후궁을 거느리고 태액지라는 연못으로 산책하러 나갔습니다. 막 피어난 연꽃들이 아름다운 자태를 뽐내며 연못 가득 향기를 뿜어대고 있었습니다. 취한 듯 어린[40] 듯 그 모습을 보고 있던 현종은 "연꽃의 아름다움도 말을 헤아리는 이 꽃에는 미치지 못하지 않느냐?"는 말로 양귀비의 아름다움을 칭찬했다고 합니다. 양귀비

---

[40] '어리다'라는 형용사의 파생어. '나이가 적다'는 뜻도 있지만 '황홀하거나 현란한 빛으로 눈이 부시거나 어른어른하다'는 뜻도 있다.

에게 말을 헤아리는 꽃, 다시 말해 해어화라는 최고의 찬사를 보낸 것입니다.

예쁜 꽃을 보면 기분이 좋아지고 아름다운 여성을 보면 마음이 상쾌해지는 것이 인간의 본성입니다. 하지만 양귀비나 서시처럼 용모가 뛰어난 여성만이 아름다운 것은 아닙니다. 얼굴은 평범해도 세련되고 지성미 넘치는 여인, 남을 배려할 줄 알고 마음 씀씀이가 고운 여성도 아름답습니다. 그래서 가수 남진은 "마음이 고와야 여자지 얼굴만 예쁘다고 여자냐"라고 노래했습니다. 아무리 겉모습이 예뻐도 내적 아름다움이 없는 여성은 향기 없는 꽃입니다. 처음 볼 때는 산뜻하지만 보면 볼수록 질리는 조화(造花)와 같은 여자입니다.

옛날에는 시인을 견자(見者)라고 했습니다. 남이 보지 못하는 것을 보는 사람이라는 뜻입니다. 미당 서정주의 시 중에 「선운사 동구」라는 시가 있습니다. 동백꽃 구경을 하려고 선운사를 찾아갔다가 철이 일러 허탕을 치고 돌아오는 길에 들린 막걸릿집의 주모에 대해 읊은 시입니다.

선운사 동구 | 서정주

선운사 골짜기로

선운사 동백꽃을 보러 갔더니
동백꽃은 아직 일러 피지 안 했고
막걸리집 여자의 육자배기 가락에
작년 것만 상기도 남았습디다.
그것도 목이 쉬어 남았습디다.

동백꽃을 못 본 서운함을 달래려고 들린 막걸릿집에서 주모의 육자배기에 매혹이 되어 그녀가 꽃이라고 생각하게 되었다는 시입니다. 뭇 남성을 상대로 술과 웃음을 파는 천한 여자가 아니라 작년에 피었다가 아직도 지지 않고 남아있는 동백꽃으로 느끼게 되었음을 시인은 고백하고 있습니다. 미당은 견자였기에 남들이 보지 못한 그녀의 내적인 아름다움을 본 것입니다.

온갖 꽃이 활짝 피어 아름답게 흐드러진 상태를 우리는 백화만발(百花滿發)이라고 합니다. 장미나 양귀비 같은 꽃들만 있어서는 백화만발이 될 수 없습니다. 백화만발이 되려면 할미꽃도 있어야 하고 호박꽃도 있어야 합니다. 시인 정호승은 "이 세상에 예쁘지 않은 꽃은 없다"라고 노래했습니다. 사랑의 눈으로 보면 장미꽃이나 코스모스만이 아름다운 것이 아니라 호박꽃이나 할미꽃도 아름답습니다.

꽃이 그렇듯이 이 세상에 아름답지 않은 여성은 없습니다. 여성이라는 이유만으로 아름답다는 찬사를 받을 자격이 있습니다. 여자이기를 포기하지 않고 자신만의 개성을 가꾸기 위해 노력하는 여자는 모두 다 아름답습니다. 미당이 그랬듯이 여성들의 외적 아름다움만이 아니라 보이지 않는 내적 아름다움도 볼 줄 아는 견자(見者)의 통찰력을 가진 사람들이 우리 사회에 더욱 많아졌으면 좋겠습니다. 외모지상주의가 판치는 한국 사회에서 그다지 예쁠 것 없는 딸을 가진 아버지이기에 더욱 그러합니다.

(2014. 7. 9.)

재능이 아름다움이다

　얼마 전 한국보건의료연구원은 국제성형외과의사협회(ISAPS) 의 보고서를 인용해 인구 대비 성형수술 횟수에서 한국이 세계 1 위라고 발표했습니다. 두말할 것도 없이 우리 대한민국은 자타 가 인정하는 세계 최고의 성형 대국입니다. 지하철이나 버스를 타면 어김없이 성형수술을 유혹하는 벽면 광고가 우리의 시선을 사로잡습니다. 대한민국에서 땅값이 가장 비싸다는 강남의 거리 도 성형외과들로 넘쳐납니다. 여성은 물론 취업을 앞둔 남성들 의 취업 성형과 노인들의 효도 성형에 이르기까지 거센 성형의 열풍이 불고 있습니다.

　이 같은 우리 사회의 과도한 성형 열풍은 내면보다 외모로 사 람의 가치를 평가하는 외모지상주의 탓이 큽니다. 한때 인구에 회자했던 "머리 나쁜 것은 용서가 되도 못생긴 것은 용서가 안 된다"는 말처럼 외모에 따라 대접도 달라집니다. 인생의 중대사인 취업이나 결혼에서도 내면이나 실력보다는 외모가 중시되고 있습니다. 이제 한국 사회에서 외모는 또 하나의 권력이 되었습니다. 그러다 보니 많은 사람이 영화 〈미녀는 괴로워〉 여주인공 '한나'처럼 성형수술로 인생역전의 꿈을 꿉니다.

최근 유력 일간지에 실린 여자프로골프 안선주 선수의 인터뷰 기사를 읽은 적이 있습니다. 안선주는 2011년 일본진출 후 4년 동안 16승을 거둔 일본투어 최강자로 대회 때마다 수많은 팬이 따라다니는 인기선수입니다. 후원기업도 6개나 된다고 합니다. 그런 그녀도 한국에서 활동할 때는 실력은 있지만, 인기는 없는 선수였습니다. 2006년 KLPGA에 데뷔해 4년 동안 7승을 거두었지만, 외모 때문에 아무도 그녀를 주목하지 않았습니다. 후원하는 기업도 없었습니다. 그녀는 "한국은 선수의 기량보다 겉모습만 중시하는 외모지상주의가 강하다. 일부 기업이 성형수술을 부추기도 해 씻을 수 없는 상처를 받았다"라고 말했습니다. 지난 8월 11일 LPGA 마이어 클래식에서 깜짝 우승을 차지한 이미림 선수도 비슷한 경우입니다. 우승 후 국내언론과 인터뷰에서 그녀는 "외모와 다이어트에 신경 써야 하는 한국과는 달리 미국에서는 그런 스트레스를 받지 않고 운동을 할 수 있어서 좋다"고 말했습니다.

실력이 최우선인 스포츠에서조차 강력한 힘을 발휘하는 우리나라의 외모지상주의는 방송의 영향도 적지 않은 것 같습니다. TV에 나오는 사람들을 보면 연예인은 말할 것도 없고 아나운서나 기상캐스터, 그리고 교양이나 시사프로그램에 출연하는 의사나 변호사 등 일반인들까지 대개가 미남 미녀들입니다. 남성보다 여성 출연자들의 경우 그 정도가 더 심합니다. 재능이 뛰어나도 외모가 평범한 사람들은 점점 더 설 자리를 찾기가 어려워지고 있습니다. TV를 보고 있으면 올바른 사회 기풍 진작을 선도하여야 할 방송이 오히려 은연중 외모지상주의를 부추기고 있다는 느낌을 지울 수 없습니다.

우리나라와 달리 미국 CNN이나 영국 BBC를 보면 외모는 그다지 중요하지 않은 듯합니다. 방송진행자는 물론이고 드라마에 출연하는 연기자들도 평범한 외모를 지닌 사람들이 적지 않습니다. 영국 BBC1에서 1985년부터 30년째 인기리에 방영 중인 「이스트엔더즈(Eastenders)」라는 장수 연속극이 있습니다. 런던 동부지역에 사는 소시민들의 삶을 그린 드라마인데 대부분 출연자가 우리가 이웃에서 흔히 만날 수 있는 친근한 외모의 소유자들입니다.

다른 드라마들도 마찬가지입니다. 영국의 3대 드라마는 「이스트엔더스(EastEnders)」와 함께 「코로네이션 스트리트(Coronation

Street)」, 「에머데일(Emmerdale)」을 꼽습니다. 「코로네이션 스트리트」와 「에머데일」 역시 각각 1960년과 1972년부터 꾸준히 방영되고 있는 장수 드라마입니다. 이 드라마들은 런던, 맨체스터 같은 대도시에 사는 빈곤층이나 가난한 농촌 사람들의 삶에 초점을 두고 불편한 진실을 적나라하게 보여줍니다. 등장인물들은 주로 점원이나 시장 상인, 식당 종업원 등 보통 이웃으로 그들의 용모 역시 평범합니다.

비현실적 용모를 뽐내는 한국의 드라마 출연자들과는 달리 영국의 연기자들은 성형외과 방문이 시급해 보입니다. 물론 영국에서도 텔레비전과 영상매체의 보급 확대로 외모의 중요성이 커지긴 했지만, 여전히 외모보다 재능이 더 강조되고 있습니다. 「이스트엔더즈」 같은 드라마를 보면서 자라나는 영국 어린이들은 외모는 평범할지라도 위대한 연기자의 꿈을 꿉니다. 성악가 폴 포츠(Paul Potts)의 성공도 영국이 외모보다는 재능을 중시하는 사회이기에 가능했을 것입니다.

심리학의 '후광효과(Halo effect)'나 "이왕이면 다홍치마"라는 우리 속담에서 알 수 있듯이 예쁘고 잘생긴 사람에게 호감을 느끼는 것은 인지상정입니다. 정도의 차이일 뿐 일본이나 미국에서도 잘생긴 사람들이 어느 정도 삶의 프리미엄을 누립니다. 그러나 우리처럼 외모가 절대적 가치를 갖지는 않습니다. 진정한 아름다움은 외모가 아니라 재능에 존재합니다. 외모와 상관없이 재능 있고 실력을 갖춘 사람들이 존경받고 대접받는 사회가 바람직한 사회입니다. 개개인의 개성이 존중되고 잠재적 역량이 마음껏 발휘될 수 있을 때 우리 사회의 장래는 더욱 밝아질 것입니다.

(2014. 8. 20.)

미인박명(美人薄命)

미인박명이란 사자성어가 있습니다. 흔히 미인들은 명이 짧다는 뜻으로 사용되지만, 원래는 미인들은 삶이 순탄치 못하고 운명이 기구하다는 의미를 담고 있었습니다. 중국의 소동파가 지은 「박명가인(薄命佳人)」 시의 한 구절인 "자고가인다박명(自古佳人多薄命 : 자고로 아름다운 여자는 운명이 기박하다)"에서 유래한 말입니다. 소동파는 절에서 우연히 마주친 아름다운 여승의 모습을 보고 탄식해 마지않으며 이 시를 지었다고 합니다. 그런데 세월이 흐르면서 가인이 미인으로 바뀌어 요즘은 미인박명으로 쓰이고 있는 것입니다.

역사를 돌이켜보면 우리는 소동파의 탄식에 일리가 있음을 깨닫게 됩니다. 중국에는 미인을 형용하는 '침어낙안 폐월수화(沈

魚落雁 閉月羞花)'라는 말이 있습니다. 중국의 사대 미인인 서시, 왕소군, 초선, 양귀비를 지칭하는 표현입니다. 침어는 서시, 낙안은 왕소군, 폐월은 초선, 수화는 양귀비를 가리킵니다. 네 여인의 아름다운 모습에 반해 '물고기가 헤엄치는 것조차 잊고 물속으로 가라앉고(沈魚), 기러기가 날갯짓을 잊어 땅에 떨어지며(落雁), 달도 부끄러워 구름 사이로 숨고(閉月), 꽃이 부끄러워 고개를 숙인다(羞花)'는 뜻을 담고 있습니다.

그런데 이처럼 아름답기 그지없는 네 여인의 운명은 기구하기 짝이 없었습니다. 서시와 초선은 미인계의 제물이 되어 사랑하지도 않는 남자들의 품을 전전해야 했고, 왕소군은 흉노의 왕에게 선물로 바쳐져 평생 고향을 그리워하다 이국땅에서 쓸쓸이 숨겨갔습니다. 당나라 동방규(東方虯)의 「소군원(昭君怨)」이란 시의 "봄은 왔으나 봄 같지 않구나(春來不似春)"라는 시구는 고향을 그리워하는 그녀의 애절한 심정을 잘 나타내고 있습니다. 당 현종이 해어화라고 칭찬했던 경국지색 양귀비의 운명은 더욱 비참합니다. 안록산의 난을 초래한 원흉으로 몰려 현종을 호위하던 군사들의 강요에 못 이겨 자살로 생을 마감하였습니다.

서양 미인들의 운명도, 고대 그리스의 헬렌에서 현대의 다이애나 황태자비에 이르기까지, 크게 다르지 않습니다. 그리스 제일의 미인으로 알려진 헬렌은 첫 남편인 메넬라오스를 배신하고 결혼했던 파리스가 트로이 전쟁의 와중에 죽자 시동생인 데

이포보스와 결혼하지만, 그 역시 전사합니다. 트로이 멸망 후 다시 메넬라오스에게 돌아가지만 결국 그의 아들에 의해 쫓겨나 로도스섬의 폴릭소에 의해 나무에 목매달아 죽임을 당했다고 합니다. 당대의 영웅 카이사르와 안토니우스를 치마폭에 감고 휘둘렀던 이집트의 여왕 클레오파트라도 옥타비아누스 유혹에 실패하자 스스로 독사에게 물려 죽는 길을 선택할 수밖에 없었습니다. 후세에 '베르사유의 장미'로 널리 알려진 마리 앙투아네트 역시 사치와 향락으로 나라를 파탄 낸 악녀로 몰려 프랑스혁명의 소용돌이 속에서 형장의 이슬로 사라졌습니다.

그러나 따지고 보면 어찌 미인들이라고 해서 특별히 운명이 기구하겠습니까? 운명이 기구하기로는 미인이 아닌 평범한 여성들도 미인들과 크게 다르지 않을 것입니다. 다만 그들의 불행은 미인들만큼 세인의 관심과 주목을 받지 못했을 뿐입니다. 미모가 뛰어난 여성들은 예쁘다는 이유 한 가지만으로 그들의 이야기가 뭇사람들의 입에 오르내립니다. 그리고 호사가들에 의해 더욱 극적으로 각색되어 인구에 회자됨으로서 미인박명이란 말이 사실인 것처럼 느껴지게 됩니다. 만약 소동파가 만난 여승이 평범한 용모의 소유자였다면 소동파의 탄식이 없었을 것이고 오늘날 미인박명이란 말도 존재하지 않았을 것입니다. 결국, 미인박명이란 말은 호사가(好事家)들의 말장난에 지나지 않을 지도 모릅니다.

(2016. 5. 28.)

여성의 흡연

 역사학자들에 의하면 담배는 원래 아메리카 인디언들의 기호품이었습니다. 콜럼버스에 의해 유럽으로 전파되었다가 시간이 흐르면서 전 세계로 퍼져 나갔다고 합니다. 우리나라에 담배가 들어온 시기와 경로에 대해서는 아직 명확하게 밝혀진 것이 없습니다. 다만 이수광의 『지봉유설』 등 국내 문헌에 의하면 17세기 초 광해군 시절에 일본으로부터 들어왔다고 합니다. 할머니가 들려주시던 옛날이야기의 첫머리에 흔히 등장하는 '옛날 옛적, 호랑이 담배 피우던 시절'이 불과 400여 년 전인 것입니다.

 오늘날 담배는 빈부귀천 관계없이 모든 계층의 사람들이 즐기는 기호품입니다. 기호품임에도 여성 흡연에 대해서는 동서양 모두 부정적 인식이 강했습니다. 서구에서도 페미니즘 운동의 일환으로 여성 흡연 열풍이 거세게 불던 1920~1930년대 이

전만 하더라도 하나의 금기였습니다. 미국인들이 가장 사랑하는 퍼스트레이디 재클린은 하루에 두세 갑을 피우는 '체인 스모커'였지만 생전에 단 한 번도 흡연 모습을 공개적으로 보여주지 않았습니다. 미국이 지금은 여성 흡연에 대한 편견이 없어졌다고 하지만 상류사회는 아직도 보수적 시각이 남아있습니다. 우리나라는 말할 것도 없이 아직도 여성 흡연을 터부시하는 사회적 통념이 강합니다. 저와 같은 기성세대의 뇌리에 담배 피우는 여자는 술집 여자 아니면 꼬부랑 할머니 둘 중 하나입니다.

그러나 역사를 거슬러 올라가 보면 조선 시대만 하더라도 흡연에 대한 남녀차별은 존재하지 않았습니다. 조선 시대 춘화도인 김홍도의 『운우도첩(雲雨圖帖)』이나 신윤복의 『건곤일회첩(乾坤一會帖)』에 나오는 여성들은 예외 없이 장죽의 담뱃대를 물고 있습니다. 1668년에 발간된 『하멜표류기』는 "조선인들은 네댓 살밖에 안 되는 어린아이들까지도 담배를 피울 정도여서 남녀를 막론하고 담배를 피우지 않는 사람은 극히 드물다"라고 쓰고 있습니다. 순조실록(1800~1834)도 "남녀노소가 모두 담배를 즐겨 이를 금지하려고 하나 어찌할 수 없다"고 기록하고 있습니다.[41] 허준의 『동의보감』에 담배의 약효가 실려 있듯

---

41) 순조의 아버지인 정조는 흡연 예찬론자였다. 그의 저서 『홍재전서』에는 "사람에게 유익한 것은 남령초(담배) 만한 것이 없다. 우리 강토의 백성들에게 베풀어 혜택을 함께 하고 효과를 확산시켜 천지의 마음에 조금이라도 보답하고자 한다."라고 하는 기록이 보인다. 정조는 신하들에게 백성들이 담배를 피우게 할 방도를 제시하라는 '남령초 책문'을 내리기도 했다.

이 처음에는 한독(寒毒)을 몰아내고 체하거나 배앓이에 효과가 있는 약초로 인식되었기 때문에 남녀노소 모두 자유롭게 피웠던 것입니다. 조선의 마지막 선비로 평가받는 심산 김창숙도 시집온 지 1년 만에 청상과부가 된 며느리에게 담배를 가르쳤다고 전해집니다.

여성의 흡연이 금기된 것은 20세기의 일로 기생의 흡연과 관련이 있습니다. 기생들이 담배를 너무 많이 피웠기 때문에 자연히 여염집 여인의 흡연에 대해서는 부정적 인식이 형성된 것입니다. 구한말 조선에 온 기독교 선교사들의 가르침도 영향을 끼쳤을 것입니다. 개화기에 조선에 온 서양 선교사들은 조선인들의 지나친 음주 흡연으로 인한 폐해를 목격하고 금주 금연을 강조했습니다. 금주 금연을 신자의 표징으로 제시하고 세례를 줄 때 확인까지 하였습니다. 이 과정에서 특히 여성 흡연에 대한 서양의 부정적 인식이 투영되었으리라는 것은 미루어 짐작할 수 있는 일입니다. 이러한 요인들에 더하여 담배가 권위의 상징으로서 의미를 갖게 됨에 따라 여성의 흡연은 가부장적 사회질서에 반한다는 인식이 은연중 형성되었을 것입니다.

서양도 그렇지만 우리나라에서도 여성의 흡연은 남성 중심의 사회질서에 대한 도전과 저항의 상징이었습니다. 여성의 사회적 지위가 향상되면서 지금 우리 사회의 모든 영역에서 금녀의 벽이 허물어져 내리고 있는데 담배 역시 예외는 아닙니다. 최근 통계에 의하면 남성의 흡연은 1998년의 66.3%에서 2015년 39.3%로 줄어든 반면 여성 흡연은 늘고 있습니다. 우리나라 여성 흡연율은 5%대로 알려졌지만, 여성들의 경우 사회의 부정적 시선을 의식해 거짓 응답을 하는 경우가 많아 실제 흡연율은 그보다 높다고 합니다. 어느 회사의 여성 화장실에 청소부 아줌마가 금연 표지를 붙여 놓았는데 공개적 흡연이 어려운 여성들이 금연구역인 화장실에서 몰래 담배를 피우기 때문이라고 합니다.

물론 요즘은 주위의 눈치를 보지 않고 공개된 장소에서 당당하게 담배를 피우는 여성들이 많습니다. 특히 젊은 여성들이 더욱 그러합니다. 야외 흡연 구역에서 남성들과 어울려 담배를 피우는 여성들의 모습은 더 이상 낯선 광경이 아닙니다. 가끔 젊은 이들이 많이 찾는 커피숍을 이용할 때가 있는데 흡연실에 남성보다 여성들이 훨씬 더 많은 경우를 종종 목격합니다. 하지만 길거리에서 당당하게 담배를 피우는 여성들도 가족이나 애인, 직장동료들에게는 그 사실을 숨기며 커밍아웃을 꺼립니다. 여성흡연자가 늘고 있다는데 정작 우리 주변에 담배 피우는 여자들을 보기 어려운 이유입니다. 우리 사회에서 담배는 아직도 여성들에게 여전히 주홍글씨입니다.

저는 남성의 흡연은 괜찮고 여성은 절대로 안 된다고 주장하는 편협한 성차별주의가 아닙니다. 담배를 피우고 안 피우고는 성(sex)과는 아무런 관계가 없으며 개인의 자유의사에 따라 결정할 문제입니다. 하지만 담배에 호기심을 가진 여성들이 있다면 여성 언론인 서명숙이 쓴 『흡연 여성 잔혹사』라는 책의 일독을 권하고 싶습니다. 그 책을 다 읽을 무렵 독자들은 27년간 담배 없이는 한시도 못 살았던 그녀의 생각이 함축된 결론을 마주치게 될 것입니다.

"한국 여자들은 라스트 사무라이(톰 크루즈 주연, 일본 사무라이 영화)인지도 모른다. 칼을 휘두르는 사무라이 시대에서 총잡이 시대로 바뀐 줄도 모르고 주체하기 힘든 무거운 칼을 휘두르면서 전쟁터로 뛰어드는 마지막 사무라이처럼 그들은 남자들이 금연으로부터 쫙 빠져나가는 시점에서야 흡연대열에 뛰어들고 있다."

(2016. 10. 30.)

내숭

　작년 11월 초 서울의 가로수길을 지나가다 우연히 김현정의 전시회를 만난 적이 있습니다. 김현정은 1988년생으로 이제 갓 서른이 된 젊은 여성으로 한국화 작가입니다. 미국 포브스지는 매년 분야별로 '아시아에서 영향력 있는 30세 이하 30인'을 선정하는데 2017년 예술 분야에 한국인 최초로 이름을 올린 작가이기도 합니다. 그녀는 여성의 내숭을 주제로 일관된 작품 활동을 해 왔습니다. 작품 속에 항상 속이 비치는 한복 치마에 하이힐을 신고 있는 여성을 등장시켜 내숭을 그리고 있는데, 유머러스하면서도 에로틱한 분위기가 물씬 풍깁니다. 데이트가 끝난 후 집에 돌아와 아이스크림을 폭식하고 있는 여성의 모습을 그린 「나도 여자랍니다」라는 작품은 그녀의 이런 특징적 화풍을 잘 보여줍니다.

김현정의 그림도 여성의 내숭을 잘 나타내고 있지만, 조선 시대 신윤복의 「월하정인(月下情人)」이란 작품만큼 여성의 내숭을 시각적으로 잘 표현한 그림을 찾아보기 어려울 것입니다. 「월하정인(月下情人)」은 밤안개가 피어오르는 깊은 밤에 후미진 담 모퉁이에서 두 남녀가 밀회를 즐기고 있는 장면을 그린 그림입니다. 이 그림의 백미는 두 남녀의 발끝에 있습니다. 손에 초롱불을 들고 여인을 유혹하고 있는 한량의 발끝은 여인에게 어디론가 갈 것을 재촉하고 있습니다. 여인은 선뜻 마음을 정하지 못한 듯 새침한 표정으로 한량의 시선을 외면한 채 고개를 숙이고 있지만 조그만 두 신발의 끝은 이미 한량이 가고자 하는 곳을 향하고 있습니다. 여성으로서 자존심을 잃지 않으려는 그 앙큼함이 귀엽기까지 합니다.

남녀관계에서 나타나는 남성의 일반적 특성이 허풍이라면 내숭은 여성의 특징으로 인식되곤 합니다. 내숭이 여성의 선천적 특성인지 아니면 오랜 남성주도의 사회에서 감정표현을 억압당해 온 후천적 학습의 결과인지는 논란이 있을 수 있습니다. 어떤 주장이 옳으냐 그르냐를 떠나 많은 남성에게 지나친 내숭은 비호감이지만 적당한 내숭은 여성을 더 매력적으로 보이게 하는 것 같습니다. 하지만 앞으로는 점점 더 그런 여성을 찾아보기 어렵게 될지도 모릅니다. 여권이 신장되고 여성의 사회적 진출이 활발해지면서 이른바 육식녀가 늘고 있기 때문입니다. 육식녀는 연애에 적극적이며, 고백받기보다는 먼저 고백하고자 하는 성향이 강한 여성을 가리키는 말로 온순하고 연애에 소극적인 남성을 지칭하는 초식남과 대비되는 말입니다. 10여 년 전인 2007년, 일본에서 처음 생겨난 용어인데 우리나라에서도 많은 공감을 얻고 있습니다.

육식녀의 등장은 여권 신장과 여성의 사회적 진출 증가에 따른 당연한 현상입니다. 여성의 경제력과 발언권이 강해지면서 많은 영역에서 전통적인 남녀역할의 경계가 무너지고 있는데 연애에서도 비슷한 현상이 일어나고 있는 것입니다. 다른 문제는 말할 것이 없지만 연애에서도 여성들의 주도권이 강해지고 있는 것은 긍정적 현상입니다. 여성들이 억압된 감정표현의 사슬을 끊고 당당하게 자기표현을 하게 된 것은 분명 인류 역사의 진보입니다. 하지만 저에게는 요즘 신세대 육식녀들의 연애 풍속도가 낯설기만 합니다. 자기주관이 확실하고 똑 부러지는 여성들이 많아지는 것은 좋은 일이지만 사랑에 관한 한「월하정인(月下情人)」의 여인처럼 밉지 않은 내숭이 그리워집니다.

청마 유치환과 러브스토리로 유명한 정운 이영도의 시 중에 사랑의 감정을 밖으로 드러내지 못하고 속으로 갈무리할 수밖에 없는 여성의 안타까움을 잘 묘사한 시가 있습니다. 이영도에 대한 유치환의 사랑이 그의 시「파도」처럼 격정적이었다면 유치환에 대한 이영도의 사랑은 이처럼 은은하고 수줍기만 한 것이었습니다. 아무리 세월이 흐르고 시대가 변한다고 할지라도 그런 순정의 고귀함만은 빛이 바래지 않았으면 하는 마음입니다. 화석화된 고정관념에 갇힌 고리타분한 구세대라는 비판을 받아도 어찌할 수 없는 저의 솔직한 심정입니다.

무제 | 이영도

오면 민망하고 아니 오면 서글프고
행여나 그 음성 귀 기우려 기다리며
때로는 종일을 두고 바라기도 하니라

정작 마주 앉으면 말은 도로 없어지고
서로 야윈 가슴 먼 창만 바라다가
그대로 일어서 가면 하염없이 보내니라

(2018. 1. 18.)

산동애가(山東哀歌)

   한국전쟁을 전후하여 빨치산들이 즐겨 불렀다는 〈산동애가〉라는 구전가요가 있습니다. 이 노래에는 우리 현대사의 슬픈 사연이 담겨 있습니다. 1948년 10월에 발생한 '여순 사건'이 진압된 후 부역자들을 색출해 처형하는 광풍이 몰아쳤습니다. 구례군 산동면에 사는 19세 처녀 백부전은 오빠가 부역 혐의로 처형을 당할 상황에 놓이자 집안의 대를 이어야 한다는 어머니의 간곡한 호소에 따라 오빠를 대신해 죽음을 선택합니다. 백부전은 경찰에 이끌려 사형장으로 가면서 애절한 가락의 노래를 지어 불렀는데 그 노래가 '산동애가'입니다.

   잘 있거라 산동아 너를 두고 나는 간다
   열아홉 꽃봉오리 피워보지 못하고

까마귀 우는 곳을 병든 다리 절어절어

달비머리 풀어 얹고 원한의 넋이 되어

노고단 골짝에서 이름 없이 스러졌네.

오늘 모처럼 짬을 내어 초등학교 친구가 운영하는 화랑을 찾았습니다. 뜨락에 들어서니, 마치 붉은 꽃들이 만발(滿發)한 듯 주렁주렁 홍시가 달린 감나무가 저를 반갑게 맞이합니다. 사무실 안으로 들어서자 친구와 두 명의 낯선 여인들이 담소를 나누고 있었습니다. 자연스럽게 합석이 이루어지고 다양한 화제(話題)들이 오갔는데 한 여인의 성장 스토리가 애틋합니다. 어렸을 때 집안이 가난한 탓에 겨우 중학교만 졸업한 후 너무나 공부가 하고 싶어 언니가 살던 부산으로 갔다고 합니다. 언니한테 얹혀 살면서 낮에는 공장에서 일하고 밤에는 방송 통신으로 공부를 해 고등학교를 마쳤지만, 대학까지는 힘에 겨웠다고 이야기하는 그녀의 잔잔한 미소가 애잔했습니다.

이야기를 들으면서 〈산동애가〉을 떠올린 것은 그녀의 고향이 백부전과 같은 구례군 산동면이었기 때문만은 아닙니다. 따지고 보면 1950~1960년대에 태어난 우리의 누이들은 각자 가슴 아픈 사연을 지닌 또 다른 백부전이었습니다. 5남매는 보통이고 7남매도 드물지 않았던 시절이었습니다. 자식들은 많고 먹고살기 빠듯한 형편에 모두를 공부시키는 것은 어려운 일이었습니다. 뿌리 깊은 남존여비 문화에서 결국 우리 누이들이 희생양이 되었습니다. 수많은 어린 소녀들이 잘사는 집 식모나 소위 '공순이'로 일하면서 서럽게 번 돈으로 집안 살림에 보태고 남자 형제들을 공부시켰습니다.

대한민국의 경제발전을 논의할 때 한국인들의 뜨거운 교육열을 빼놓을 수 없습니다. 돌이켜보면 그 교육열의 혜택은 대개 남자에게만 해당되는 것이었습니다. '한강의 기적'은 1960~1970년대에 남자 형제들을 위해 자신의 공부를 포기하고 부잣집에서 가정부로, 산업현장에서 수출역군으로, 그리고 만원버스의 차장으로 눈물겹게 일했던 수많은 우리 누이들의 피와 땀이 짙게 배어 있음을 잊지 말아야 할 것입니다.

(2024. 1. 6.)

제7장
문학 - 허구의 거울에 비친
진실의 얼굴

술 취한 한국

이 지구상에서 한국인처럼 술을 좋아하고 많이 마시는 민족도 없을 것입니다. 우선 술을 마시는 이유가 참으로 다양합니다. 직장의 회식 풍경만 보더라도 첫 잔은 원샷이니까 마시고, 그다음 잔은 돌아가는 잔이니까 마시고, 나중에는 '먹고 달려!'를 외치며 마십니다. 술이 떨어져도 안주가 남았으면 안주 버리는 것이 아까워 한 잔 더 마시고, 술 마신 다음 날에는 해장술이라고 해서 또 마십니다. 제사를 모신 후에는 음복(飲福)을 해야 한다고 마시고, 예부터 영웅호걸은 주색을 즐겼노라고 호기를 부리며 마십니다. 이도 저도 핑계거리가 없으면 현진건의 단편소설 「술 권하는 사회」의 남편처럼 부조리한 세상 탓을 하며 술을 마시는 사람들이 한국인입니다.

술을 권하는 이유도 다양합니다. 술자리에 늦으면 '후래자 삼배(後來者 三盃)'라고 강권하고, 한 잔만 하겠다는 사람에게는 한 잔은 서운하다며 한 잔 더 마시게 하고, 두 잔을 마시고 나면 '주불쌍배(酒不雙盃)'라며 한 잔 더 마시게 합니다. 직장에선 윗사람들이 아래 사람들에게 하사주라고 해서 마시게 하고, 술 잘 마시는 사람이 일도 잘한다며 강권합니다. 감기 걸린 사람에게 소주에 고춧가루 풀어 한 잔 쭉 걸치면 다 나을 거라며 권하며, 나이 어린 청소년들에게는 술은 어른한테 배워야 한다고 술을 먹이는 사회가 우리나라입니다. 술을 강권하는 문화는 상아탑으로 번져 신입생 신고식에서 선배들이 후배들에게 술을 강권하는 지경에 이르렀습니다. 그로 인해 해마다 아까운 청춘들이 목숨을 잃는 '죽음의 술판'[42]이 되풀이되곤 합니다.

한국 음주문화에는 '잔 돌리기'처럼 다른 나라에는 없는 독특한 것들이 많은데 그중 하나가 폭탄주 문화입니다. 원자폭탄주, 수소폭탄주, 금테주, 타이타닉주, 회오리주, 오잎주, 월경주 등 이름도 해괴망측한 수많은 제조방법이 존재하고, 마침내 주류회사에서 일정한 교육을 이수한 소비자들에게 폭탄주 제조 자격증을 주기에 이르렀습니다. 원산지인 영국인들도 한 모금씩

---

42) 2013년 2월 28일 자 경향신문 보도에 따르면 보건복지부 통계에서 지난 6년간 대학 신입생 환영회, MT, 축제 등에서 음주 사고로 사망한 학생 수가 12명에 달한다고 한다.

아껴 마시는 값 비싼 명품 발렌타인으로 폭탄주를 만들어 물 마시듯 마셔야 직성이 풀리는 애주가도 있습니다.

그러나 가장 큰 문제는 한번 시작하면 끝장을 보는 음주문화입니다. 1차로 끝나는 법이 없고 2차 가는 것은 기본이며, 자정을 넘겨 차수 변경하는 경우도 드물지 않습니다. 처음에는 사람이 술을 마시다가 나중에는 술이 술을 마시게 되고, 종국에는 술이 사람을 마시게 됩니다. 술자리가 끝날 즈음이면 남녀를 불문하고 소위 '술 취한 개'가 되기 일쑤입니다. 모두 다 주선이 되고 싶어 하지만 주귀(酒鬼 : 나쁜 의미의 술고래)는 넘쳐도 해량(海量 : 좋은 의미의 술고래)은 찾아보기 어렵습니다.

영국에 '훌리건'이 있다면 한국에는 '주폭(酒暴)'이 있습니다. '주폭'은 최근에 생겨난 신조어로 보통 사람들에게는 '조폭'보다 '주폭'이 더 무섭다고 합니다. 술에 취해 평소와 다른 언행을 하는 것을 '주사(酒邪)'라고 합니다. 주사도 문제이긴 하지만 심하지만 않으면 주위 사람들에게 즐거움을 주는 요소도 있습니다. '주사'가 애교라면 '주폭'은 사회적 범죄입니다. 최근 경찰이 '주폭과의 전쟁'[43]을 선포할 정도로 지나친 음주는 사회문제화되고

---

43) 영세상인 등 서민들을 대상으로 한 주폭들의 업무방해, 갈취, 폭행 등이 사회문제로 대두되자 2012년 5월 경찰은 '주폭과의 전쟁'을 선포하고 한 달여 만에 100여 명의 주폭을 구속했다.

있습니다.

하지만 술에 취해 저지른 실수에 대해 한국처럼 관대한 사회도 없습니다. 술에 취해 큰 잘못을 해도 사람을 나무라기보다는 '술이 죄'라며 술 탓으로 돌립니다. 어지간한 실수는 "술에 취해서 제정신이 아니었다"고 변명하면 용서가 됩니다. 잘못한 당사자는 "술 취해 한 실수를 두고 뭘 그래" 하면 끝이고, 상대방도 "술 취하면 그럴 수 있지"라며 그냥 넘어 갑니다. 외국 사람들이 보면 모두 다 알코올 중독자에 폐인들이라 할 정도로 술이 과한 사람에 대해서도 "술 좋아하는 사람치고 나쁜 사람 없다"라며 긍정적으로 평가합니다. 절제라는 것이 없고 실수에 대해 관대한 한국의 음주문화는 결국 귀중한 생명을 앗아가기도 합니다. 한국 사람들은 흔히 술을 마실 때 술잔을 들고 '먹고 죽자'를 외칩니다. "주신(酒神) 바커스가 군신(軍神) 마르스보다 더 많은 사람을 죽인다"는 서양의 속담이 있는데 그 속담을 증명하려는 듯 보입니다.

물론 술이 주는 장점도 많습니다. 적당한 음주는 건강에 도움이 됩니다. 힘든 일과를 마치고 동료들과 가볍게 걸치는 술 한잔은 직장생활의 피로와 스트레스를 날려 버립니다. 식사에 곁들인 반주 한잔은 건강, 특히 심장병 예방에도 좋다는 연구결과도 있습니다. 옛사람들이 술을 망우물(忘憂物)이라는 멋들어진 이름으로 불렀듯이 잠시나마 우리의 근심 걱정을 잊게 만드는 마법을 부리기도 합니다. 무엇보다 술은 딱딱하고 어색한 분위기를 부드럽게 만드는 묘약입니다. 생전 처음 만난 사람들도 술잔이 몇 순배 돌다 보면 금방 친구가 되고 형이 되고 아우가 됩니다. 이처럼 술은 우리로 하여금 마음의 벽을 허물고 서로에게 좀 더 가까이 다가가게 만듭니다. 특히 서양 사람과 달리 사교적이지 못한 동양 사람들에게 술은 매우 중요한 사교수단입니다.

그래서 그런지 동양 사회에서는 예로부터 술을 예찬하는 시가 많았습니다. 우리나라의 송강 정철은 「장진주사(將進酒詞)」에서 "한 잔 먹세그려 또 한 잔 먹세그려 / 꽃 꺾어 산(算) 놓고 무진무진 먹세그려"라는 멋진 시구를 남겼습니다. 중국의 시선 이백은 「장진주(將進酒)」에서 "예로부터 성현들은 외롭고 쓸쓸하셨고 / 오직 술 마시는 사람만이 그 이름을 남겼노라(古來聖賢皆寂寞 惟有飮者留其名)"고 노래했습니다. 일본의 선승 모리야 얀센은 「술통」이란 시에서 "죽고 나면 술통 밑에 묻어줘 / 운이 좋으면 밑동이 샐지도 몰라"라고 할 정도로 술을 사랑했습니다.

저는 이백처럼 회수일음삼백배(會須一飮三百杯 : 한 번 만나 마시면 삼백 잔을 마신다)의 영웅호걸도 아니고 모리야 센얀처럼 죽어서 술통 밑에 묻히기를 원하는 애주가도 아니며 송강처럼 꽃을 꺾어 세어가며 술을 마시는 풍류남아는 더더욱 아닙니다. 하지만 이태백처럼 달빛 아래 홀로 술을 마시는 '월하독작(月下獨酌)'의 정취는 아니더라도 술이 주는 즐거움을 전혀 모르지는 않습니다. 이호우 시인이 「살구꽃 핀 마을」이란 시에서 노래했듯 다정한 벗을 만나면 술잔을 나누며 꽃그늘에 달이 오는 밤이 새도록 정담을 나누고 싶습니다. 하지만 술을 강권하는 문화 때문에 술 자체를 피하게 된다면 아쉬운 일일 것입니다.

지난 2월 27일 한국보건사회연구원에서 발표한 연구결과에 따르면 음주로 인한 질병과 사고로 우리 사회가 연간 7조 4000억 원에 이르는 사회경제적 비용을 치르고 있다고 합니다. 그런데 이처럼 음주로 인한 사회적 손실이 큼에도 우리나라의 음주 정책 강도는 OECD 국가 30개국 중 22위에 머물러 음주에 대한 규제가 느슨한 것으로 나타났습니다. 미국이나 영국과 같이 개인의 자유를 그 무엇보다 중시하는 나라에서도 음주에 대해서 강력한 규제를 시행하고 있습니다. 상점의 주류 판매시간을 제한하는 것은 물론 술집의 영업시간까지 제한합니다. 일례로 영국의 술집인 펍(Pub)에서는 밤이 깊어지면 종업원이 홀을 다니며 종을 울립니다. 계절에 따라 차이는 있지만, 영업시간이 대개 자정으로 제한되어 있기 때문에 30분 전에 손님들에게 마지막 주문을 받겠다는 것을 미리 알리는 신호입니다.

우리나라는 새로운 정부가 들어설 때마다 빠지지 않고 등장하는 국정과제가 규제 완화입니다. 그만큼 규제가 심한 국가인데 왜 음주에 대해서는 관대한지 알다가도 모를 일입니다. 풀어야 할 규제도 있지만, 오히려 강화해야 할 규제도 있습니다. 외국인들로부터 '술 취한 한국'이라는 비아냥거림을 듣지 않으려면 음주문화 개선을 위한 사회적 공감대 형성과 함께 규제강화 등 정책적 노력이 절실히 요구됩니다. 음주문화 개선은 더는 미룰 수 없는 시대적 과제[44]입니다.

(2013. 3. 21.)

---

44) 이 글을 쓴 해는 2013년으로 그로부터 12년이 흐른 요즘의 음주문화는 많은 변화가 있다. "10년이면 강산도 변한다는 말"이 실감난다.

공감 능력

  독일 작가 미하엘 엔데의 소설 『모모』에는 남의 이야기를 잘 들어주는 거지 소녀 모모가 등장합니다. 사람들은 자신들의 고민을 모모 앞에 와서 털어놓으면 모모는 그저 그들의 이야기를 주의 깊게 들을 뿐입니다. 그런데 이렇게 모모가 말없이 그들의 이야기를 들어주는 동안 사람들은 미처 생각지 못했던 놀라운 지혜를 깨닫게 되고 문제에 대한 해답을 스스로 발견하게 됩니다. 미하엘 엔데는 모모를 통해 남의 말을 잘 듣는 것은 말을 잘하는 것 못지않게 소중한 일이라는 사실을 역설하고 있습니다.

  며칠 전 절친한 초등학교 동창을 만나 술 한 잔을 하는데 그 친구가 갑자기 "여자와 남자의 차이가 무엇인지 아느냐?"고 물었습니다. 느닷없는 질문에 의도를 몰라 선뜻 대답을 못 하고 머뭇거리는 저에게 그 친구가 던진 답은 '공감 능력의 차이'였습니다. 그 친구에 따르면 남자들은 일단 사회생활을 시작하게 되면 특별한 용건 없이 그저 보고 싶어서 사람을 만나는 경우가 드물지만, 여자들은 그렇지 않다는 것입니다. 여자들은 특별한 일이 없이도 만나면 몇 시간씩 수다를 떨며 재미있게 노는데 그 비결이 바로 여자들이 가진 공감 능력에 있다는 것입니다. 그 친구의 이야기처럼 여자들의 대화 모습을 가만히 지켜보면 "맞아! 맞아!", "정말 그렇겠다." 하면서 상대방의 이야기에 끊임없이 공감하고 맞장구쳐 주는 모습을 볼 수 있습니다. 우리는 세상 살면서 누군가 내 이야기에 귀만 기울여줘도 답답한 가슴이 후련해지는 경험을 합니다. 그런 점에서 공감 능력이 뛰어난 여자들이 수다를 떨면서 스트레스를 해소한다는 말이 틀린 이야기가 아닙니다.

공감 능력은 모든 인간관계에서 중요하지만, 특히 부부관계에서 더욱더 중요합니다. 아내가 남편에게 어떤 문제를 제기하는 것은 불평불만이 아니라 자기 이야기를 귀 기울여 들어주고 공감해 달라는 뜻입니다. 하지만 대부분 남편은 아내의 그런 마음을 읽지 못하고 오로지 문제해결의 관점에서만 접근하는 경우가 많습니다. 남편들을 힘들게 하는 고부갈등의 문제도 마찬가지입니다. 아내가 남편에게 시어머니나 시누이에 관해 불만을 이야기하는 것은 그 문제를 해결해 달라는 것이 아니라 자기의 이야기를 듣고 공감해 달라는 뜻입니다. 아내의 이야기를 잘 들어주고 그 상황을 이해해 주면 될 일을 가지고 남성들은 이성적이고 논리적 관점에서 아내를 이해시키고 설득하려고 듭니다. 그러는 남편에 대해 아내는 시가집 편만 든다고 오해를 하고, 말이 안 통한다고 생각하면서 점차 마음의 문을 닫게 됩니다. 저뿐만 아니라 많은 남성이 이런 간단한 이치를 너무 뒤늦게 깨닫고 후회합니다.

2003년 MBC에서 방영되어 큰 인기를 끌었던 「다모(茶母)」라는 드라마가 있습니다. 17세기 말 조선 시대가 배경인 사극인데 다모는 요즘으로 치면 여자 형사로서 그 신분은 천민입니다. 그런데 이 드라마의 대사 중에 한때 인구(人口)에 회자(膾炙)됐던 유명한 대사가 있습니다. 종사관 황보윤(이서진 扮)의 "아프냐? 나도 아프다"라는 대사인데 주막에서 다모 장채옥(하지원 扮)의 어깨 상처를 치료하면서 했던 말입니다. 황보윤의 대사는 단순히 장채옥의 육체적 아픔을 같이 느낀다는 뜻이 아닙니다. 신분의 차이로 이루어질 수 없는 사랑에 대한 정신적 아픔까지도 같이한다는 뜻이 내포되어 있습니다. 이 대사는 수많은 여심을 울렸고 여성들은 이런 황보윤에 열광했습니다.

남편은 싫고 애인이 좋은 이유는 남편은 내 말을 무시하지만, 애인은 잘 공감해주기 때문이라는 우스개가 있습니다. 그 우스개가 시사(示唆)하는 것처럼 여성들이 진정 원하는 남자는 말 잘하는 사람보다도 눌변일지라도 자신의 이야기에 귀 기울여주는 남자입니다. 잘생기고 멋진 사람보다도 말없이 눈빛으로 전하는 가슴 속 이야기까지도 헤아릴 줄 아는 남자입니다. 어머니가 갓난아이의 표정 변화나 칭얼거림만으로도 무엇을 원하는지 읽어내듯이 굳이 말을 하지 않더라도 자신의 마음을 읽고 알아서 행동하는 남성에게 더 호감과 매력을 느낍니다. 진정으로 여성의 마음을 얻기를 원하는 남성이라면 이러한 공감 능력부터 키울 일입니다.

(2013. 3. 8.)

노인부양과 효도

우리 한국은 참으로 역동적인 사회입니다. 눈 뜨고 일어나면 온갖 새로운 뉴스가 TV, 신문, 인터넷에서 쏟아져 나옵니다. 이 러한 뉴스의 홍수 속에서 최근 제 눈길을 끈 뉴스가 하나 있었 습니다. 그것은 노후 봉양을 하겠다는 자녀의 말만 믿고 재산을 증여했다가 자녀가 약속을 지키지 않자 재산반환 소송을 제기 한 부모들이 잇달아 패소하고 있다는 뉴스였습니다. 법원은 노 후 봉양을 하겠다는 '효도 계약'을 맺은 경우에만 부모들의 손을 들어줄 수 있다는 태도입니다. 그런데 한국 사회에서 자식들에 게 그런 계약을 요구하는 부모가 몇이나 될까요? 참으로 안타까 운 일이 아닐 수 없습니다.

자식에게 반포보은(反哺報恩)의 효를 기대하는 것은 이미 깨어져 버린 신화입니다. 안국선은 개화기인 1908년에 발표한 신소설『금수회의록』에서 까마귀의 입을 통해 인간의 불효를 질타했습니다. 그때로부터 100년도 더 지난 지금 우리 사회에서 까마귀와 같은 효조(孝鳥)를 찾기가 점점 더 어려워지고 있습니다. 지난 2월 15일 서울시가 발표한 '서울 보건·복지의 주요변화 및 시민의식 분석현황'은 그것을 분명하게 보여줍니다. 지난해 15세 이상 서울시민을 대상으로 부모의 노후 생계 책임을 물은 결과 부모 봉양을 가족이 책임져야 한다는 응답은 28.7%로 2002년의 64.8%에 비해 많이 감소했습니다.

오종남 전 통계청장은『은퇴 후 30년을 준비하라』라는 책에서 부모들이 자식에 대한 기대를 접고 스스로 노후 준비를 해야 한다고 주장합니다. 오종남은 무엇보다 자식에 대한 교육투자를 반으로 줄이고 자신의 노후를 준비하는데 힘써야 한다고 주장합니다. 당장은 자식에게 미안한 일이 될지 모르지만, 노후에 두고두고 자식에게 짐이 되는 것보다는 그것이 진정으로 자식을 사랑하는 길이라는 것입니다. 특히 자녀의 능력에 대한 고려 없이 자신의 노후는 제쳐두고 자식 교육에 올-인(all in)한다면 결과적으로 자신은 물론 자식을 불행하게 만들 것이라고 강조합니다.

오종남의 주장에는 귀담아 들을만한 부분이 많은 것이 사실입니다. 하지만 아직도 많은 부모가 자신의 노후 준비보다는 자식 교육에 올-인하고 있는 것이 우리의 현실입니다. 노후 준비를 해야 한다는 것을 몰라서 그러는 것이 아닙니다. 알지만 못하는 것입니다. 아니 안 하는 것입니다. 지금의 40~50대는 자신들을 스스로 '낀 세대'라고 지칭합니다. 부모를 효도로 봉양하는 마지막 세대이자 자식으로부터 버림받을 최초의 세대라는 뜻입니다. 노후에 자식의 봉양을 기대하기 어렵다는 것을 알면서도 자식을 위해 모든 것을 다 바쳐 희생하는 사람들이 한국의 부모들입니다.

이제 노인의 부양문제는 가족에게만 맡겨 놓을 수는 없습니다. 핵가족화가 일반화된 오늘날 생활이 어려운 노인의 부양문제는 가족은 물론 국가와 사회가 공동으로 책임져야 할 문제입니다. 재정 건전성 악화에 대한 우려는 있지만 다른 선진국들과 비교할 때 우리나라는 노인 복지지출 비중이 적어 분명히 확대의 여지가 있어 보입니다. 하지만 정부재정만으로 노인 복지문제 해결이 어렵다는 점 또한 분명한 사실입니다. 정부지출 확대와 함께 기부문화의 확산을 통해 사회도 일정 부분을 책임져야 합니다. 재벌들은 생색내기용 기부에서 벗어나 진정성 있는 기부를 실천해야 하며 가진 자는 물론 평범한 시민들에 이르기까지 십시일반(十匙一飯)의 기부문화가 확산되어야 합니다.

강우석 감독의 흥행작 중에 〈공공의 적〉이란 영화가 있습니다. 그 영화를 보면 아들(이성재 扮)이 재산을 노리고 부모를 살해하는 장면이 나오는데 그 과정에서 아들의 손톱이 깨져 바닥에 떨어집니다. 죽어가던 어머니는 그 손톱 때문에 아들의 범행이 발각될까 봐 염려되어 그 손톱을 삼켜 버립니다. 그런 자식 사랑은 영화에서나 나오는 허구만은 아닙니다. 2017년 12월 29일 경북 청도에서 자신에게 잔소리하며 뺨을 때렸다는 이유로 아들이 어머니를 의자로 내려치고 흉기로 목을 찔러 살해한 사건이 발생했습니다. 집을 빠져나가는 아들을 향해 그의 어머니는 의식을 잃어가면서도 "피 묻은 옷을 갈아입고 가라"고 말했다고 합니다.

청도군에서 일어난 비극적 사건은 한국 부모들의 아가페적 자식 사랑을 극명하게 보여주고 있습니다. 한국의 경제 기적은 그런 사랑으로 자식 교육을 위해 모든 것을 희생한 부모들의 공입니다. 국가와 사회는 그만큼 부모들에게 큰 빚을 지고 있는 것입니다. 이제는 국가와 사회가 나서 그 부채를 갚아 나가야 할 때입니다. 노인부양을 가족의 책임으로만 돌려서는 안 될 것입니다.

(2013. 3. 26.)

장맛비와 소설 『프랑켄슈타인(Frankenstein)』

며칠째 장맛비가 줄기차게 내리고 있습니다. 오늘처럼 이렇게 천둥 번개가 치고 비가 억수 같이 쏟아지는 밤이면 떠오르는 소설이 하나 있습니다. 바로 영국의 메리 셸리(Mary Shelley)가 쓴 『프랑켄슈타인』[45]이라는 소설입니다. 메리 셸리는 여류 소설가로서도 유명하지만, 영국의 낭만파 시인 퍼시 셸리(Percy Bysshe Shelley)의 아내로 더 잘 알려져 있습니다. 퍼시 셸리는 키이츠, 바이런과 함께 영국 낭만주의 3대 시인으로 평가받는 뛰어난 시인입니다. 셸리를 잘 모르는 사람들도 그가 쓴 「서풍부(西風賦, Ode to the West Wind)」의 마지막 구절은 한 번쯤

---

[45] 프랑켄슈타인은 괴물의 이름이 아니라 괴물을 만든 박사의 이름이다. 창조자가 통제하지 못하는 피조물의 탄생은 영화 〈터미네이터〉에 나오는 인공지능 '스카이넷'을 연상시킨다.

들어본 적이 있을 것입니다. "겨울이 오면 봄이 멀지 않으리(If Winter comes, can Spring be far behind?)"로 끝나는 서풍부의 마지막 행은 지금도 인구(人口)에 회자(膾炙)⁴⁶⁾되는 유명한 시구입니다.

소설 『프랑켄슈타인』의 탄생에 관해서는 흥미로운 이야기가 전해져 옵니다. 1813년, 메리가 아버지의 제자인 스무 살의 유부남 셸리를 처음 만났을 때 그녀의 나이 겨우 16살이었습니다. 만나자마자 사랑에 빠진 그들은 이듬해인 1814년 유럽으로 사랑의 도피 여행을 감행합니다. 이를 비관한 셸리의 아내 해리엇이 호수에 투신자살하게 되고, 2년 후인 1816년 12월 두 사람은 정식으로 결혼을 합니다. 그 직전인 1816년 6월, 셸리와 메리는 스위스 제네바를 방문해 시인 바이런과 그의 주치의 존 폴리도리를 만나게 되는데 역사적인 이 만남에서 소설 『프랑켄슈타인』이 탄생하게 됩니다.

셸리와 메리가 제네바를 방문했던 1816년 여름은 메리가 1831년 판 『프랑켄슈타인』 서문에서 밝혔듯이 춥고 자주 비가 내린 19세기 최악의 계절이었습니다. 계속되는 장맛비로 외출

---

46) '인구에 회자되다'는 사람 인(人), 입 구(口), 회 회(膾), 고기 구울 자(炙)가 합쳐진 표현이다. 사람들이 자주 찾는 맛있는 회와 고기처럼 사람들의 입에 자주 오르내리는 대화주제나 핫 이슈가 되었다는 뜻이다.

이 어렵게 되자 바이런은 무료함을 달래기 위해 셸리 부부와 폴리도리에게 각기 괴기 소설을 한 편씩 쓰자고 제안합니다. 바이런의 제안에 따라 메리가 쓴 소설이 바로 『프랑켄슈타인』이었습니다. 레만호 기슭의 아름다운 호반 도시 제네바가 괴기소설의 배경 무대가 된 것은 이러한 연유가 있는 것입니다.

소설 『프랑켄슈타인』은 신의 영역으로 간주되던 생명 창조의 비밀에 도전했던 한 과학자의 비극적 삶을 다룬 소설입니다. 최초의 공상과학소설(SF)이자 과학기술 발전의 명암, 다시 말해 과학기술 발전이 야기하는 윤리적·사회적 문제를 다룬 최초의 소설이기도 합니다. 메리가 이 소설을 썼을 때 그녀의 나이 19세에 불과했습니다. 아직 소녀티를 벗지 못한 가냘픈 여성이 이처럼 기괴한 소설을 썼다는 사실이 놀랍기만 합니다.

소설에서 프랑켄슈타인 박사는 자신이 만든 피조물에 의해 사랑하는 사람들을 차례로 잃는 비극을 겪는데 소설을 쓴 메리의 생애 역시 그다지 순탄치 못했습니다. 태어난 지 11일 만에 어머니를 잃은 메리는 계모와의 관계가 원만치 못해 어린 시절을 어머니의 무덤 옆에서 책을 읽으며 보냈습니다. 커서는 우여곡절 끝에 셸리와 결혼하지만, 불행의 여신은 그녀의 곁을 계속 맴돌았습니다. 셸리와의 사이에서 얻은 네 자녀 중 셋을 어린 나이에 병으로 잃었고, 스물네 살 때는 남편인 셸리마저도 요트 항해

중에 돌풍을 만나 익사하는 불행을 겪게 됩니다. 어쩌면 메리는 『프랑켄슈타인』을 쓰면서 장차 자신에게 닥칠 불행한 운명을 어렴풋이나마 예견했던 것은 아닐까요?

다음 주 초까지는 장맛비가 오락가락할 듯합니다. 장맛비로 주말 외출이 어려울지도 모르는데 아직 프랑켄슈타인을 읽지 못한 분들이 계시면 이 번 주말에 일독하시는 것이 어떨까요? 문학사적으로 큰 의의가 있는 작품이기에 일독할 만한 충분한 가치가 있을 것입니다. 혹시 시간의 여유가 있으면 덤으로 브램 스토커의 『드라큘라 백작』과 폴리도리의 『뱀파이어』[47]까지 읽으면서 주말을 보내는 것도 무더위를 잊는 좋은 피서법이 아닐까 합니다.

(2014. 7. 25.)

---

47) 1816년 제네바 모임에서 바이런의 권유로 폴리도리가 쓴 소설이다. 폴리도리 이전의 뱀파이어는 끔찍하고 혐오스러운 괴물로만 묘사되어 왔다. 폴리도리가 창조한 루벤스경은 이전의 뱀파이어들과는 달리 사악한 악마이면서 매력적인 영국신사의 모습을 하고 있다. 폴리도리의 소설은 훗날 뱀파이어 소설을 쓰는 작가들과 뱀파이어 영화에 지대한 영향을 미쳤다.

송매우(送梅雨)의 길목에서

　우리나라에는 해마다 6월 하순이면 장마가 찾아옵니다. 장마는 한 달 이상 지속되는데 통상 7월 하순에 종료가 되고 이때부터 본격적인 무더위가 시작됩니다. 우리나라 사람들은 예부터 장마를 여러 가지 별칭으로 불렀습니다. 여름에 오는 비란 뜻에서 서우(暑雨), 줄기차게 내린다는 의미에서 적우(積雨), 오래 내린다고 해서 구우(久雨) 또는 장우(長雨)라고 불렀습니다. 고서에는 음우(淫雨 : 음탕한 비)라는 표현도 보이는데 장마를 남녀의 운우지정(雲雨之情)에 빗댄데서 유래된 별칭이 아닌가 합니다.

　작년 이맘때쯤 어느 신문에서 장마를 남녀의 사랑에 비유한 글을 읽은 적이 있습니다. 과학적으로 장마는 북쪽에서 내려오는 오호츠크 고기압과 남쪽에서 올라오는 북태평양 고기압이 충돌하면서 생기는 현상입니다. 오호츠크 고기압은 차고 습한 태음인의 기질을 가졌고 북태평양 고기압은 덥고 습한 태양인의 기질을 가졌는데 태음인과 태양인은 찰떡궁합이라고 합니다. 그래서 이 두 고기압이 만나면 천둥번개가 치고 강한 비가 쏟아지게 된다는 것입니다.

중국이나 일본에서는 장맛비를 매우(梅雨)라고 하는데 매화 열매가 익을 무렵 내리는 비라는 뜻입니다. 원래 장맛비를 매우라고 한 것은 당송팔대가의 한 사람인 유종원의 한시 「매우(梅雨)」에서 유래한 것입니다. "매실영시우(梅實迎時雨 : 매화 열매, 때맞춰 내린 비를 반긴다)"로 시작되는 유종원의 시에서 영매우(迎梅雨)라는 말이 생겨났습니다. 송매우(送梅雨)라는 말도 있는데 다 익은 매실을 딸 무렵 내리는 비라는 뜻으로 이때 쯤이면 지리한 장마도 끝이 납니다. 그래서 장마는 영매우로 시작해서 송매우로 끝나게 되는 것입니다.

이처럼 장맛비는 여러 이름으로 불리지만 우리 선조들이 가장 널리 사용했던 별칭은 '괴로운 비'라는 뜻의 고우(苦雨)인 듯합니다. '가뭄 끝은 있어도 장마 끝은 없다'라는 속담처럼 장마는 가난한 민초들에게 큰 고통이었습니다. 계곡 장유는 「고우(苦雨)」라는 시에서 "삼월한유가 삼일우난감(三月旱猶可 三日雨難

堪 : 석 달 가뭄은 그래도 견디지만, 사흘 비는 감당하기 어렵다"
고 읊었습니다. 고려시대 이규보의「고우가(苦雨歌)」, 조선 시
대 정약용이 지은「고우탄(苦雨嘆)」이란 시에도 장마로 겪는 백
성들의 괴로움이 잘 묘사되어 있습니다.

 윤홍길의 단편소설 중에 6·25를 시대적 배경으로 쓴『장마』라
는 작품이 있습니다. 전란으로 한집에 살게 된 친할머니와 외할
머니의 갈등을 화자인 어린아이의 객관적 시각으로 섬세하게 묘
사한 작품입니다. 소설의 줄거리를 보면 빨치산 아들을 둔 친할
머니와 국군 소위를 아들로 둔 외할머니가 장마 기간 내내 반목
하다가 장마가 끝날 무렵 극적으로 화해를 합니다. 장마와 함께
시작된 두 할머니의 갈등이 장마와 함께 끝나는 것입니다. 작가
가 소설의 제목을 장마로 하고 계절적 배경을 장마철로 설정한
것은 불행, 고통을 은유적으로 나타내는 의도가 깔린 것입니다.

 올해 장마도 이제 막바지에 접어들었습니다. 기후변화 탓인지
작년에 이어 올해도 마른장마 현상이 나타났습니다. 장마 기간
폭우로 피해를 본 지역도 있지만, 가뭄으로 고통을 받는 지역도
적지 않은 것 같습니다. 특히 예년에 비해 강우량이 턱없이 부족
한 중부지방은 농사피해는 물론이고 먹을 물마저 부족한 곳이
많습니다. 그런 지역을 생각하면 고우라도 좋으니 송매우의 장
맛비가 내리기를 고대해봅니다. 아니, 지금 비가 내린다면 그 비

는 고우가 아니라 많은 사람이 기다리는 감우(甘雨 : 단비)임이
틀림없겠지요.

(2014. 7. 29)

방하착(放下着)

　지난 금요일 오후, 박근혜 대통령에 대한 탄핵안이 국회에서 가결되는 역사적 순간을 TV를 통해 지켜보았습니다. 헌법재판소에서 파면이 인용될 가능성이 크다는 사실을 고려할 때 이제 우리 대한민국은 지금까지 한 번도 가보지 못한 미증유(未曾有)의 길을 걸어가게 될 것입니다. 최순실 게이트와 관련하여 박근혜 대통령은 모두 세 차례의 대국민 담화를 발표했습니다. 세 번째 담화에서는 자진해서 하야할 의사까지 밝히며 "저는 이제 모든 것을 내려놓았습니다"라고 했지만, 탄핵 열차를 멈출 수는 없었습니다. 국민의 마음을 되돌리기에는 너무 늦었던 것입니다. 처음부터 마음을 비우고 모든 것을 내려놓았더라면 탄핵까지는 가지 않았을지도 모릅니다. 하지만 온전히 마음을 비우지 못했기 때문에 탄핵이란 최악의 결과를 자초한 셈입니다.

대통령의 탄핵을 지켜보는 내내 방하착(放下着)이라는 불가의 화두가 머릿속을 떠나지 않았습니다. 광릉수목원 인근의 봉선사라는 절을 가본 적이 있는 사람이라면 방하착이란 한자어가 새겨져 있는 돌비석을 보았을 것입니다. 자세히 보면 방하착이라고 새겨진 한자어 옆에 작은 글씨로 '내려놓아라'라고 하는 한글 뜻풀이를 같이 새겨 놓았습니다. 방하(放下)는 '내려놓다, 버리다'는 뜻이며 착(着)은 명령형의 어조사입니다. 하(下)를 나무의 뿌리처럼 우리의 내면 깊숙이 있는 '참 나'로, 착(着)을 집착이나 애착으로 해석하는 견해도 있습니다. 어떤 해석을 취하든 간에 방하착은 번뇌나 원망, 어리석은 아집이나 집착 등을 내려놓고 마음의 평화를 찾으라는 뜻을 담고 있습니다.

저잣거리의 장삼이사(張三李四)들이 일상생활에서 방하착의 삶을 실천하기란 말처럼 쉬운 일은 아닐 것입니다. 도를 깨닫고 해탈한 사람이나 가능한, 고답적이고 초현세적인 삶처럼 보입니다. 하지만 조금만 관점을 달리하면 평범한 사람들이라고 해서 오르지 못할 경지나 범접하기 어려운 피안(彼岸)의 세계만은 아닙니다. 법정 스님은 수필집『버리고 떠나기』에서 채우려면 먼저 버려야 함을 강조함으로써 방하착의 의미를 생활 속 실천 윤리로 알기 쉽게 설명하고 있습니다. 잔을 새로 채우려면 먼저 잔을 비워야 하고, 새로운 것을 붙잡으려면 먼저 지금 손에 쥐고 있는 것을 놓아야 합니다. 스님은 버리고 비우는 일이 결코 소극적인 삶이 아니라 지혜로운 삶의 선택임을 우리에게 깨우쳐 주고 있습니다.

법정 스님의 가르침이 시사하듯 방하착은 단순히 수도자들만의 정신수양 원리가 아닙니다. 세상 사람들이 인생길을 걸어갈 때 부딪칠 수밖에 없는 수많은 위기와 결단의 순간에서 도움이 될 삶의 지혜를 담고 있습니다. 충무공은 명량해전을 앞두고 "생즉사 사즉생(生卽死 死卽生 : 살고자 하면 죽을 것이요, 죽고자 하면 살 것이다)"의 자세로 방하착의 삶을 실천하셨기에 국운이 걸린 전투에서 승리할 수 있었습니다. 저와 같이 전남도청에서 같이 일하다가 과감히 사표를 내고 정치의 길에 뛰어든 사람들이 있습니다. 그분들은 현재의 삶에 안주하지 않고 안정된 직장을 버렸기에 더 큰 꿈을 이룰 수 있었습니다. 사랑도 마찬가지입니다. 떠나간 연인을 못 잊고 집착하는 사람의 마음속에 새로운 사람이 들어설 자리는 없습니다. 깨끗이 마음을 정리하고 떠난 사람의 행복을 빌어 줄 때 새로운 인연이 찾아올 것입니다.

도종환 시인의 작품 중에「단풍드는 날」이란 시가 있습니다. 시인은 가을날 단풍으로 물들어가는 나무를 보다가 불현듯 방하착의 진리를 깨닫습니다. 시인의 깨달음을 우리가 머리로만 이해하지 않고 가슴으로 실천할 수 있다면 우리의 삶이 지금보다 훨씬 더 행복해질 수 있을 것입니다.

단풍드는 날 | 도종환

버려야 할 것이
무엇인지를 아는 순간부터
나무는 가장 아름답게 불탄다

제 삶의 이유였던 것
제 몸의 전부였던 것
아낌없이 버리기로 결심하면서
나무는 생의 절정에 선다

방하착
제가 키워 온
그러나 이제는 무거워진
제 몸 하나씩 내려놓으면서

가장 훌륭한 빛깔로
우리도 물드는 날

(2016. 12. 10.)

시련과 성장

어린이들이 좋아하는 『드래곤볼』이란 일본만화가 있습니다. 드래곤볼의 주인공인 손오공은 행성 베지타에서 태어난 외계인입니다. 갓난아기 때 지구로 보내져 성장하게 되는데, 영화 슈퍼맨의 주인공 클라크의 성장 스토리를 연상케 합니다. 무술단련과 갖가지 모험을 겪으며 강한 전사로 성장한 손오공은 슈퍼맨처럼 악당과 외계인들로부터 지구의 평화를 지키는 수호자로서 큰 활약을 펼칩니다. 손오공의 종족인 사이어인들이 가지고 있는 특성 중의 하나는 죽음의 문턱까지 갔다가 다시 살아나게 되면 그 이전보다 훨씬 강해진다는 것입니다. 마치 쇠가 담금질을 통해 강철로 거듭나듯이 죽기 일보 직전까지 가는 혹독한 시련을 극복하고 나면 더욱더 강한 전사로 성장하는 것입니다.

시련을 통한 성장은 만화에나 나오는 허무맹랑한 이야기만은 아닙니다. 우리가 조금만 관심을 기울이면 그것이 자연의 섭리임을 쉽게 깨닫게 됩니다. 벼농사 농법 중에 건답직파법(乾畓直播法)이 있습니다. 글자 그대로 물을 대지 않은 마른 논에 그냥 볍씨를 뿌려 농사를 짓는 방법입니다. 건답직파를 하게 되면 벼가 생존을 위해 물줄기를 찾아 깊이 뿌리를 뻗기 때문에 태풍 등 비바람에 강하게 자란다는 것입니다. 나무도 마찬가지입니다. 2016년 봄에 미국 워싱턴으로 출장을 간 적이 있었습니다. 하루는 자동차를 타고 워싱턴 근교를 달리는데 도로 주변의 울창한 숲속에 수많은 아름드리나무가 쓰러져 있는 것이 눈에 띄었습니다. 현지 대사관 직원의 말에 따르면 토질이 너무 좋아 나무들이 영양분 흡수를 위해 뿌리를 깊이 내릴 필요가 없어 하늘로만 뻗다 보니 폭풍우에 쉽게 쓰러진다는 것이었습니다. 반면에 척박한 바위틈이나 절벽에 뿌리를 박은 노송들이 오랜 세월 거친 폭풍우를 견디며 묵묵히 그 자리를 지키고 있는 모습은 하나의 경이입니다.

식물이 그렇듯이 사람 역시 시련과 고난 속에서 단련되고 다듬어지면서 위대한 인물로 성장합니다. 우리는 실제 그러한 사례를 동서양의 역사 속에서 얼마든지 찾아볼 수 있습니다. 그리스 신화의 헤라클레스, 세계를 정복한 칭기즈칸, 악성 베토벤, 강철왕 카네기, 현대그룹 창업주 정주영 등 신화시대부터 현대에 이르기까지 한 시대를 풍미(風靡)했던 인물들의 삶은 예외 없이 고난과 역경의 극복사(克服史)입니다. 역사적 인물들만이 그런 것은 아닙니다. 요즘 매스컴을 뜨겁게 달구고 있는 테니스선수 정현의 이야기 역시 우리에게 감동을 줍니다. 정현은 고도근시와 난시라고 하는 운동선수로서는 치명적인 신체적 결함을 가지고 있습니다. 그럼에도 불구하고 포기하지 않고 부단히 노력한 결과 21세의 어린 나이에 한국인 최초로 세계 메이저 테니스 대회의 하나인 호주오픈 4강까지 올라가는 위업을 이룩한 것입니다.

시련을 겪기보다는 평탄한 삶을 살고 싶어 하는 것은 우리 인간의 본성입니다. 하지만 살다 보면 원하지 않는 시련과 역경에 부딪히게 될 때가 있습니다. 원하지 않았다고 해서 피하려고만 하거나 두려움으로 그냥 주저앉아 버린다면 그 사람 앞에는 칠흑 같은 어둠만이 있을 뿐입니다. 세계적 석학 토인비의 통찰인 '도전과 응전'의 역사 발전법칙은 비단 국가나 문명의 흥망성쇠만이 아니라 한 개인의 삶에도 똑같이 적용됩니다. 시련은 하늘이 주시는 소중한 선물입니다. 피할 수 없으면 즐기라는 말처럼 시련이 닥치면 하늘을 원망할 것이 아니라 내가 더 큰 사람으로 성장할 수 있도록 기회를 주시는구나 하는 감사의 마음을 가질 일입니다. 'No cross, no crown(고난 없이 영광도 없다)'이란 영어속담은 예수님만의 이야기는 아니기 때문입니다.

(2018. 1. 26.)

작가의 삶과 작품의 가치

　일전(日前)에 카친 한 분이 봄이 가까워지면 생각나는 시라면서 이외수의 「봄의 바람에」를 카스토리에 올렸습니다. 그리고 말미에 최근 많은 비난을 받는 이외수와 고은에 대해 언급하면서 "쭉 존경할 것입니다. 작품만!"이라는 코멘트를 함께 올렸습니다. 이미 언론을 통해 알려진 바와 같이 이외수는 작년 8월 화천군수에 대한 술주정이 도화선이 되어 화천 감성마을에서 쫓겨날 처지에 놓여 있습니다. 고은 역시 미투(Me Too) 운동으로 젊은 여성문인들에 대한 성추행 전력이 드러나자 수원시가 마련해 준 광교산 거처를 떠나겠다고 밝혔습니다. 이외수야 워낙 기행으로 유명한 사람이니 그렇다 치더라도 한국문단의 거목으로 유력한 노벨상 후보인 고은의 행각은 그를 존경해 온 많은 국민에게 큰 충격을 주었습니다.

위대한 작품을 쓴 작가들의 사생활을 보면 의외로 비도덕적이고 방탕한 사람들이 많다는 사실은 공공연한 비밀입니다. 스승의 아내인 프리다와의 불륜으로 당시 영국 사회를 충격에 빠뜨린 로렌스의 사랑은 오히려 순수한 편입니다. 대문호 셰익스피어는 호색한에 양성애자라는 논란이 끊이지 않았으며, 영국의 낭만파 시인 바이런 역시 수많은 여성을 울린 난봉꾼으로 유명합니다. 어린 소녀들의 누드 사진을 좋아했던 『이상한 나라 앨리스』의 작가 캐럴, 인간애를 설파하면서도 다섯 자녀를 고아원에 버린 루소, 주위 사람들에게 폭언과 폭행을 일삼았던 헤밍웨이 등의 행적은 비도덕적입니다.

작품 속에 투영된 작가의 언행과 실제 모습이 일치하지 않는 경우도 있습니다. 조세희의 단편소설 「난장이가 쏘아올린 작은 공」에는 찰스 램과 찰스 디킨즈의 이야기가 나옵니다. 이름이 같다는 점 말고도 두 사람은 불우한 유년 시절과 문학작품을 통해 빈민가의 사람들에 대한 동정과 연민을 쏟은 점 등 공통점이 많았습니다. 하지만 그들의 성이 달랐듯이 작품을 떠난 실생활은 딴판이었습니다. 램은 조현병으로 어머니를 살해한 누이를 평생 돌보면서 글과 일치된 삶을 살았습니다. 반면에 어린 나이에 구두약 공장에서 노동하면서 독학으로 성장한 디킨즈는 전혀 달랐습니다. 훗날 문명(文名)을 떨치고 풍족한 생활을 하게 되자 동전을 구걸하는 빈민가의 어린이들을 지팡이를 휘둘러

쫓아버리곤 했다는 것입니다.

위대한 작품을 쓴 작가들의 실제 사생활이 비도덕적이라면, 작품 속에 투영된 작가의 언행과 실제 모습이 일치하지 않는다면 작품에 대한 평가도 달라져야 할까요? 이 질문에 대한 답은 김동인의 단편소설 「광염 소나타」에서 시사점을 찾을 수 있을 것 같습니다. 작품의 주인공인 백성수는 야성적 천재성을 지닌 작곡가입니다. 살인, 방화, 시간(屍姦) 등 범죄행위로 얻은 영감을 창작 모티브로 삼아 숱한 명곡을 탄생시키지만 결국 경찰에 붙잡혀 정신병원에 갇히게 됩니다. 소설 속에서 백성수의 후견인 역할을 하는 음악 평론가 K는 백성수의 음악에 대한 천재성을 끌어내기 위해 은연중 그의 범죄를 사주하는 인물입니다. K는 백성수와 같은 천재를 단순히 사회 윤리 때문에 억압하는 것은 옳지 않으며, 예술을 위한 어떠한 행위도 죄악이 아니라는 생각을 하는데 K는 곧 김동인의 소설 속 분신이기도 합니다.

김동인은 평소 "문학은 설교가 아니다. 문학은 어디까지나 예술이다. 여기엔 윤리도 없고 도덕도 없다. 오직 아름다움을 추구해 마지않은 것이다"라고 주장했습니다. 사회윤리를 무시하고 부도덕한 것에서까지 미를 찾으려고 했던 김동인의 예술지상주의, 미의 절대적 우위를 강조하는 유미주의(唯美主義)는 지나치게 극단적입니다. 평범한 사람들로서는 받아들이기 쉽지 않은 주장입니다. 그러나 로렌스의 소설 『채털리 부인의 연인(*Lady Chatterley's Lover*)』에는 불륜인 프리다와의 사랑이 짙게 스며 있다는 점에서 김동인의 주장에는 일면 타당성이 있습니다.

일반인들의 도덕적 감정과는 달리 작가의 삶과 작품은 별개로 평가해야 한다고 하는 것이 문학 비평가들의 대체적인 중론인 것 같습니다. 다시 말해 작가의 삶이 아무리 비도덕적 일지라도 그 작품은 문학적으로 높은 평가를 받을 수 있다는 것입니다. 디킨즈의 위선적인 행태에도 불구하고 『올리버 트위스트』나 「크리스마스 캐럴」과 같은 그의 소설은 여전히 높은 문학적 평가를 받고 있습니다. 우리나라에서도 이광수의 친일 행적은 씻을 수 없는 과오지만 그의 소설 『무정』은 최초의 근대소설로 문학사적 의의가 매우 큰 작품입니다.

작가의 삶과 작품을 분리하여야 한다는 문학 비평가들의 주장은 분명 타당성이 있습니다. 부도덕하다고 지탄받는 작가들의 사생활이 분명 위대한 상상력과 창의력의 원천이 될 수 있습니다. 물론 그런 시각을 받아들이기가 정서적으로 쉽지 않은 것도 사실입니다. "중이 미우면 가사도 밉다"고 하는 속담처럼 어떤 사람이 미우면 그 사람과 관계되는 모든 것이 덩달아 미워지는 것이 인지상정이기 때문입니다. 하지만 위대한 작품은 인류의 정신적 유산입니다. 작품에 드리워진 작가의 짙은 그림자 때문에 작품 자체를 외면한다면 그것은 소중한 문화적 자산의 손실이 될 것입니다.

(2018. 3. 10.)

한 영화감독의 삶과 예술

지난 3월 1일 새벽, 한국 영화계에 또 하나의 낭보(朗報)가 전해졌습니다. 홍상수 감독의 〈도망친 여자〉가 세계 3대 영화제의 하나인 베를린영화제에서 감독부문 은상을 수상한 것입니다. 봉준호 감독이 연출한 영화 〈기생충〉의 아카데미 4개 부문 석권에 연이은 쾌거입니다. 영화의 여주인공 역할은 홍 감독의 연인인 김민희가 맡아 열연했으며 깊이 있는 연기로 영화 관계자들의 호평을 받았습니다.

수상 소식이 전해진 지 3일이 지났지만 코로나19 때문일까요? 홍 감독의 수상 소식을 제대로 다루고 있는 국내언론은 그다지 많지 않은 듯합니다. 그러다 보니 홍 감독의 수상 소식을 모르고 있는 국민도 적지 않을 것입니다. 유부남인 홍 감독과 배우 김민희의 사랑에 대한 대중의 곱지 않은 시선 때문에 언론에서 홍 감독의 수상 소식을 크게 다루기를 꺼리는 것은 아닌지 모르겠습니다. 모든 언론매체에서 대대적으로 보도했던 봉준호 감독의 〈기생충〉과는 너무 비교돼 아쉽습니다.

유럽에서는 개인의 사생활과 그 사람의 업적을 별개로 보는 것이 일반적입니다. 영국의 낭만파 시인 바이런이나 〈니벨룽겐의 반지〉로 유명한 작곡가 바그너의 여성 편력은 난잡하기까지 했지만 그들의 작품은 여전히 높은 평가를 받고 있습니다. 프랑스 미테랑 대통령은 27세 연하의 연인 팽조와 불륜에도 불구하고 국민의 존경과 사랑을 받았습니다. 마크롱 대통령은 고등학생 때 세 자녀의 어머니이자 24세 연상인 선생님 브리짓을 만나 사랑에 빠져, 유부녀인 그녀의 이혼을 기다려 마침내 결혼까지 했습니다. 일부 도덕적 비난이 있었지만, 사랑과 선택의 문제로 보고 긍정적으로 보는 사람들이 더 많습니다.

홍상수 감독은 유럽에서 한국을 대표하는 감독으로 널리 알려진 역량 있는 감독입니다. 그의 영화 〈밤의 해변에서 혼자서〉는 2017년 베를린영화제에서 김민희에게 여우주연상을 안겨주기도 했습니다. 유럽과 우리의 정서가 같을 수는 없겠지만 우리 언론이 홍상수 감독이 거둔 성취에 대해 너무 인색한 것은 아닐까요? 홍 감독의 작품과 개인적 삶을 분리해 바라보는 시선이 아쉽습니다.

(2020. 3. 4.)

제3부

비밀의 정원

제8장

추억 - 기쁨과 슬픔,
　　　그리고 그리움의 3중주

인류 최초의 스승, 자연

어제 지인들과 모임이 있어 서울에 갔다가 심야 고속버스를 타고 광주로 돌아왔습니다. 광주 광천터미널에 도착한 시각은 새벽 2시쯤이었습니다. 아직 잠이 완전히 가시지 않은 두 눈을 비비며 터미널을 나서니, 마치 저를 마중이라도 나온 듯 새하얀 눈이 너울너울 춤추며 내리고 있었습니다. 캄캄한 밤하늘을 배경으로 그 순백의 영혼들이 펼치는 황홀한 군무(群舞)는 종교적 경건함마저 불러일으켰습니다. 이렇게 눈이 펑펑 쏟아지는 날이면 저의 추억시계는 언제나 30년 전의 그 겨울로 되돌아가곤 합니다.

경북 김천의 황악산은 가을 단풍도 아름답지만 겨울 설경으로도 유명합니다. 그 기슭에 대가람(大伽藍) 직지사가 자리 잡고 있습니다. 직지사를 출발해 황악산 정상으로 이어지는 산길을 따라 한 시간쯤 올라가다 보면 직지사의 말사(末寺)인 운수암이 지나가는 등산객을 맞이합니다. 운수암은 행정고시를 준비 중이던 대학 2학년 때인 1981년 겨울방학을 보낸 인연이 있는 절입니다. 제가 고시 공부를 하기 위해 처음으로 찾았던, 잊지 못할 절이기도 합니다.

1981년 12월부터 이듬해 2월까지 3개월가량 지냈던 운수암의 일상은 다람쥐 쳇바퀴 돌듯 지극히 단조로웠습니다. 밥 먹고 화장실 가는 시간을 제외하면 온종일 책상머리에 앉아 줄곧 책만 읽었던, 인고(忍苦)로 점철(點綴)된 고행(苦行)의 나날이었습니다. 입산할 때 스님처럼 삭발한 것은 오직 공부에만 정진하겠다는 다짐이자 머리 감는 시간조차 아끼겠다는 굳센 의지의 발로(發露)였습니다. 주자의 권학문(勸學文)은 그때의 제 심정을 잘 대변하고 있습니다.

소년은 늙기 쉽고 학문은 이루기 어렵나니
짧은 시간이라도 가벼이 여기지 말라
연못가 봄풀의 꿈이 채 깨기도 전에
계단 앞 오동잎은 벌써 가을소리를 내는구나[48]

---

48) 소년이노학난성(少年易老學難成) 일촌광음불가경(一寸光陰不可輕) 未覺池塘春草夢(미각지당춘초몽) 階前梧葉已秋聲(계전오엽이추성)

아침 6시에 시작된 운수암의 일과(日課)는 자정이 돼야 끝이 났습니다. 일과를 마치고 잠자리에 드는 자정은 하루 중 가장 행복한 시간입니다. 그런데 지친 몸을 이끌고 잠자리에 누울 때마다 '툭, 투둑'하고 무언가 부러지는 듯한 소리가 밤의 적막을 뚫고 들려오곤 했습니다. 책에 몰두하고 있을 때는 듣지 못했던 소리였습니다. 그때마다 그 소리의 정체가 몹시 궁금했지만, 그것도 잠시, 곧장 꿈나라로 직행하곤 했습니다. 그 궁금증을 해소한 것은 세월이 한참 흐른 뒤 법정 스님의 수필집 『무소유』에 실린 「설해목(雪害木)」이란 글을 읽고서였습니다.

"산에서 살다 보면 누구나 다 아는 일이지만, 겨울철이면 나무들이 많이 꺾이고 만다. 모진 비바람에도 끄덕 않던 아름드리나무들이, 꿋꿋하게 고집스럽기만 하던 그 소나무들이 눈이 내려 덮이게 되면 꺾이게 된다. 가지 끝에 사뿐사뿐 내려 쌓이는 그 하얀 눈에 꺾이고 마는 것이다."

스님의 글을 읽는 순간 오래전의 궁금증을 해소했다는 기쁨과 함께 형이상학적 공론으로 생각했던 이유제강(以柔制强)의 이치를 온몸으로 체득한 듯한 환희감이 밀려왔습니다. 깃털보다도 가벼운 눈꽃송이가 쌓이고 쌓여 마침내 낙락장송(落落長松) 큰 가지를 부러뜨리는 역설의 진리를 깨달았던 것입니다. 그 옛날 겨우내 산속에서 지내는 동안 수시로 마주쳤던 설해목을 저는 건성으로 보고 지나쳤습니다. 보았으되 보지 못한 눈뜬 장님이 었습니다. 하지만 스님은 매서운 금강안(金剛眼)으로 설해목을 관찰하고 저 같은 범인이 간과했던 이치를 깨달았던 것입니다.

그러고 보니 공자, 예수, 석가, 소크라테스 같은 위대한 성인 (聖人)들에게 스승이 있다는 이야기를 들어본 적이 없습니다. 스승도 없이 그들은 어떻게 진리를 깨우쳤을까요? 어쩌면, 설해 목(雪害木)의 사례가 시사하듯, 자연이 그들의 스승이지 않았 을까요? 20세기 후반 세계 건축계를 대표하는 루이스 칸이라는 위대한 건축가가 있습니다. 학교 설계를 의뢰받은 칸은 교실 창 문을 크게 만들어 학생들이 바깥 경치를 잘 볼 수 있도록 했습 니다. 그런데 설계도를 본 교장이 학생들이 밖을 쳐다보느라 선 생님에게 집중하지 못할 것이라고 우려하자, 칸이 이렇게 반문 했다고 합니다. "자연보다 더 주목받을 만큼 대단한 선생님이 계신가요?"

칸이 역설했듯이 사실 우리는 자연으로부터 많은 것을 배웁 니다. 벌과 꽃은 상생(相生)의 지혜를, 차면 이지러지는 달은 무 상(無常)[49]의 진리를, 높은 곳에서 낮은 곳으로 흐르는 물은 겸

---

49) 무상은 불교 용어로 끊임없이 변화하고 생멸(生滅)하며 시간적 지속성이 없음을 뜻 한다. 즉 영원하지 않음을 뜻한다. 인생무상(人生無常), 제행무상(諸行無常)과 같은 사자성어로 많이 쓰인다.

손(謙遜)의 미덕을 우리에게 가르쳐줍니다. 거센 폭풍우에도 꺾이지 않는 갈대, 빛이 있으면 반드시 그림자가 있는 자연현상에서도 우리는 많은 것을 배웁니다. 그리고 보면 위대한 스승이 꼭 사람이어야 할 이유는 없습니다. 말 없는 자연이야말로 우리 인간의 최초 스승이자 최고의 스승입니다.

(2013. 1. 25.)

포도밭 음악회

　오늘 저녁 모처럼 색소폰 연주를 할 기회가 있었습니다. 지난 2012년 중앙공무원교육원에서 중앙부처 국장들을 대상으로 운영되는 1년 장기교육을 받을 때 교육원의 특별프로그램으로 60명의 민간기업 CEO들과 같이 두 달 동안 매주 하루씩 교육을 받을 기회가 있었습니다. 그때 인연을 맺었던 분들과 지금도 가끔 모임을 하고 있는데 오늘 고덕건설 나 회장의 초청으로 고덕건설 본사 옥상에서 작은 음악회가 열린 것입니다.

　고덕건설은 1년 매출액이 1천억 원이 넘는 꽤 견실한 중견 건설업체입니다. 미아리고개 입구에 Golden Tower란 14층짜리 빌딩을 가지고 있는데 그 건물 옥상에 아담한 포도밭이 있습니다. 그 포도밭 정원에 색소폰, 기타 등 악기를 연주할 줄 아는 교육 동기생 몇 사람이 모여 작은 음악회를 열게 된 것입니다. 고층 건물이라 그런지 대로변 빌딩임에도 불구하고 지나가는 차들이 내뿜는 소음이 거의 들리지 않아 야외에서 열리는 음악회 장소로 이보다 더 좋은 장소를 찾기 쉽지 않을 것 같다는 생각이 들었습니다.

간단하게 저녁 식사를 마친 후 7시부터 음악회가 시작되었습니다. 다른 분들의 색소폰과 클라리넷 연주에 이어 제 차례가 되었습니다. 아쉽게도 별빛은 없었지만 넘실대는 달빛 아래 짙푸르게 익어가는 포도의 향기를 맡으며 배호의 〈파도〉와 이정석의 〈첫눈이 온다구요〉 등 몇 곡을 연주했습니다. 제 뒤를 이어 기타반주에 맞춰 올드 팝송을 노래한 여성국장님의 목소리도 정말 감미로웠습니다. 오늘 저녁 대전에 내려가야 하는 관계로 끝까지 자리에 함께하지 못하고 중간에 일어서야만 하는 것이 아쉬웠습니다.

지하철을 타고 강남고속버스터미널로 이동해 대전행 고속버스를 탔습니다. 사전 예약을 하지 못한 탓에 표를 못 구하면 어떡하나 걱정했는데 다행히 빈 좌석이 남아 있었습니다. 터미널을 출발한 고속버스는 양재 톨게이트를 통과해 경부고속도로로 접어들었습니다. 대전까지는 2시간 거리입니다. 내일 새벽에 일찍 일어나 광주에 내려가야 하기에 눈을 좀 붙여야 할 것 같습니다. 별빛을 보지 못한 아쉬움을 달래려고 이어폰을 귀에 꽂고 유튜브로 돈 매클레인(Don McLean)이 부른 팝송 〈빈센트〉를 들으며 잠을 청해봅니다.

Starry starry night ♬♬…….

(2014. 8. 15.)

이별의 노래

    겨울비가 촉촉이 내립니다. 마음이 스산해집니다. 오늘처럼 겨울비가 내리는 날이면 어김없이 1985년 겨울이 떠오르곤 합니다. 대학입학과 함께 시작되었던 행정고시 도전의 여정이 막바지로 치닫고 있던 때였습니다. 그해 가을에 치른 2차 시험의 결과 발표일이 하루하루 다가오면서 불안감도 커지고 있었습니다. 올해마저 실패하면 고시의 꿈을 접고 취직을 해야 하나 어쩌나 하는 번민에 빠졌던 저에게 유일한 위안은 장유진의 FM 음악방송 「KBS 가요산책」이었습니다. 나지막한 저음의 그녀 목소리는 꿈결에 들려오는 어머니의 자장가처럼 따스하고 감미로웠습니다. 그해 겨우내, 저는 오후 4시부터 6시까지 두 시간 동안 그녀가 진행하는 음악방송을 들으며 초조해지는 마음을 달래곤 했습니다.

그러던 어느 날, 그날도 오늘처럼 소리 없이 흐르는 눈물인 양 겨울비가 내리고 있었습니다. 저는 여느 때와 마찬가지로 기숙사의 2층 침대에 누워 장유진 아나운서가 진행하는 음악방송을 듣고 있었습니다. 그때 라디오에서 흘러나온 노래 하나가 메마른 대지에 빗방울 스며들듯 우울한 제 마음에 착 감겨왔습니다. 바로 김범룡의 〈겨울비는 내리고〉였습니다.

그 누구인가 내게 다가와
나를 바라보는 애달픈 눈동자
비를 맞으며 우뚝 선 모습
떠나려 하는 내 님이련가

바보 같지만 바보 같지만
나는 정말로 보낼 수가 없어
하얀 네 얼굴 난 사랑했는데
어떡해야 하나 눈물 흐르네

바람 불어와 뒤돌아보면
당신은 저 멀리 사라져 버리고
아픈 마음에 홀로 걸으면
겨울비 내려와 머리를 적시네

이별의 아픔을 그리고 있는 그 노래가 그 당시 왜 그렇게 제 마음에 와닿았는지 모르겠습니다. 아마도 2차 시험에 불합격할지도 모른다는 불안감이 김범룡의 노래에 감정이입 되었기 때문이었을 것입니다. 그렇게도 합격을 갈망했던 행정고시를 포기해야 할지도 모르는 저의 상황이 사랑하는 여인을 붙잡고 싶지만 어쩔 수 없이 떠나보내야 하는 노래 속 주인공의 모습에 투영되었던 것 같습니다.

사랑하는 누군가를 떠나보내야 하는 것은 가슴 아픈 일입니다. 하지만 회자정리(會者定離)라고 합니다. 만남이 있으면 이별 또한 있는 법입니다. 그것이 세상사의 이치입니다. 떠나보내야 할 때 떠나보내지 못하고 억지로 붙잡으려 하는 것은 어리석은 집착입니다. 그러니 담담하게 보내야 합니다. 만남이 있으면 이별이 있다지만, '거자필반(去者必返)'이라고 했으니, 이별이 있으면 만남 또한 있지 않을까요? 아니, 이별 속에 새로운 인연이 잉태되고 있다는 것을 깨닫게 될 때 우리는 이별에 대해 조금은 초연해질 수 있을 것입니다.

〈겨울비는 내리고〉와 달리 이별의 아픔을 담담히 그린 노래가 있습니다. 조영남이 부른 〈지금〉이란 노래입니다. 저와 가깝게 지내는 어느 지인은 인간 조영남을 싫어하는 까닭에 그가 부른 노래도 싫다고 합니다. 저 역시 인간 조영남을 그다지 좋아하진 않습니다. 하지만 가수는 가수고 노래는 노래입니다. 불꽃 같은 사랑을 해 봤던 사람이라면, 그래서 가슴이 새까맣게 타버린 경험을 간직하고 있는 사람이라면 〈지금〉이라는 노래를 듣고 어떻게 그런 노래를 싫어할 수 있을까요?

지금 지금 우린

그 옛날의 우리가 아닌 걸

분명 내가 알고 있는 만큼 너도 알아

단지 지금 우리는 달라졌다고

먼저 말할 자신이 없을 뿐

아~ 저만치 와있는 이별이 정녕코 무섭진 않아

두 마음에 빛바램이 쓸쓸해 보일 뿐이지

진정 사랑했는데 우리는 왜

사랑은 왜 변해만 가는지

지금 지금 우린

그 옛날의 열정이 아닌 걸

분명 내가 알고 있는 만큼 너도 알아

단지 지금 우리는 헤어지자고

먼저 말할 용기가 없을 뿐

아~ 저만치 와 있는 안녕이 그다지 슬프진 않아

두 가슴에 엇갈림이 허무해 보일 뿐이지

아닌 척 서로 웃으며 이젠 안녕

이젠 안녕 돌아 서야지

두 노래의 가사를 음미하고 있노라면 이별에 대한 상반된 태도가 느껴집니다. 〈겨울비는 내리고〉가 아직 사랑에 대한 환상을 간직하고 있는 순수한 청춘의 노래라면, 〈지금〉은 세상의 환난 풍파를 다 겪은 원숙(圓熟)한 50대의 노래가 아닐까요? 이별은 누구에게나 아픈 경험이겠지만 그 아픔들이 시간의 흐름 속에서 쌓여가면서 우리도 조금씩 성숙해지는 것이겠지요.

〈지금〉이란 노래의 탄생에는 재미있는 일화가 있습니다. 어느날 방송국에서 조영남을 만난 드라마 작가 김수현이 "자기, 이걸로 노래 한 번 만들어 볼래?"하고 툭 던진 노랫말이 〈지금〉이란 명곡의 탄생을 가져왔다고 합니다. '헤어지자고 먼저 말할 용기가 없을 뿐이지 저만치 와 있는 이별이 무섭지는 않다'는 노랫말이 아련한 아픔으로 다가옵니다. 영원할 것 같았던 사랑이 차갑게 식어갈 때 우리는 슬픔을 넘어 허무함을 느낍니다. 빛바랜 사랑의 감정이 우리를 쓸쓸하게 할 때면 조영남의 〈지금〉이란 노래를 들을 일입니다.

(2019. 12. 26.)

첫눈 내리던 날

지난밤 서울에 첫눈이 내린 까닭에 오늘 아침 평소보다 출근을 서둘렀습니다. 그런데 특별한 일이 없으면 늦어도 15분 전에는 미리 도착해 대기하던 회사 승용차가 오늘은 보이지 않았습니다. 혹시 항상 주차하던 장소가 아닌 다른 곳에 주차하고 있나 이리저리 둘러보고 있는데 그 순간 전화벨이 울렸습니다. 받아 보니 운전기사입니다. 눈 때문에 길이 막혀 15분 정도 늦겠다고 합니다. 보통 9시 5분 전에 사무실에 도착하는데 오늘은 지각을 피하기 어려울 것 같습니다.

오늘처럼 눈 내리는 날이면 떠오르는 수필가가 있습니다. 한국 현대수필의 개척자로 평가받는 김진섭입니다. 그는 1939년 『조광』이란 잡지에 눈을 예찬하는 수필 「백설부」를 발표했습니다. 낭만적이고 화려한 문체가 돋보이는 「백설부」의 첫머리는 다음과 같이 시작됩니다. "말하기조차 어리석은 일이나 도회인으로서 비를 싫어하는 사람은 많을지 몰라도 눈을 싫어하는 사람은 아마 거의 없을 것이다."

하지만 김진섭이 오늘날 서울 한복판에서 살고 있다면 과연 이런 수필을 썼을까요? 그가 살았던 일제 강점기는 지금처럼 사람이나 차량이 많지 않고 도로교통이 복잡하지 않았습니다. 출퇴근하느라 길에서 1~2시간씩 보낼 일이 없었던 시절입니다. 마음의 여유가 없이 바쁘게 살아가는 현대인들에게 눈은 더 이상 순수와 낭만의 대상만은 아닙니다. 오늘날 도심의 눈은 내리자마자 빨리 치워야 할 골칫거리가 돼버렸습니다. 스노마겟돈[50] 같은 신조어가 함축하듯 때로는 불편함과 걱정을 넘어 두려움과 공포의 대상입니다.

물론 지금도 출퇴근 걱정만 없다면 눈은 비와 달리 우리에게 큰 기쁨으로 다가옵니다. 사실 비 오는 날 도심을 걷는 일은 아무리 성품이 느긋한 사람도 짜증 나는 일입니다. 그렇지 않아도 인파로 복잡한 거리를 우산까지 쓰고 걸어가려면 참으로 많은

---

50) 스노마겟돈은 눈을 뜻하는 스노우(snow)와 성서 속 최후의 전쟁인 아마겟돈(amageddon)의 합성어이다. 지난 2010년 미국 연방정부가 셧다운이 될 정도로 워싱턴에 기록적인 폭설이 내렸을 때 미국 언론이 성서 속 최후의 전쟁 아마겟돈에 비유하면서 최초로 사용했다.

인내가 필요합니다. 게다가 차도를 달리던 차가 일으킨 물보라에 옷이라도 젖는 날이면 기분을 잡치기 일쑤입니다. 반면에 첫눈이 내리기라도 하면 남녀노소를 불문하고 들뜬 마음에 다정한 그 누군가를 만나야 할 것 같은 설렘으로 가득합니다.

그러나 비와 눈이 그친 후의 도시풍경은 사뭇 다른 모습입니다. 비 내린 후의 도시풍경은 청순한 시골 아가씨의 민낯을 보는 듯한 순결함으로 가득합니다. 비를 싫어하는 사람도 비가 그친 후 밝은 태양 빛을 받아 반짝거리는 상큼한 도시풍경을 싫어하지 않을 것입니다. 반면에 눈이 그친 도시의 풍경은 화장이 지워진 여인의 얼굴을 연상시킵니다. 시간이 얼마 흐르지 않아 이곳저곳에 생채기가 생기면서 잠시 감추어졌던 추함을 드러냅니다. 사람의 발길과 차바퀴에 짓눌려 시커멓게 변해버린 눈은 깊이 곪은 상처에서 흐르는 진물과 같습니다.

그래도 한밤중 눈 내리는 창가에 서서 바라보는 설경은 여전히 신비롭습니다. 하얗게 내리는 눈이 삭막하고 퇴락한 도시에 생명을 불어넣는 위대한 작업을 지켜보는 것은 행복한 일입니다. 아침이 되면 스러져버릴 아름다움이라는 것을 알기에 더 애틋함을 느낍니다. 화장술로써 완성되는 여성의 아름다움을 미학적으로 정당하다고 주장한 보들레르의 '화장예찬론'은 백설로 덮인 도시의 모습에서 영감을 얻었는지도 모르겠습니다.

신앙이 없는 사람에게도 눈 내리는 날은 특별합니다. 비록 잠깐뿐일지라도 눈처럼 깨끗한 마음 한 조각이 아직 내 안에 있음을 느낍니다. 티끌 하나 없이 하얀 눈으로 뒤덮인 순백의 그 모습은 그 누구의 발길도 닿지 않은 태초의 세상을 보고 있는 듯한 신비감을 불러일으킵니다. 그래서 조동화 시인이 노래했듯이 한밤중에 내리는 눈은 축복이고 낮의 허물까지도 보듬어주는 밤의 정화(淨化)입니다.

눈 내리는 밤 | 조동화

땅의 부끄러움을 이미 다 보았거니
굳이 남은 것들을 들추어 무엇하리
하늘이 무명옷 한 벌 밤새 지어 입힌다.

지상에 은성(殷盛)하는 어둠보다 더 큰 사랑
한없이 다독이며 안아주는 용서 앞에
아기의 젖니가 돋듯 태어나는 세상이여

달과 별이 숨었어도 스스로 차는 밝음
나무들 하나 같이 뿔 고운 순록이 되어
한잠 든 마을을 끌고 어디론가 가고 있다

(2020. 02. 17.)

15년 만의 통화

　오늘은 정말 기쁜 날입니다. 오랜 세월 소식이 끊겼던 지인과 무려 15년 만에 다시 연락이 닿았기 때문입니다. 2006년 전라남도 해양수산국장으로 일할 때 도의회 상임위원회에서 초선 도의원이었던 그분을 처음 만났습니다. 성(姓)도 다르고 고향도 다르고 나이도 저보다 훨씬 많았지만, 형 동생 하면서 각별하게 지냈습니다. 그러다가 그 형님이 도의원 재선에 실패하고 저 역시 2012년에 도청을 떠나 중앙부처로 자리를 옮기면서 서로 소식이 끊겼습니다. 그렇게 무심히 15년의 세월이 흘렀는데 오늘 다시 인연이 이어진 것입니다.

　인연의 오작교를 다시 이어준 것은 일면식도 없는 어느 여성으로부터 받은 한 통의 전화였습니다. 고흥군청에서 근무한다는 그 여성은 대뜸 자신이 처한 어려운 상황을 이야기하면서 그 형님이 자기를 도와줄 수 있는 위치에 있으니 전화 한 통 해달 라는 부탁을 하였습니다. 처음에는 형님과 소식이 끊긴 지 오래 되었고 전화번호도 모른다고 완곡하게 거절했습니다. 하지만 연락처를 보내드릴 테니 꼭 도와달라고 하는 간절한 부탁에 어 쩔 수 없이 승낙했습니다.

전화를 끊고 나니 형님과의 옛 추억이 생생하게 되살아났습니 다. 형님과의 인연은 팽팽한 기 싸움으로 시작되었습니다. 상임 위원회가 열릴 때마다 형님은 저의 일에 어깃장을 놨고, 저 역시 물러서지 않고 맞받아쳤습니다. 그렇게 불편한 관계가 지속되 던 어느 날, 다른 도의원으로부터 바쁘지 않으면 자기가 있는 식 당에 잠시 들려달라는 전화를 받았습니다. 식당으로 갔더니 뜻 밖에도 형님이 그곳에 계셨습니다. 형님은 저를 보더니 젊은 국 장의 기를 꺾으려고 억지를 좀 부렸는데 미안하다며 화해의 악 수를 청했습니다. 솔직하고 화끈한 형님의 사과에 그동안 불편 했던 감정은 눈 녹듯 사라졌고, 이후로는 누구보다 가까운 사이 가 되었습니다.

옛 추억의 회상도 잠시, 현실로 돌아온 저는 여인의 부탁을 처 리해야 했습니다. 그녀의 부탁을 딱 잘라 거절하지 못한 저의 여 린 마음을 자책하며 보내준 전화번호로 형님께 전화를 드렸습니다. 워낙 오랜만에 생각지도 못했던 전화를 받으신 탓인지 처음에는 누구인지 몰라 다소 어리둥절하시다가 나중에는 굉장히 반가워하셨습니다. 제가 전화를 드리게 된 연유를 말씀드리자 며칠 전 여러 사람이 모인 자리에서 저의 이야기를 한 적이 있는데 그것이 그 여성 공무원의 귀에까지 흘러 들어간 것 같다고 말씀하시면서 웃으셨습니다.

중국 속담에 "유연천리래상회 무연대면불상봉(有緣千里來相會 無緣對面不相逢)"이라는 말이 있습니다. 인연이 있으면 천리가 떨어져 있어도 만나게 되고, 인연이 없으면 얼굴을 마주하고서도 만나지 못한다는 뜻입니다. 오늘 생면부지(生面不知) 여인의 전화 부탁을 받았을 때는 황당하기 짝이 없었습니다. 그렇지만 그 엉뚱한 전화 덕분에 15년간 끊어졌던 형님과의 인연이 다시 이어지게 됐으니 지금은 오히려 그 여인에게 감사하는 마음입니다. 중국 속담처럼 만날 운명인 사람은 어떻게 해서든 다시 만나게 되는 것 같습니다. 그 형님과 저의 인연처럼……

(2020. 6. 5.)

이발소의 추억

　요즘은 남성들도 미용실을 많이 이용하지만 저는 여전히 이발소를 고집합니다. 어린 시절 동네 이발소에 대한 아련한 추억과 향수가 제 마음 한구석에 깊이 남아 있기 때문입니다. 전축에서 끊임없이 흘러나오던 남진과 이미자의 구성진 노래, 겨울철이면 활활 타오르던 톱밥 난로, 그리고 서양화풍의 싸구려 이발소 그림이 걸려 있던 그 작은 공간은 제 유년 시절 추억의 안식처였습니다.

　그 이발소에는 늙수그레한 인상의 이발사가 계셨습니다. 성씨가 정이어서 저는 그를 정 씨 아저씨라고 불렀습니다. 귀가 잘 안 들리는 분이었지만 손길은 섬세했습니다. 정 씨 아저씨는 이발소와 붙어 있는 한옥에서 아저씨보다는 훨씬 젊어 보이는 아내와 살고 있었습니다. 이발소에는 정 씨 아저씨 말고도 또 한 사람의 보조 이발사가 있었습니다. 키는 그다지 크지 않았지만 스마트한 인상의 젊은 이발사였습니다.

어느 겨울날, 이발하러 간 저는 김추자의 '눈이 내리네'를 나직한 목소리로 부르던 젊은 이발사에게서 새로운 매력을 느꼈습니다. 그날 이후 시간이 얼마쯤이나 흘렀을까요? 언제부터인가 그 젊은 이발사가 보이지 않았습니다. 나중에 전해들은 소문에 정 씨 아저씨의 아내와 정분이 생겨 함께 떠났다고 했습니다. 심적 고통 때문인지 정 씨 아저씨는 한층 늙어 보였습니다. 얼마 지나지 않아 이발소 문은 닫혔고, 그 후로 저는 정 씨 아저씨를 볼 수 없었습니다.

세월이 흐르고 옛날 이발소와 정 씨 아저씨의 한옥은 흔적도 없이 사졌습니다. 그 자리에 지금은 새마을금고가 입주해 있는 현대식 건물이 우뚝 서 있습니다. 그 앞을 지날 때마다 옛날 정 씨 아저씨의 모습과 이발소 안의 풍경이 눈에 선합니다. 지금은 미용실에 밀려 이발소들이 하나둘 사라져가고 있습니다. 승용차가 없다가 보니 멀리 있는 이발소에 갈 때마다 엎어지면 코 닿은 곳에 있었던 옛날 정 씨 아저씨의 이발소가 더욱 그리워집니다.

2021년 5월, 은퇴 후 고향으로 내려온 저의 작은 고민은 단골 이발소를 정하는 일이었습니다. 처음에는 이곳저곳 아무 이발소나 이용하다가 마침내 한곳에 정착했습니다. 요즘 이발소가 사양산업이 되다 보니 젊은 이발사 보기가 어렵습니다. 제가 단골로 이용하는 이발소 주인도 고희(古稀)가 훨씬 지나신 분입니다. 오늘 이발을 하는데 이발사 어르신이 갈수록 흰머리가 느는 것 같다며 지나치듯 한마디 하셨습니다. 뒷말은 생략하셨지만, 염색하는 것이 좋겠다는 뜻일 것입니다.

그러고 보니 요즘 염색을 권하는 지인들이 부쩍 많아졌습니다. 제가 50대 초반만 해도 염색을 반대하던 아내도 지금은 가끔 자진해서 염색을 해주겠노라고 합니다. 성경은 "백발은 영광의 면류관이니 의로운 삶을 통해 얻어진다"고 했습니다. 백발은 제가 최선을 다해 이 세상을 열심히 살아온 징표입니다. 하지만 젊게 보이는 것도 나쁘진 않을 것 같습니다. 염색을 꼭 해야 할지 말아야 할지 고민되는 요즘입니다.

(2022. 10. 31.)

화왕산의 한 송이 꽃

    햇볕이 따사로웠던 1988년의 어느 가을날, 29살의 청년과 19살 소녀가 지인들과 함께 경남 창녕에 있는 화왕산의 억새밭 사이로 난 오솔길을 걷고 있었습니다. 청년은 공직에 갓 입문한 야심만만한 총각이었고, 소녀는 전년도 대학 입시에서 실패한 재수생이었습니다. 대구에서 공직 커리어의 첫발을 내디딘 청년은 동성로의 한 영어학원에서 소녀를 만났습니다. 청년의 눈에 비친 소녀의 첫인상은 화려하진 않지만, 코스모스처럼 참하고 가녀린 아가씨였습니다.

    어느 날 청년은 소녀로부터 동료 학원생들과 같이 화왕산으로 산행하러 가자는 요청을 받았습니다. 소녀의 요청에 청년은 학원생들보다 한참 많은 자신의 나이 때문에 잠시 망설였지만 이

내 승낙을 하였습니다. 그렇게 하게 된 산행은 예기치 않게 청년의 마음에 잔잔한 파문을 일으켰습니다. 그동안 소녀는 청년에게 마냥 어린 동생으로만 여겨졌습니다. 그런데 화왕산 억새밭을 배경으로 활짝 웃으며 사진을 찍는 소녀의 모습에서 청년은 처음으로 여인의 향기를 느꼈던 것입니다.

화왕산 산행 후 얼마 지나지 않아 소녀는 청년에게 크리스마스 카드를 수줍게 건넸습니다. 카드에는 'From Agnes'라는 소녀의 서명이 있었습니다. 천주교에서 '순결'을 뜻하는 아그네스는 처녀 정조의 수호자로 항상 앳된 소녀로 표현됩니다. 아그네스라는 세례명이 소녀와 정말 잘 어울린다고 생각하던 청년의 마음속에 갑자기 거센 폭풍우가 몰아쳤습니다. 하지만 청년은 자신의 마음을 애써 꼭꼭 눌러 담았습니다. 10년이란 나이 차이가 쉽게 넘어설 수 없는 벽처럼 느껴졌기 때문입니다. 이듬해 청년은 광주로 직장을 옮기면서 소녀에 대한 마음을 조용히 갈무리했습니다.

그리고 한 해 두 해 세월은 무심히 흘렀습니다. 성당 근처를 지날 때마다, 화왕산 억새축제 뉴스가 들려올 때마다, 청년은 불현듯 소녀와 황금빛 물결로 출렁이던 화왕산을 떠올리곤 했습니다. 한 번쯤은 다시 가보고 싶었던 화왕산을 청년은 반백의 나이가 되어 등산 동호회원들과 함께 35년 만에 다시 찾았습니다.

화왕산은 예전 그대로였지만 꽃 한 송이 피어있지 않은 황량한 억새밭은 청년에게 끝없는 애상을 불러일으킵니다.

청년은 오래도록 말없이 억새밭을 바라보고 서 있었습니다. 저 멀리서 불어온 한 줄기 바람이 억새밭을 흔들며 지나갔습니다. 그 바람에 실려 소녀의 맑은 웃음소리가 은빛 물결처럼 밀려오다가 이내 허공 속으로 흩어졌습니다. 청년은 깊은 한숨을 내쉬며 천천히 등을 돌려 산 아래로 걸음을 옮겼습니다. 그 옛날 화왕산 억새밭에 수줍게 피어났던 코스모스 한 송이를 망각의 무덤 속에 영원히 묻어 둔 채……

(2023. 10. 16.)

제9장
사랑 – my first, my last,
my everything

첫날 밤

아침에 인터넷 뉴스를 검색하다 보니 만능 엔터테이너 하하가 아내인 가수 별이 임신 3개월째라는 사실을 자신의 트위터에 공개했다는 뉴스가 올라와 있었습니다. 오늘 아침 그 뉴스가 제 관심을 끌었던 이유가 있습니다. 두 사람이 1년 전 혼전 동거를 시작할 때 하하가 신앙심이 독실한 별의 혼전순결 서약을 지켜주겠다고 공언했던 사실 때문입니다. 두 사람은 지난해 11월 30일에 결혼을 했으니 지금 신혼 2개월 차인데 임신 3개월이라고 하면 하하가 애초 약속과 달리 속도위반을 한 셈입니다. 처음 하하의 공개 선언을 들었을 때 요즘 젊은이답지 않다는 생각에 신선함을 느꼈었는데 오늘 아침의 뉴스를 접하고 나니 실망감을 금할 수 없었습니다.

그런데 다시 생각해보니 일반인들도 혼전 임신이 필수 혼수품이라 할 정도로 세태가 변했으니 자유분방한 연예인들에게 혼전순결을 기대했던 것 자체가 무리일 것입니다. 어쩌면 풍류를 즐기는 우리 민족의 기질로 볼 때 오히려 요즘의 세태가 자연스러운 일일지도 모릅니다. 김대문의 『화랑세기』에 묘사된 신라의 성 풍속이나 고려가요 〈쌍화점〉의 가사에서 알 수 있듯이 우리 민족은 성(性)에 대해서 매우 개방적이었습니다. 엄격한 성 윤리의 준수가 강조된 것은 성리학이 국가의 지배이념으로 자리 잡은 조선 시대에 들어와서입니다. 그렇게 따지고 보면 그 기간은 오천 년 역사에서 불과 5백여 년에 불과한 셈입니다.

성(性)에 대한 역사적 고찰에서 알 수 있듯이 도덕이나 윤리는 절대적인 것이 아니라 시대에 따라 변하는 것입니다. 요즘 젊은이들의 성 개방 풍조도 자연스러운 시대의 흐름입니다. 하지만 보수적인 저로서는 요즘 젊은이들의 지나친 자유분방함에 눈살이 찌푸려지는 것이 사실입니다. 물론 조혼풍습이 있었던 조선 시대와 달리 만혼이 일반화된 요즘 시대에 혼전순결을 지켜야 한다고 이야기하는 것은 무리일 것입니다. 하지만 남녀의 성관계를 마치 스포츠 게임이나 자판기에서 커피 한 잔 뽑아 마시는 것처럼 아무렇지 않게 생각하는 것은 문제가 있습니다.

공초(空超) 오상순이란 분이 있습니다. 공초란 호는 사실 꽁

초란 뜻으로 오상순은 하루에 아홉 갑의 담배를 피웠던 골초였다고 합니다. 수주 변영로가 쓴 수필집 『명정 40년』[51]을 보면 소나기 오는 대낮에 술에 취한 채 벌거숭이 몸으로 소를 타고 서울 명륜동을 휘젓고 다닌 이야기가 나오는데 그 주동자가 바로 공초 오상순이었습니다. 한마디로 기인이었습니다. 공초의 시 중에 「첫날 밤」이란 시가 있습니다. 공초가 요즘 시대에 태어났더라면 이런 시가 탄생할 수 없었을지도 모릅니다. 더 이상 이런 멋진 시가 나올 수 없는 시대가 되어버린 것이 아쉽기만 합니다.

첫날밤 | 오상순

어어 밤은 깊어
화촉 동방의 촛불은 꺼졌다
허영의 의상은 그림자마저 사라지고……

그 청춘의 알몸이
깊은 어둠 바다 속에서
어족(魚族)인양 노니는데
홀연 그윽히 들리는 소리 있어

---

51) 명정(酩酊)은 '몸을 가눌 수 없을 정도로 술에 몹시 취하다'는 뜻이다.

아야…… 야!

태초 생명의 비밀 터지는 소리
한 생명 무궁한 생명으로 통하는 소리
열반의 문 열리는 소리
오오 구원의 성모 현빈(玄牝)이여

머언 하늘의 뭇 성좌는
이 밤을 위하여 새로 빛날진저!

밤은 새벽을 배(孕胎)고
침침히 깊어간다

(2013. 2. 13.)

남녀의 차이

한때 채널방송 tvN에서 방영하여 큰 인기를 끌었던 「롤러코스터 남녀탐구생활」이란 프로그램이 있었습니다. 남녀의 차이를 코믹드라마 형식으로 꾸며 방영했던 프로그램으로 저도 즐겨 보곤 했습니다. 해설을 맡은 성우 서혜정의 독특한 목소리가 인상적인데 "남자, 여자 몰라요. 여자도 남자 몰라요.", "오 마이 갓!", "아싸라비아!" 등 독특한 추임새가 곁들여져 선풍적인 인기를 끌었던 프로그램입니다. 우리가 아무 생각 없이 그냥 지나치는 일상생활의 소소한 소재를 가지고 남녀의 차이를 재미있게 그려냈던 그 프로그램에 저 역시 크게 공감했던 기억이 납니다.

롤러코스터에서 소재로 다뤘는지 모르겠는데 인터넷에 널리 알려진 남녀의 차이에 관한 두 개의 재미있는 그림이 있습니다.

하나는 남녀가 각기 샤워하는 그림입니다. 그 그림을 보면 여자는 먼저 양치를 한 다음 변기에 앉아 용변을 보고 마지막으로 샤워를 하는데 소요시간은 30분 이상입니다. 그런데 남자는 그세 가지를 한꺼번에 해결합니다. 한 손으로 양치하고 다른 한 손으론 머리를 감고 샤워하면서 소변은 선 채로 해결하는데 걸리는 시간은 단지 10분입니다.

또 다른 그림은 남녀의 쇼핑 동선에 관한 그림입니다. 미국의 한 대학에서 남녀 100명에게 쇼핑몰에서 청바지를 사 오도록 한 실험의 결과라고 합니다. 그 그림을 보면 남성의 쇼핑 동선은 지극히 짧습니다. 쇼핑몰에 도착하자마자 가게로 직진해서 목표로 했던 청바지만 사서 나오는데 쇼핑에 걸린 평균 시간이 6분, 비용은 33불입니다. 반면에 여성의 쇼핑 동선은 매우 길고 복잡한데 쇼핑에 걸린 평균 시간은 3시간 26분, 비용은 876불입니다. 청바지만 사고 쇼핑을 끝낸 남성과 달리 여성들은 이 매장 저 매장 다 둘러보고 맘에 드는 물건이 있으면 추가로 쇼핑한 결과입니다.

샤워와 쇼핑의 그림 모두 여성은 과정을 중시하지만, 남성은 목표 지향적임을 시사하고 있습니다. 이러한 남녀의 차이는 어디에서 기인할까요? 진화심리학에서 그 해답을 찾을 수 있을지 모릅니다. 진화심리학은 인간의 심리적 기제를 진화의 산물로 보는 학문으로 인간도 동물과 하등 다를 바 없다고 전제합니다. 다 아시는 것처럼 인류 역사의 대부분은 수렵채취 시대입니다. 그 시대에 여성은 과일이나 나물 등의 채취에 종사하고 남성은 동물을 사냥하는 수렵에 종사했습니다. 진화심리학은 이러한 식량 조달의 분업형태가 수백만 년 계속되면서 오늘날의 남녀 차이를 낳았다고 합니다. 채취에 종사하는 여성들은 먹을 것을 찾아 항상 주위를 두리번거렸고 먹거리가 어디에 풍부한지 끊임없이 서로 정보교환을 했습니다. 반면에 남성들은 목표인 사냥감을 쫓는데 집중했고 숨소리마저 죽여야 했습니다. 여성들은 수다스럽고 피곤함도 모른 채 장시간의 쇼핑을 즐기지만, 남성들은 과묵하고 목표 지향적이라는 세간의 주장은 이러한 진화심리학에서 그 이론적 근거를 어느 정도 찾을 수 있을 것입니다.

여성들보다 남성들이 섹스에 관심이 많은 이유도 진화심리학의 이론에 의하면 쉽게 이해가 될 수 있을지 모르겠습니다. 생물학자들의 주장에 따르면 이 세상 동물 중에서 암컷과 짝짓기에 성공한 수컷은 5%에 불과합니다. 가장 힘센 수컷이 암컷을 독차지하기 때문입니다. 물론 힘에서 밀린 95%의 수컷들도 그냥 있지는 않습니다. 「동물의 세계」라는 프로그램을 보면 수컷들이 두목의 눈을 피해, 들키면 죽을 수도 있는 위험을 무릅쓰면서, 암컷과 교미를 시도하는 모습을 볼 수 있습니다. 이처럼 죽음도 불사하며 성적 욕망을 갈구하는 수컷들의 피가 인간 남성의 몸

속에 여전히 흐르고 있다는 것입니다. 자칭 만물의 영장(靈長)이라고 뻐기는 인간도 그 기원을 거슬러 올라가면 동물과 다를 바가 없는 존재입니다. 그래서 남성들은 여성들에게 치근대도록 선천적으로 운명 지워졌다고 주장하는 사람들도 있습니다.

그러나 인간이 동물과 다른 점은 선천적 본능을 통제할 수 있는 이성적 능력이 있기 때문입니다. 그런데 권력과 부를 가진 사람들일수록 인간의 DNA 속에 잠재된 수컷들의 동물적 욕망을 제어하지 못하는 것 같습니다. 최근 건설업자 윤모 씨의 성 접대 의혹 사건[52]에서 나타난 고위관료 등 사회지도층의 그릇된 행태는 그들이 누구보다 모범을 보여야 할 사람들이라는 점에서 도덕적 지탄을 받아야 마땅합니다. 이 사건에 비해 같은 성추문(性醜聞) 사건이긴 하지만 신정아 사건[53]은 상대적으로 아름답게 느껴집니다. 불륜이긴 했지만 둘 사이에는 최소한 사랑이란 감정은 있었으니까요.

이번에 성 접대 의혹사건을 바라보는 남녀의 태도 차이를 조사해보면 어떤 결과가 나올까요? 여성들이 어떤 태도를 보일지

---

52) 건설업자 윤모 씨가 가정주부, 대학생 등 일반여성들을 동원해 강원도 원주의 자기 별장에서 김학의 법무차관을 비롯해 검찰, 경찰 등 유력인사들을 상대로 성 접대 로비를 했던 사건으로 2013년 세상에 알려졌다.

53) 2007년 동국대학교 교수였던 미혼의 신정아 교수와 청와대 정책실장인 유부남 변양균 사이의 불륜 스캔들로 두 사람의 나이 차는 23살이었다.

는 짐작하기 어렵지 않습니다. 남성들 역시 여성들과 다르지 않을 것 같습니다. 동물적인 수컷의 피가 흐르고 있는 남성들마저 역지사지의 입장으로 이해하고 넘어가기에는 마약 복용, 집단 난교 등 지금까지 보도된 사건의 내용이 너무나 충격적입니다. 롤러코스터나 진화심리학이 '달라도 너무 다른' 남녀의 차이를 부르짖지만, 이번 사건을 보는 시각에 관한 한 남녀의 차이가 있을 것 같지 않습니다.

(2013. 4. 12.)

원나잇 스탠드와 만리장성 사랑

서양에서는 사랑을 에로스와 필로스, 그리고 아가페로 구분합니다. 에로스는 남녀 간의 사랑으로 빈부귀천이나 남녀노소에 상관없이 누구에게나 찾아오는 사랑입니다. 세기의 로맨스인 영국 왕 에드워드 8세와 심프슨 부인의 사랑이나 박범신의 소설 『은교』에 나오는 70세 노시인 이적요와 17세 여고생 은교의 사랑이 그러한 사랑입니다. 반면에 필로스나 아가페는 에로스와 달리 육체적 욕망을 넘어선 사랑입니다. 친구 간의 우정이나 형제 간의 우애가 필로스적 사랑이라면 아가페는 아무런 조건이나 대가 없이 베푸는 희생적 사랑으로 인간에 대한 신의 사랑이 대표적입니다.

하지만 남녀 사이에도 필로스적 사랑은 존재하며 아가페적 사랑 역시 신의 영역에만 속하는 것은 아닙니다. 학문과 예술로 맺어진 서화담과 황진이의 경우처럼 이성 간에도 필로스적 사랑이 존재합니다. 스승인 슈만의 부인 클라라를 사모하며 평생을 독신으로 산 브람스의 사랑 역시 아가페적 사랑입니다. 1995년에 방영된 SBS 드라마 「모래시계」에 나오는 백재희(이정재 扮)의 윤혜린(고현정 扮)에 대한 사랑은 아가페적 사랑입니다. 자신이 아닌 다른 남자만을 바라보는 여인을 위해 목숨까지 바친 백재희의 사랑은 수많은 여성의 심금을 울렸습니다. 백재희의 사랑은 단순히 드라마 속 이야기만은 아니며 현실에서도 존재합니다.

에로스, 필로스, 아가페는 이론적으로는 명확하게 구별되지만, 실제 우리 인간의 삶 속에서는 독립적이 아니라 중첩되어 나타나는 것이 일반적입니다. 에로스적 사랑으로 여겨지는 이성 간의 사랑에서도 필로스나 아가페적 측면이 전혀 없지는 않습니다. 아가페나 필로스적 사랑처럼 보이지만 그 내면에는 에로스적 감정이 깔렸을 것입니다. 일례로 청마 유치환의 정운 이영도에 대한 사랑은 육체적 사랑을 떠나 문학적 교감을 추구한 필로스적 사랑이었습니다. 하지만 청마가 「행복」이란 시에서 "사랑하는 것은 사랑을 받느니보다 행복하나니라"고 노래했듯이 청마의 사랑은 아무런 조건이나 대가를 바라지 않는 아가페적 사랑이기도 했습니다. 그러나 청마가 정운에게 20년 동안 보냈던 5천여 통의 편지를 필로스나 아가페적 사랑만으로 설명하기는 어렵습니다.

프랑스의 철학자 발랑슈의 레카미에 부인에 대한 사랑 역시 아가페적이면서도 에로스적이었습니다. 발랑슈는 평생 레카미에 부인을 흠모했습니다. 레카미에 부인은 남자관계가 복잡한 자유부인[54]이었습니다. 그녀가 남편 외에 다른 유명 인사들과 사랑을 나눌 때도 발랑슈의 마음은 한결같았습니다. 35년 동안이나 그녀를 사랑했지만, 아무것도 바라지 않았습니다. 그의 유일한 요구는 죽음이 임박했을 때 자신을 그녀의 무덤 곁에 묻어 달라는 마지막 유언뿐이었습니다.

남녀의 사랑에는 에로스도 필요하고 아가페도 필요합니다. 아가페 없는 에로스는 너무 저속하고 에로스 없는 아가페는 너무 공허하기 때문입니다. 에로스만을 추구하는 사랑은 연인의 모든 것을 소유하고 지배하고 싶은 저속한 욕망만이 꿈틀거려 상대방을 질식시킬 수도 있습니다. 반면에 에로스 없는 아가페는 인간으로서 감당하기 어려운 인내와 희생을 요구합니다. 그런 사랑은 메아리 없는 황야의 외침처럼 공허하고 허무하기 짝이 없습니다. 오래 지속되고 서로를 행복하게 하는 사랑은 에로스

---

54) 소설가 정비석이 대학교수 부인의 불륜을 소재로 1954년 1월부터 8월까지 서울신문에 연재한 소설의 제목이다. 이후 '자유부인'은 성적으로나 도덕적으로 문란한 여성을 가리키는 용어가 되었다.

와 아가페가 적절히 조화된 사랑입니다.

　하지만 요즘 시대의 일부 남녀 간의 사랑을 보면 아가페적 에로스나 에로스적 아가페는 고사하고 온전한 에로스적 사랑도 찾아보기 어렵습니다. 육체적 쾌락을 추구하는 에로스적 사랑도 그 기저에는 누군가를 좋아하는 순수한 감정이 깔려 있기 마련입니다. 그러나 지금 우리 사회는 오로지 동물적 본능에 충실한 원나잇 스탠드 사랑이 넘쳐흐릅니다. 쉽게 만나고 쉽게 헤어지다 보니 서로에게 아쉬움도 가슴 쓰라린 애절함도 찾아보기 어렵습니다. 같은 하룻밤 사랑이지만 만리장성을 쌓았던 옛사람들의 사랑과는 그 격이 달라도 너무 다릅니다.

　이젠 발랑슈처럼 평생 한 사람만을 바라보고 헌신하는 그런 사랑을 보고 싶습니다. 유치환처럼 사랑의 감정을 예술적 향기로 승화시키는 그런 사랑이 넘쳐나면 좋겠습니다. 모래시계의 백재희처럼 사랑하는 이를 위해 목숨까지도 바치는 그런 사랑 이야기도 듣고 싶습니다. 황순원의 「소나기」나 알퐁스 도데의 「별」에 나오는 순수한 영혼들의 사랑을 기대하는 것은 지나치게 이상적일지도 모릅니다. 하지만 발랑슈와 유치환, 그리고 백재희 같은 순애보(純愛譜)적 사랑을 보고 싶은 것은 비단(非但) 저만의 바람이 아닐 것입니다.

(2013. 8. 19.)

시월의 마지막 밤

깊어가는 가을밤, 시월의 마지막 밤입니다. 시월이 되면 많은 사람의 머릿속에 으레 떠오르는 대중가요가 하나 있습니다. 가수 이용이 부른 "지금도 기억하고 있어요 / 시월의 마지막 밤을"이라는 가사로 시작되는 〈잊혀진 계절〉입니다. 〈잊혀진 계절〉은 이용의 맑고 청아한 음색과 가창력이 돋보이는 노래입니다. 1981년 〈바람이려오〉로 세상에 이름을 알린 이용은 그다음 해 발표한 〈잊혀진 계절〉이 빅히트하면서 당시의 슈퍼스타 조용필에 버금가는 정상급 가수로서 우뚝 서게 됩니다. 사랑했던 연인을 떠나보낸 남자의 아픔을 담고 있는 〈잊혀진 계절〉은 수십 년이 흐른 지금도 10월이 되면 TV나 라디오방송에서 자주 흘러나오는 명곡입니다.

지금도 기억하고 있어요

시월의 마지막 밤을

뜻 모를 이야기만 남긴 채

우리는 헤어졌지요

그날의 쓸쓸했던 표정이

그대의 진실인가요

한마디 변명도 못하고

잊혀져야 하는 건가요

언제나 돌아오는 계절은

나에게 꿈을 주지만

이룰 수 없는 꿈은 슬퍼요

나를 울려요

〈잊혀진 계절〉은 도입부의 영롱한 피아노 연주와 애상적인 여성 코러스가 환상적인 조화를 이루어 클래식 음악 같은 느낌을 물씬 풍기는 노래입니다. 〈잊혀진 계절〉의 작사가는 박건호로 9월의 마지막 밤에 연인과 헤어지던 자신의 심경을 노랫말로 만들었다고 합니다. 그런데 음반의 발매 시기가 한 달 늦어지면서 '9월의 마지막 밤'이 '10월의 마지막 밤'으로 바뀌게 됩니다. 노래 주인도 원래 조영남이었지만 이런저런 사정으로 이용이 부르게 되었다고 합니다. 만약 이용이 아닌 조영남이 10월이 아닌 9월의 마지막 밤을 노래했다면 〈잊혀진 계절〉이 시대와 세대를 초월한 명곡이 되었을지 의문입니다.

〈잊혀진 계절〉을 들을 때마다 떠오르는 시가 하나 있습니다. 많은 사람이 좋아하는 김춘수 시인의 「꽃」이라는 시입니다. 지금은 고인이 되신 아버지는 생전에 꽃을 무척 사랑하셨습니다. 그래서였을까요? 아버지 역시 김춘수 시인의 「꽃」을 무척 애송하셨던 것 같습니다. 세상을 떠나신 뒤 아버지의 유품을 정리하던 남동생이 아버지의 포켓 수첩 갈피에 고이 갈무리된 종이쪽지 하나를 발견했습니다. 그 종이에는 김춘수의 「꽃」에 나오는 두 연의 시구가 눈에 익숙한 아버지의 손 글씨체로 또박또박 쓰여 있었습니다.

내가 그의 이름을 불러 주기 전에는
그는 다만
하나의 몸짓에 지나지 않았다.

내가 그의 이름을 불러 주었을 때
그는 나에게로 와서
꽃이 되었다.

우리가 사용하는 말이나 글은 수많은 단어로 이루어져 있고, 그 단어는 구체적 사물이나 추상적 개념에 이름을 붙인 것입니다. 그렇게 이름 붙인 단어들이 있기에 우리는 우리의 생각과 감정을 말이나 글로 표현할 수 있습니다. 그런 관점에서 이름을 붙인다는 것은 그 무언가에 생명력을 불어넣는 일이기도 합니다. 김춘수가 노래했듯이 의미 없는 몸짓도 이름을 불러 주면 꽃이 되는 것입니다. 〈잊혀진 계절〉이 히트하기 전에는 10월 31일의 밤이 그저 그런 수많은 밤중의 하나에 불과했을 것입니다. 그러나 이제는 '시월의 마지막 밤'이라는 특별한 의미를 지닌 채 사람들에게 잊지 못할 추억의 밤으로 기억되고 있습니다.

오늘 저녁, 퇴근길에 내린 지하철 양재역에는 색소폰으로 연주되는 〈잊혀진 계절〉이 은은하게 흐르고 있었습니다. 가던 발걸음을 멈추고 음악에 귀를 기울여봅니다. 가슴을 파고드는 색소폰 선율이 감미롭습니다. 하지만 그 감미로움 때문에 쓸쓸함은 더욱 짙어져 갑니다. '시월의 마지막 밤'에 얽힌 추억이 하나쯤 있었더라면 덜 외로웠을 것입니다. 색소폰 연주는 절정으로 치닫고, 제 가슴 속에는 하나의 소망이 자리 잡습니다. 색소폰에 입문한 지 4년이 지났지만, 아직도 실력이 많이 부족합니다. 열심히 정진해서 내년에 돌아올 '시월의 마지막 밤'에는 사랑하는 사람들을 초청해 멋진 연주회를 하고 싶습니다. 그땐 해마다 돌아오는 '시월의 마지막 밤'이 저에게도 의미 없는 몸짓이 아니라 꽃으로 기억되겠지요.

(2013. 10. 31.)

그리운 악마

다가오는 수요일, 강의 계획이 있어 온종일 그 준비에 바빴습니다. 잠시 머리를 식힐 요량으로 주간경향을 펼쳐 들었더니 소설가 서영은의 인터뷰 기사가 실려 있었습니다. 벌써 수십 년도 더 지난 일이지만 서영은과 한국문단의 거목 김동리와의 러브 스토리는 한때 세간의 입에 오르내렸던 유명한 스캔들이었습니다. 소설가 지망생이었던 서영은은 20대 중반의 꽃다운 나이에 50대 중반의 유부남 김동리를 만나 20년 세월을 숨겨진 여인으로 살아야 했습니다. 김동리가 부인과 사별한 후 정식으로 결혼을 했지만 서영은의 행복은 오래가지 않았습니다. 결혼 3년 만에 김동리가 병으로 쓰러지자 5년 동안 지극정성으로 간병했지만 결국 영원한 이별을 해야 했던 비련의 주인공입니다.

김동리는 평생 세 번 결혼했습니다. 첫 번째 부인은 교사 시절 만난 김월계, 두 번째 부인은 작가 손소희, 그리고 세 번째 부인이 서영은이었습니다. 자식은 사내아이만 다섯으로 모두 첫 부인과의 사이에서 태어났습니다. 김동리는 평소 "나는 다 가진 사람이오. 첫째 아내는 자식을, 둘째 아내는 재산을, 셋째 아내는 사랑을 줬어요"라고 이야기하곤 했다고 합니다. 두 번째 부인인 손소희는 첫 번째 부인 소생의 다섯 아이를 키우느라 고생을 많이 했는데 암으로 세상을 뜨기 직전에야 남편의 불륜을 알게 되었다고 합니다. 그런데도 배신감은커녕 남편인 김동리가 불쌍하다며 끝까지 사랑해달라는 유언을 서영은에게 남겼다고 하니 소설가가 아닌 한 남자로서 김동리란 인물이 정말 궁금해집니다.

조용필은 〈그 겨울의 찻집〉에서 사랑을 아름다운 죄라고 노래했는데 김동리와 서영은의 사랑이 그런 사랑일지 모릅니다. 그러나 그 어떤 미사여구로 포장한다고 할지라도 두 사람의 사랑은 윤리적으로 지탄받아야 마땅한 불륜임이 틀림없습니다. 두 사람의 사랑은 운이 좋아 해피엔딩으로 끝났지만 다른 모든 은밀한 사랑들이 그런 행운을 누릴 수 있을 것 같지는 않습니다. 그럼에도 불구하고 온갖 위험을 무릅쓰고 금지된 사랑을 꿈꾸는 남성들이 적지 않은 것이 현실입니다. 이수익 시인의 「그리운 악마」라는 시는 그러한 세태를 잘 반영하고 있는 듯합니다.

그리운 악마 | 이수익

숨겨둔 정부(情婦)
하나 있으면 좋겠다

몰래 나 홀로 찾아드는
외진 골목길 끝
그 집
불 밝은 창문
그리고 우리 둘 사이
숨 막히는 암호 하나 가졌으면 좋겠다

아무도 눈치 못 챌
비밀 사랑
둘만이 나눠 마시는
죄의 달디 단 축배(祝杯) 끝에
싱그러운 젊은 심장의 피가 뛴다면!

찾아가는 발길의 고통스런 기쁨이
만나면 곧 헤어져야 할 아픔으로
끝내 우리 침묵해야 할지라도
숨겨둔 정부(情婦)

하나 있으면 좋겠다

머언 기다림이
하루 종일 전류처럼 흘러
끝없이 나를 충전시키는 여자
그
악마 같은 여자!

예술지상주의를 부르짖는 유미주의적 관점에서 볼 때 이수익의 시는 아름답기 그지없어 공감하시는 분들이 의외로 많은 것 같습니다. 특히 남성들이 더욱 그러한 것 같습니다. 여성에게 치근대기 위해 태어났다는 평을 듣는 남성들이 '그리운 악마'를 마음속으로 꿈꾸는 것까지야 어쩔 수 없는 일인지도 모릅니다. 하지만 그 꿈이 예술적 카타르시스에 머무르지 않고 현실적 욕망 추구로 변할 때 우리의 삶에 운명의 장난이 시작됩니다. 그걸 알면서도 때때로 실족하는 것이 우리 인간의 한계가 아닌가 합니다.

지금은 고인이 됐지만, 가수 김상국이 1965년에 불러 크게 히트했던 〈불나비 사랑〉이란 대중가요가 있습니다. 하대수가 리메이크해 영화 〈타짜〉의 엔딩곡으로 쓰이기도 했던 노래입니다. 그 노래를 듣다 보면 '차라리 재가 되어 숨진다 해도 / 아~아~아~ 너를 안고 가련다 / 불나비 사랑'이란 애절한 노랫말이 우리의 심금을 울립니다. 사랑은 이처럼 하나뿐인 목숨까지도 개의치 않을 정도로 강렬한 힘을 발휘합니다. 특히 그 사랑이 허용되지 않는 사랑일수록 금단의 열매 선악과의 유혹처럼 거부할 수 없는 마력으로 다가옵니다.

오월의 초여름 밤이 깊어가고 있습니다. 이 밤에도 수많은 사람들이 불나비 사랑을 갈구하며 화려한 불빛을 쫓아 거리를 헤매고 있겠지요. 따지고 보면 하나같이 의지할 곳 없는 공허한 마음을 붙들고 살아가는 외로운 영혼들입니다. 진정한 삶의 기쁨은 알지 못한 채 잡힐 듯 잡히지 않는 신기루와 같은 환상을 쫓아다니는 슬픈 존재들입니다. 마시고 또 마셔도 타는 목마름을 해소할 길이 없는 가엾은 생명입니다. 정녕 그리운 악마 말고는 마음의 안식처를 찾을 길이 없는 것일까요?

(2014. 3. 10.)

클림트의 입맞춤(The Kiss)

　서울 은평구 불광동에서 구기터널을 지나 조금 더 가노라면 삼거리가 나오고, 정면 약간 왼쪽으로 6층짜리 삼성출판박물관이 보입니다. 삼성출판사(三省出版社)가 우리나라의 출판과 인쇄문화 역사를 한눈에 볼 수 있도록 세운 박물관입니다. 박물관 1층에는 가수 김준이 운영하는 재즈카페가 있습니다. 젊은 세대야 잘 모르겠지만 김준은 1960년대의 인기 그룹 쟈니 브라더스의 멤버였습니다. 영화 〈빨간 마후라〉와 동명의 주제곡 〈빨간 마후라〉를 불렀던 그룹이 바로 쟈니 브라더스입니다. 김준은 가수이자 박상민이 부른 〈청바지 아가씨〉와 같은 곡을 히트시킨 작곡가로 유명하지만, 무엇보다도 한국 재즈 음악의 선구자이기도 합니다.

　작년 여름 언젠가 김준의 재즈카페에서 대금, 색소폰 등 악기를 연주하는 지인들과 조촐한 모임을 한 적이 있습니다. 조그만 무대가 있고 기껏해야 20명 남짓 앉을 수 있는 아담한 카페로 실질적 운영자는 김준의 아내입니다. 카페 내부는 독특한 소품들로 아기자기하게 꾸며져 있는데, 특히 저의 눈길을 끈 것은 영국의 유명한 왕실 도자기 회사 로얄 스태포드(Royal Stafford)의 맥주잔이었습니다. 도자기 맥주잔이라는 점도 특이했지만, 그보다는 맥주잔에 오스트리아의 유명 화가 구스타프 클림트(Gustav Klimt)의 「입맞춤(The Kiss)」이 그려져 있었기 때문입니다. 「입맞춤(The Kiss)」은 클림트의 대표작으로 한국 사람들에게도 잘 알려진 유명한 그림입니다. 특이한 소품 수집이 취미인 저는 팔지 않겠다는 김준의 아내를 졸라 5만 원에 그 맥주잔을 손에 넣는 기쁨을 누릴 수 있었습니다.

클림트의 「입맞춤(The Kiss)」은 제목 그대로 입맞춤하려는 연인을 그리고 있는 그림입니다. 클림트의 작품은 관능적 이미지와 황금빛 색채, 그리고 화려한 문양이 특징인데 이 작품도 그러한 특성이 고스란히 담겨 있습니다. 그림을 보면 남성이 키스하려는 순간 눈을 감고 황홀한 표정을 짓고 있는 여성의 모습이 몽환적 분위기를 물씬 풍깁니다. 사랑이 절정에 이른 순간을 그리고 있지만, 역설적이게도 '죽음'의 그림자가 두 연인에게 드리워져 있습니다. 그림을 자세히 보면 두 사람은 꽃들이 가득 핀 화원에 있습니다. 그런데 놀랍게도 무릎을 꿇고 있는 여성의 발끝에서 화원은 끝이 나고 그 뒤로 천 길 낭떠러지 절벽이 펼쳐져 있습니다. 절벽에서 연상되는 죽음의 이미지가 입맞춤이 상징하는 사랑의 이미지와 기묘한 대조를 이루고 있는 것입니다.

클림트는 「입맞춤(The Kiss)」이란 그림을 통해서 무엇을 암시하고자 했을까요? 그의 의도가 무엇이든 간에 저는 클림트의 「입맞춤(The Kiss)」만큼 사랑의 본질을 잘 드러낸 그림도 없다고 생각합니다. 우리가 흔히 생각하듯이 사랑은 감미롭고 달콤하며 황홀하기만 한 것은 아닙니다. 어느 가수가 사랑을 "눈물의 씨앗"이라고 노래했듯이 때로는 죽음보다 더 쓰라린 고통과 슬픔, 분노, 증오와 같은 감정을 불러일으키는 경우도 적지 않습니다. 톨스토이의 소설 『안나 카레니나』는 사랑의 이러한 속성을 극명하게 그리고 있습니다. 안나와 브론스키 백작의 비극적 사랑은 소설 속의 이야기만은 아닙니다. 우리 주변에서도 얼마든지 볼 수 있는 우리들의 이야기인 것입니다.

많은 연인이 시간이 흘러도 영원히 변치 않을 사랑을 꿈꾸지만 그런 사랑은 애당초 존재하지 않는 것인지도 모릅니다. "어떻게 사랑이 변하니?" 영화 〈봄날은 간다〉에서 상우(유지태 扮)가 은수(이영애 扮)에게 했던 명대사입니다. 하지만 아무리 붙잡으려고 발버둥 쳐도 시간이 흐르면 봄은 가고 여름이 오는 것이 세상 이치입니다. 사랑도 마찬가지입니다. 인정하고 싶지 않지만 사랑도 끊임없이 움직이고 변합니다. 영원히 변치 말자고 굳게 다짐했던 사랑의 맹세도 어느 순간 차디찬 티끌이 되어서 한숨의 미풍에 날아갑니다. 불가의 제행무상(諸行無常)이라는 말처럼 모든 것은 변하기 마련입니다. 이 세상에 변하지 않고 고정불변인 것은 아무것도 없습니다. 어쩌면 이 세상에서 변하지 않는 유일한 사실은 변하지 않는 것은 아무것도 없다는 그 사실 뿐일지도 모릅니다.

사람의 감정은 흐르는 물과 같습니다. 흐르는 물을 되돌릴 수 없는 것처럼 식어가는 사랑을 붙잡으려 하는 것은 어리석은 집착입니다. 집착은 서운함을 낳고, 서운함은 미움으로 변하며, 그 미움이 자라나 증오가 됩니다. 사랑이 증오로 변해, 한때 그렇게 사랑했던 연인에 대해 원망만을 안고 살아간다면 참으로 슬픈 일입니다. 그것은 자기 인생을 부정하는 일입니다. 연인과 함께했던 시간, 함께 겪었던 추억은 소중한 내 인생의 일부이기 때문입니다. 식어버린 애정에 집착하기보다는 그동안 나에게 준 기쁨과 행복에 감사하며 연인과의 이별을 담담히 맞이하는 것이 지혜로운 선택일 것입니다. 역설적이지만 사랑의 완성은 헤어짐에 있는지도 모릅니다. '아름다운 이별'이란 말이 괜한 수사(修辭)만은 아닐 것입니다. "끝이 좋으면 모든 것이 좋다(All is well that ends well)"라는 영어 속담은 진리입니다.

(2016. 5. 20.)

단오와 성(性)

오늘은 음력으로 5월 5일, 단오입니다. 중국 초나라의 재상 굴원이 간신들의 모함으로 조정에서 쫓겨난 뒤 초나라가 망하자 울분과 망국의 설움을 이기지 못해 멱라수에 몸을 던져 자살한 날이 음력 5월 5일이었다고 합니다. 그 뒤 해마다 음력 5월 5일이면 사람들이 굴원의 영혼을 위로하기 위하여 제사를 지냈는데 그것이 우리나라에 전래되어 단오가 하나의 명절로서 자리 잡게 되었습니다. 조선 시대에 들어와 단오는 설, 추석, 한식과 더불어 4대 명절의 하나가 되었는데 단옷날이면 지역마다 단오제라는 축제가 열렸고 지금도 영광이나 강릉지방에서 그 맥이 이어져 오고 있습니다.

고대 그리스의 박카스 축제부터 현대 미국의 고등학교 졸업

파티인 프롬(Prom)에 이르기까지 축제는 성의 해방구였습니다. 단오 축제 역시 조선 시대의 지배이념인 성리학에 의해 억압받던 성이 모처럼 해방의 기쁨을 누리던 날이었습니다. 특히 남녀 간 내외구분이 엄격해 바깥출입에 제약을 받았던 여성들이 눈치 보지 않고 자유롭게 외출할 수 있었던 가슴 설레는 날이자 사랑에 목마른 남녀가 은밀히 만나는 밀회의 날이었습니다. 성에 대한 통제가 엄격했던 사회에서 단오 축제가 일종의 성(性) 해방구의 역할을 했던 것입니다.

단오에 행해졌던 대표적인 민속놀이는 남성의 씨름과 더불어 여성의 그네뛰기였습니다. 누군가 이야기했듯이 씨름판에서 맞부딪치는 건장한 사내들의 근육이 수컷에 대한 암컷의 성적 욕망을 자극했다면 치마를 휘날리며 그네를 타는 여인들의 자태는 수컷을 유혹하는 암컷의 몸짓이었습니다. 그렇게 해서 서로 눈이 맞은 씨름판의 사내와 그네판의 여인은 밤에 보리밭이나 물레방앗간에서 남들 몰래 만나 정을 통하기도 하였다고 합니다. 춘향전에서 이 도령과 성춘향이 만난 날이 음력 5월 5일 단옷날인 것은 우연한 설정이 아닌 것입니다. 조선 시대 최대 섹스 스캔들의 주인공인 어우동이 종친(宗親) 이기(李驥)를 만나 하룻밤 만리장성을 쌓았던 날도 바로 단옷날이었습니다.

조선 시대 화가 혜원 신윤복의 풍속화 중에 「단오풍정(端午風

情)」이란 유명한 그림이 있습니다. 이 그림을 보면 초여름에 계곡에서 목욕하며 머리를 감는 반라(半裸)의 여인들과 속곳을 보이며 그네를 뛰는 여인, 그리고 암벽 사이에 숨어서 여인들을 엿보고 있는 승려들의 모습이 그려져 있습니다. 성리학적 세계의 억눌린 일상 속에서 잠시 찾아온 해방감과 인간적 욕망을 섬세하게 포착해 그린 작품입니다. 혜원은 아무리 억압을 해도 성적 자유를 갈구하는 인간의 본능적 욕망을 어찌할 수 없음을 그림 속에 은근히 숨겨둔 것입니다.

성에 대한 억압이 심했던 조선 시대와 달리 성개방 풍조가 만연한 시대에 살고 있는 현대인들에게는 1년 365일이 단옷날이라 해도 과언이 아닙니다. 단오의 유래가 됐던 굴원이 타임머신을 타고 우리 시대로 온다면 무슨 생각을 할까요? 굴원은 자살하기 직전에 남긴 「어부사(漁父詞)」에서 "거세개탁아독청 중인개취아독성(擧世皆濁我獨淸, 衆人皆醉我獨醒 : 세상이 다 혼탁한데 나 홀로 깨끗하고, 모든 사람이 다 취해 있는데 나 홀로 깨어 있네)"라고 노래했습니다. 세상의 모든 사람이 불의와 부정을 저지르고 있는 가운데 홀로 깨끗한 삶을 사는 것을 비유하는 중취독성(衆醉獨醒)이란 고사성어는 여기서 유래한 것입니다.

굴원이 다시 환생한다면 이 시대의 혼탁한 성개방 풍조를 탄식하며 사랑의 중취독성을 부르짖을지도 모릅니다. 카사노바와 자유부인이 넘쳐나는 이 시대에 오직 한 사람만을 위해 순정을 바치는 삶은 지나치게 순진하고 고지식해 보일 수도 있습니다. 하지만 어리석다는 비웃음을 받을지라도 사랑에 관한 한 중취독성의 마음가짐을 잃지 않는 사람들이 많아졌으면 좋겠습니다. 탁류에 휩쓸려가기보다 맑은 물줄기를 찾아 탁류를 거슬러 올라가는 용기가 사랑에도 필요할 것입니다. 참된 사랑만큼 소중한 가치는 없기 때문입니다.

(2016. 6. 6.)

운명적 사랑

　누구나 살아가면서 한 번쯤은 운명적 사랑이라고 생각했던 사람을 만난 적이 있을 것입니다. 지인에게 선물 받은 『시를 잊은 그대에게』라는 책을 읽다 만난 청록파의 시인 박목월 역시 그러했습니다. 한국전쟁 기간 중 대구로 피난 간 목월은 그곳에서 자신을 흠모하던 한 여대생을 만나게 됩니다. 이미 38살의 유부남이었던 목월은 자신을 향한 그녀의 사랑을 단념시키고자 설득을 해 보지만 그녀의 마음은 조금도 흔들리지 않았습니다. 목월의 마음도 점차 그녀에게 기울어지고 두 사람은 마침내 1954년 가을, 먼 섬나라 제주도로 사랑의 도피를 감행합니다. 그때 목월이 제주도에서 쓴 시가 바로 「배경」입니다.

배경 | 박목월

제주읍에서는
어디로 가나 등 뒤에
수평선이 걸린다

황홀한 이 띠를 감고
때로는 토주를 마시고
때로는 시를 읊고
그리고 해질녘에는
서사에 들르고
먹구슬나무 나직한 토담 문전에서
친구를 찾는다

그럴 때마다 나의 등 뒤에는
수평선이
한결같이 따라온다

아아, 이 숙명을, 숙명 같은 꿈을
마리아의 눈동자를
눈물어린 신앙을
먼 종소리를

애절하게 풍성한 음악을

나는 어쩔 수 없다

「배경」에는 사랑해선 안 될 사람을 사랑했던 목월의 갈등과 번민이 고스란히 녹아 있습니다. 섬나라 제주도가 수평선을 벗어날 수 없듯이 목월 역시 운명처럼 다가온 그녀를 벗어날 수 없음을 절절히 고백하고 있습니다. 그런데 제주 도피 생활이 넉 달째 접어들던 어느 겨울날, 목월의 부인 유익순 여사가 그들 앞에 나타납니다. 그리고 말없이 두 사람 앞에 보퉁이 하나와 봉투 하나를 내놓았습니다. 보퉁이에는 두 사람을 위한 겨울용 한복이 한 벌씩, 그리고 봉투에는 생활비가 담겨 있었습니다. 그러한 유익순 여사 앞에서 그녀는 목 놓아 울었고, 결국 두 사람은 헤어집니다.

  목월이 운명이라고 생각했던 그 여대생과 헤어지면서 여전히 그녀를 운명적 사랑으로 생각했는지는 알 길이 없습니다. 하지만 목월의 너무나 짧은 사랑과 이별은 과연 이 세상에 운명적 사랑이 존재하는지에 대한 근본적인 질문을 우리에게 던집니다. 운명적 사랑의 존재 여부와 관계없이 사람들은 영화 〈세렌디피티(Serendipity)〉[55]의 주인공인 조나단과 사라처럼 자신이 운명

---

55) 의도하지 않았는데 얻게 된 행운이나 예상치 못한 성공을 가리키는 말이다. 영화 〈세렌디피티〉는 2002년 한국에서도 개봉되었다.

적 사랑의 주인공이 되는 꿈을 꿉니다. 실제로 길거리나 모임에서 우연히 만난 생면부지의 사람에게 첫눈에 반해 사랑에 빠진 사람들도 적지 않습니다. 그런 사람들은 자신들의 사랑을 운명적 사랑이라고 생각하지만 안타깝게도 몇 년 지나지 않아 차갑게 돌아서는 연인들을 우리는 너무나 많이 목격합니다. 시간의 흐름과 함께 처음의 설렘이 익숙함으로 바뀔 때쯤이면 그렇게 뜨겁게 불타오르던 사랑도 퇴색하기 마련이기 때문입니다.

무상(無常)! 시간은 모든 것을 파괴합니다. 시간 앞에 영원한 것은 없습니다. 우리가 잘 모르는 사람과 첫눈에 사랑에 빠지는 것은 대개 겉모습에서 풍기는 상대방의 육체적 매력 때문인 경우가 많은 듯합니다. 그때 분비되는 도파민과 세로토닌이란 사랑의 화학물질은 상대의 결점을 인식하지 못하게 해 우리를 사랑에 눈멀게 만들지만, 그 유효기간은 불과 2~3년 정도라고 합니다. "인무천일호(人無千日好) 화무백일홍(花無百日紅)"[56]이라는 중국 속담처럼 아무리 열렬한 사랑도 시간이 지나면 식기 마련입니다.

우리는 흔히 사랑하던 연인 중 어느 한쪽이 비극적 죽음을 맞

---

56) 사람은 천일 동안 한결같이 좋을 수 없고, 아름다운 꽃도 백일동안 붉을 수 없다는 뜻으로 인생사의 변화무쌍함과 이 세상에 변하지 않고 영원한 것은 없음을 이야기할 때 자주 사용되는 표현이다.

거나, 사랑하지만 헤어질 수밖에 없는 사랑을 운명적 사랑으로 여기는 경향이 있습니다. 하지만 그런 사랑도 사랑의 유효기간이 지나지 않았다면 운명적 사랑으로 칭하기에는 무언가 부족함이 있습니다. 시간과 싸움에서 살아남은 작품을 고전이라고 칭하듯이, 아무도 이길 수 없는 시간의 시련을 견디고 살아남은 사랑만이 진정한 운명적 사랑이라고 말할 수 있기 때문입니다. 〈사랑의 찬가〉로 유명한 프랑스 샹송 가수 피아프는 자신이 평생 사랑했던 남자는 오직 마르셀 세르당 단 한 사람뿐이었음을 고백했습니다. 그러나 그의 비극적인 죽음으로 그녀의 사랑이 그렇게 짧게 끝나지 않았어도 그녀가 여전히 그렇게 말했을지는 알 수 없는 일입니다.

운명적 사랑은 있다고도 할 수 없고 없다고도 할 수 없으며, 있기도 하고 없기도 한 것입니다. 사랑을 호르몬 작용으로 보는 과학적 시각에서 보자면 운명적 사랑은 존재하지 않을 것입니다. 그 어떤 사랑도 시간의 신 크로노스(Chronos)를 이길 수 없기 때문입니다. 하지만 과학으로 모든 것을 다 설명할 수는 없습니다. 운명이란 것도 자유의지를 가진 인간의 노력으로 개척될 수 있는 것이라면 사랑 역시 마찬가지입니다. 지금 내가 하고 있는 사랑이 운명적 사랑이란 믿음으로 그것을 소중히 가꾸고 지키려는 노력을 멈추지 않을 때 그 사랑은 시간의 시련을 극복하고 운명적 사랑이 될 것입니다. 운명적 사랑은 어느 날 갑자기다가오는 사랑이 아니라 인간이 오랜 시간 동안 자유의지로 만들어 가는 사랑입니다. 비록 그 시작은 큐피트의 장난일지라도 완성은 인간 의지의 산물인 것입니다.

(2018. 3. 10.)

제10장
가족 – 나의 존재 이유,
나의 힘의 원천

자식들은 엄마 편

어제 아침 이발소에서 머리를 깎고 있는데 모범운전자 복장의 택시 기사님이 손님 한 분을 모시고 들어왔습니다. 초라한 행색에 까치집 머리, 그리고 얼굴에는 술기운이 남아 있어 언뜻 보면 노숙자로 오인하기에 십상이었습니다.

택시기사님 말씀이 지난밤 부부싸움을 하고 집을 나오신 분인데 아침에 택시를 타더니 기분 전환하고 싶다고 시내나 한 바퀴 돌자고 해서 그렇게 했다고 합니다. 그런데 또 여수로 가자고 해, 그러지 말고 이발소에서 깨끗하게 이발하고 나면 기분이 풀릴 거라고 설득해 모시고 왔다고 했습니다.

그 손님은 소파에 앉자마자 연거푸 깊은 한숨을 쉬면서 푸념을 늘어놓았습니다. 와이프가 자기를 홀대하는 것은 이해할 수 있는데 아이들까지 엄마 편이 되어 자기를 무시하는 것은 도저히 용서가 안 된다고 했습니다.

그분의 말을 듣고 있던 제가 조용히 "선생님, 어느 집 할 것 없이 자식들은 다 엄마 편입니다. 우리 집도 그렇습니다"라고 했더니 그 말에 기분이 확 풀린 모양입니다. 갑자기 일어서더니 담배나 한 대 피우고 오겠다며 밖으로 나가려다 말고 다시 돌아서서 저를 향해 밝은 목소리로 말했습니다. "아저씨 말씀이 맞아요. 자식들은 다 엄마 편입니다."

(2020. 3. 1.)

가보(家寶)가 된 어머니 요강

　보름 전쯤의 일입니다. 아침에 사무실에 출근하자마자 아내에게서 전화가 왔습니다. "요즘 코로나 때문에 장사가 안돼 임차인이 힘들어하는 것 같아 임대료를 좀 깎아줄까 해요. 얼마나 깎아주는 게 좋을까요?" 아내는 여윳돈을 긁어모아 노후 대비용으로 조그마한 상가 2개를 사서 임대 중인데 자영업자들의 고통을 분담하는 '착한 임대료' 운동에 동참하고 싶은 모양입니다. 저는 "뉴스를 보니까 보통 20% 정도 깎아주는 것 같던데 20~30%면 괜찮지 않을까?"라고 답했습니다.

　"알았어요"하고 전화를 끊으려던 아내는 갑자기 한마디를 덧붙였습니다. "그런데 내가 운영하는 영어 교습소의 휴업 보상은 누가 해주나 몰라." 광주에서 오랫동안 학원 강사로 일했던 아내는 2014년 대전으로 이사한 뒤에는 집에 교습소를 열고 학생들을 가르쳐왔는데 정부의 코로나 방역지침에 따라 지금은 휴업 중입니다. 아내는 그동안 평일은 물론이고 토요일도 밤늦게까지 잠시도 쉴 틈이 없이 숨 가쁘게 달려왔습니다. 그런데 코로나 사태로 갑자기 휴식의 시간을 갖게 되었으니 웃어야 할지 울어야 할지 모르겠다면서 전화를 끊었습니다.

오늘 주말을 맞아 고향 순천에 내려왔더니 연향동에 조그만 상가를 갖고 계시는 어머니도 '착한 임대료' 운동에 동참하시겠다고 말씀하셔서 많이 놀랐습니다. 어머니는 돈이 한 번 주머니에 들어가면 다시 나오는 법이 없을 정도로 근검절약이 몸에 밴 분입니다. 한 푼의 돈도 허투루 쓰지 않는다는 것을 보여주는 대표적 사례가 요강입니다. 어머니는 지금도 소피를 보실 때 양변기 대신 요강을 사용합니다. 수도세를 아끼시려고 요강에 여러 번 소피를 보시고 요강이 다 차면 그때야 양변기에 소변을 버리셨습니다.

그렇게 수돗물 한 방울도 아끼시는 어머니가 임대료를 깎아주기로 한 것은 정말 큰 결심을 하신 것입니다. "개같이 벌어서 정승같이 쓴다"라는 속담이 있습니다. 저의 어머니 같은 분을 두고 하는 말이 아닌가 합니다. 어머니의 근검절약은 수전노나 자린고비의 인색함이 아니라 베풂과 나눔을 위한 절제였습니다.

어머니는 돈은 쌓아두기 위해서가 아니라 가치 있고 선한 일에 쓰시고자 아끼셨습니다. 그것이 어머니가 당신의 삶을 통해 우리 오남매에게 가르쳐주신 돈의 철학입니다.

　우리 집안에는 아직 가보라고 할 만한 것이 없습니다. 저는 어머니의 요강을 집안의 가보로 후손들에게 물려줄 생각입니다. 요강에는 한평생을 절약하면서 검소하게 살아오신 어머니의 삶이 배어 있습니다. 어려운 이웃을 위해서는 아낌없이 베푸시는 어머니의 따뜻한 마음이 담겨 있습니다. 돈은 목적이 아니라 수단이어야 한다는 어머니의 가르침이 녹아 있습니다. 대대손손 어머니의 후손들이 요강을 볼 때마다 할머니의 삶을 기억하고 고귀한 뜻을 이어받기를 소망합니다.

(2020. 3. 11.)

주말부부

봄볕이 따사로운 일요일 오후입니다. 주말을 맞아 대전에 내려왔다가 월요일 출근을 위해 서대전역에서 서울행 기차를 기다리는 중입니다. 광주에 있던 전남도청이 무안으로 이전한 2005년 10월부터 시작된 주말부부 생활이 올해로 만 15년이 되어 갑니다. 흔히 전생에 3대가 공덕을 쌓거나 나라를 구했던 사람만이 주말부부 생활을 할 수 있다고 합니다.

하지만 그것은 호사가(好事家)들의 말장난입니다. 주말부부 15년이면 이력이 붙어 익숙해질 법도 하지만 나이가 들어갈수록 주말부부로 사는 것이 불편함과 괴로움으로 다가옵니다. 아내와 떨어져 사는 저를 보고 간섭받을 일이 없어서 좋겠다는 친구들이 있습니다. 그때마다 제가 대꾸하는 말이 있습니다. "그래, 부럽지? 주중총각(周中總角)은 아무나 하는 줄 알아? 나처럼 착하게 사는 사람에게만 주시는 신의 은총이야."

　큰소리는 쳤지만, 그것은 슬픈 자기 위안입니다. 나이 든 남자가 홀로 사는 것은 쓸쓸함을 넘어 초라함으로 비치기 쉽습니다. 주중총각의 즐거움은커녕 시간이 흐를수록 독거노인(獨居老人)의 외로움만 짙어갑니다. 좀 예쁘게 봐준다 해도 기껏해야 주중광부(周中曠夫)[57]의 신세에 불과할 것입니다. 날마다 지지고 볶고 싸우더라도 미우나 고우나 부부는 한 지붕 밑에서 한 이불 덮고 사는 것이 행복입니다.

(2020. 3. 15.)

---

57) 광부(鑛夫)=광물을 캐는 사람 또는 광부(狂夫)=미친 사람과 동음이의어. 광부(曠夫)는 아내를 잃고 혼자 지내는 사내 또는 아내에게 충실하지 못하는 남편을 뜻한다.

아버지의 꽃 사랑

　순천의 고향 집에는 군자란 화분 세 개와 동백나무 두 그루가 있습니다. 지금은 고인이 되신 아버지의 유산입니다. 군자란은, 아버지의 삼우제를 지내던 날, 생명의 부활인 양 활짝 피어나 어머니와 저희 형제들의 마음을 아프게 했던 그 군자란입니다. 아버지는 꽃과 나무를 무척 사랑하셨습니다. 2005년 한옥을 허물고 양옥으로 신축할 때 안마당에 화단을 조성했는데 그것만으로는 모자랐나 봅니다. 도로에 접한 벽면을 들여쌓기를 해서 생긴 공간에 꽃과 나무를 심으실 정도였습니다.

　어머니는 아버지가 두고 가신 군자란에 아버지의 영혼이 깃들어 있는 것처럼 각별한 애정을 쏟고 있습니다. 아버지가 돌아가신 것은 13년 전인 2007년의 일입니다. 세월이 흐르면서 연로

해지신 어머니가 제대로 가꿀 수 없어 안마당의 화단은 옛 모습을 많이 잃었지만, 군자란만큼은 예나 지금이나 조금도 변함없이 고고한 자태를 뽐내고 있습니다. 군자란의 꽃말은 '고귀, 고결, 우아'입니다. 심근경색으로 갑작스럽게 돌아가시는 바람에 아버지는 자식들에게 아무런 유언을 남기지 못하셨습니다. 그런 탓에 군자란의 꽃말은 아버지가 저희 5남매에게 남기신 무언의 유언이나 다름없습니다.

보름 전 고향 집에 내려왔었을 때 군자란의 꽃대가 제법 올라와 있었습니다. 고향 집 거실이 응달인 까닭에 아무래도 군자란의 개화가 늦어질 것 같아 햇볕이 잘 들어오는 안마당으로 화분을 옮겼었습니다. 추운 겨울에는 동해(凍害)가 염려되어 거실에만 두었지만 3월 초순이 지나면서 기온이 제법 올라 얼어 죽을 일은 없을 것 같았기 때문입니다.

이번 주말 다시 고향 집을 찾았을 때, 그동안 양지에서 따스한 햇볕을 듬뿍 받은 덕분인지, 꽃이 활짝 핀 군자란이 온몸으로 봄의 환희를 노래하고 있었습니다. 안마당 화단에 서 있는 두 그루 동백나무에도 봄기운이 가득했습니다. 분홍빛 동백나무는 아직 절정의 아름다움을 과시하고 있지만 붉은 동백나무는 꽃이 지기 시작합니다. 꽃잎이 하나하나 떨어지는 벚꽃과 달리 동백은 꽃봉오리가 통째로 떨어집니다. 법정 스님은 벚꽃이 휘날리는 화려한 군무를 보면서 꽃멀미가 난다고 했는데 목이 꺾어져 붉은 선혈을 토하듯 꽃봉오리째 떨어지는 동백꽃은 처연한 아름다움을 자아냅니다.

봄이면 동백과 함께 철쭉, 영산홍이 앞다투어 피어나 아름다움을 다투던 지난날의 고향 집 화단은 이제 존재하지 않습니다. 오직 추억 속에만 남아 있을 뿐입니다. 하지만 남아 있는 세 분(盆)의 군자란과 두 그루의 동백나무만으로도 봄을 느끼기에 충분합니다. 따스한 봄볕이 안마당을 가득 비추고 있는 오늘, 아버지의 영혼이 계신다면 꽃향기 가득한 고향 집 안마당으로 봄나들이 오셨겠지요.

(2020. 3. 28.)

고종명(考終命)

　며칠 전 대학 동창들의 단체 대화방에 한 친구가 대학 시절 은 사님의 근황에 관한 소식을 올렸습니다. 시쳇말로 미모와 지성을 겸비하신 여교수님이셨는데 몇 년 전에 극심한 우울증이 왔다고 합니다. 지금은 대인접촉을 극도로 꺼리며 두문불출(杜門不出)[58] 한 채 가족의 도움에 의존해 생활하신다고 하니 도저히 믿기지 않았습니다.

　서경(書經)은 인생의 오복(五福)으로 수(壽), 부(富), 강령(康寧), 유호덕(攸好德), 고종명(考終命)을 꼽고 있습니다. 고종명은 '천수(天壽)를 누리고 편안히 죽는다'는 뜻입니다. 좀 더 부

---

58)　막을 두(杜), 문 문(門), 아니 불(不), 나갈 출(出)이 합쳐진 사자성어로 집에만 틀어박혀 밖에 가지지 않음을 비유적으로 이르는 말이다.

연하면 하늘이 정한 수명을 다 살고 집에서 가족들이 지켜보는 가운데 고통 없이 편안한 죽음을 맞이하는 것이 고종명입니다. 학창 시절 한문 선생님으로부터 오복을 배우면서 가졌던 의문이 하나 있었습니다. 수와 강령을 누리면, 다시 말해 건강하게 오래 살면 그것이 바로 고종명일 텐데 왜 오복의 하나로 고종명을 별도로 두었을까 궁금했습니다. 그런데 치매에 걸린 어머니를 모시다 보니 그동안 잘 몰랐던 고종명의 참뜻을 깨닫게 되었습니다.

수와 강령의 복을 누린다고 해서 모두가 고종명하는 것은 아닙니다. 제 은사님이나 어머니처럼 육체는 건강해도 정신적으로 우울증이나 치매에 걸려 말년을 고통 속에 살다가 생을 마친다면 고종명이라 할 수 없습니다. 아무리 건강하게 백 년을 산다고 해도 객지에서 비명횡사하면 그러한 삶 또한 고종명이 아닙니다. 한때 유행했던 건배사 구호 중에 '구구팔팔이삼사(9988234)'라는 말이 있습니다. 99세까지 팔팔하게 살다가 2~3일간만 앓다가 죽자(4=죽을 死)는 뜻입니다. 백세 가까운 나이에 임종 전날까지 건강하게 활동하다가 고통 없이 죽음을 맞이한 영국의 엘리자베스 여왕이나 국민 MC 송해는 구구팔팔이삼사, 고종명의 대표적 사례입니다.

지금 우리는 장수가 재앙일 수도 있는 시대를 살고 있습니다.

앙드레 지드는 "늙는 것처럼 쉬운 일은 없다. 그러나 가장 어려운 일은 아름답게 늙어 가는 것이다"라고 말했습니다. 나이가 들어갈수록 지드의 말이 가슴에 와닿습니다. 안락사(安樂死)나 존엄사(尊嚴死)에 대한 관심도 커져만 갑니다. 오래 사는 것보다 더 중요한 것은 인간으로서 존엄과 품위를 잃지 않고 생의 마지막 순간을 맞이하는 일입니다. 하나님께서 고종명의 축복을 주시기를 기도할 뿐입니다.

(2022. 11. 22.)

조카의 첫 월급

　지난 토요일 오후, 영국에 있는 바로 아랫남동생을 제외한 저희 4남매가 모처럼 어머니 집에 모였습니다. 지금 영국에 있는 아랫남동생은 대학교수인데 방학이면 아내와 아들이 사는 영국에 들어가 시간을 보냅니다. 오늘 모처럼 온 가족이 함께 모인 이유는 올해 9급 공무원 채용시험에 합격한 막냇동생 아들이 첫 월급을 받아 한턱을 낸다고 했기 때문입니다. 코로나로 인해 외식을 할 수 없어 중국집에 음식을 시켜 먹었습니다.

　즐거운 식사가 끝나고 난 후 조카는 그동안 보살펴주신 데 대한 감사의 표시라며 가족 모두에게 돈이 담긴 하얀 봉투를 내밀었습니다. 살펴보니 할머니와 저에게 준 봉투에는 10만 원, 두 고모의 봉투에는 5만 원이 담겨 있었습니다. 영국에 있는 작은 큰아빠에게는 이미 10만 원을 송금했다고 했습니다. 봉투에 담은 돈에 차등을 둔 것을 지난 3년간 형편이 어려운 아빠를 도와 자기를 뒷바라지해 준 큰아빠와 작은큰아빠에 대한 감사의 표시였을 것입니다.

한 달에 150만 원 남짓한 월급을 받는 조카의 처지에서 40만 원이란 돈은 결코 작은 액수가 아닐 것입니다. 그런 돈이기에 용돈으로 쓰기보다는 의미 있는 일에 쓰고 싶었습니다. 머리를 맞대고 논의한 결과 순천시가 추진 중인 '순천사랑 마스크 기부운동'에 동참하기로 의견을 모았습니다. 조카가 내놓은 40만 원에 제가 10만 원을 더 보탠 50만 원을 가족의 이름으로 기부하기로 한 것입니다. 우리 가족의 작은 정성이 어려운 형편의 이웃들에게 다소나마 도움이 되길 바랍니다.

(2022. 11. 23.)

아들의 거짓말

　3년 넘게 사귄 여자 친구와 내년 봄 결혼을 앞둔 아들이 오늘 가족 대화방에 사진관에서 찍은 웨딩사진을 올렸습니다. 요즘은 만혼(晚婚)이 대세이고, 결혼은 해도 아이를 낳지 않고 사는 부부가 많다고 합니다. 그런데 한국식 나이로 아들은 31살, 여자 친구는 28살이니 늦은 결혼은 아닙니다. 무엇보다 여자 친구가 아이를 좋아해서 애를 많이 낳고 싶어 한다는 아들의 말은 저를 기쁘게 했습니다.

　168cm인 예비 며느리는 키가 큰 탓인지 지나치게 날씬해 몸이 약해 보이는 것을 빼고는 흠잡을 데 없는 아가씨입니다. 제 아들은 골격이 굵은 편이 아닙니다. 그래서 저는 2세를 생각해 건강미 넘치는 아가씨가 며느리가 되었으면 하는 바람을 평소

갖고 있었습니다. 그런 탓에 너무 말라 보이는 예비 며느리의 건 강이 염려되지 않을 수 없었습니다. 아들은 여자 친구가 겉보기 에는 약해 보이지만 운동을 좋아하고 마라톤도 자주 뛴다면서 저를 안심시켰습니다.

그런데 두 달 전 상견례 자리에서 있었던 일입니다. "지예가 운동을 좋아한다면서요? 마라톤도 자주 뛰고⋯⋯" 대화가 끊 길까 봐 화젯거리를 찾던 제가 무심코 던진 말에 바깥사돈 되실 분의 대답이 뜻밖이었습니다. "아니, 운동을 그다지 좋아하는 편이 아닙니다." 그때까지 저는 아들의 말을 추호도 의심하지 않았습니다. 때 묻지 않고 정직한 아들의 성품에 대한 믿음이 컸 기 때문입니다. 그런데 갑자기 아들이 선의의 거짓말을 했을지 도 모른다는 의혹이 뭉게구름처럼 피어올랐습니다.

운동이야 좋아하지 않아도 그만입니다. 하지만 운동 이야기 가 사실이 아니라면 예비 며느리가 아이를 많이 갖고 싶어 한다 는 아들의 말 역시 진실이 아닐 수 있다는 불안감이 저를 엄습 했습니다. 상견례가 끝나고 집으로 돌아온 저는 직접 묻기가 조 심스러워 에둘러서 아들에게 2세 계획을 물었습니다. 그리고 기 우(杞憂)이길 바랐던 저의 걱정은 현실이 되었습니다. 아들은 일단 한 명 낳아 키워보고 더 낳을지 어쩔지 결정할 생각이라고 했습니다.

아들의 대답에 서운함도 없지 않았지만 다른 한편으로는 그럴 일이 아니라는 생각도 들었습니다. 아이 낳기를 거부하는 딩크족(DINK : Double Income, No Kids)들이 넘쳐나는 시대입니다. 다다익선(多多益善)을 원하는 저의 기대에는 못 미치지만 일단 하나라도 낳겠다고 하니 그것만으로도 다행입니다. 문득 여자친구가 책 읽는 것을 좋아한다고 했던 아들의 말이 떠오릅니다. 설마 그것마저 거짓말이 아니겠지요?

(2023. 12. 29.)

어머니 1주기

　오늘은 어머니가 소천(召天)하신 지 만 1년이 되는 날입니다. 몹시도 추웠던 지난해 오늘, 1년 가까이 치매를 앓던 어머니는 하늘에 계신 아버지 곁으로 가셨습니다. 어머니가 위독하다는 전화를 받고 정신없이 차를 몰아 광주 요양병원에 도착했을 때 어머니의 숨은 이미 멎었지만, 체온은 아직 따스했습니다. 마지막을 지켜보지 못한 아쉬움과 쓸쓸히 홀로 가시게 했다는 미안함 속에 주체할 수 없는 슬픔의 눈물이 한없이 흘러내렸습니다. 아버지 돌아가셨을 때는 흐르지 않던 눈물이었습니다. 그것은 인고와 희생으로 점철된 어머니의 삶에 대한 애달픔, 그런 어머니에게 살가운 아들이 되지 못했던 지난날에 대한 후회 때문이었을 것입니다.

1935년생인 어머니는 돌아가시기 전 1년 가까이 치매를 앓으셨습니다. 어머니는 평소 총기(總氣)가 남다른 분이었습니다. 그런 어머니에게 치매가 오리라고는 꿈에도 생각지 못했습니다. 88세의 고령인 데다가 평소 앓았던 당뇨, 고혈압 등 기저질환 탓인지 어머니의 치매 진행속도는 굉장히 빨랐습니다. 처음에는 기억력이 흐려지시더니 점차 환각, 환청을 동반한 섬망(譫妄) 증세가 나타났습니다. 시간이 더 흐르면서 마침내는 보행도 어려워져 침대에만 누워계시게 되었습니다. 누워계신 어머니의 대소변을 받아내는 것쯤은 일도 아니지만, 어머니의 상태는 더욱 악화되어 음식물을 삼키는 데 어려움을 겪는 연하장애(嚥下障碍)까지 발생하였습니다.

정신이 온전하셨을 때 어머니는 "절대로 요양병원에 가고 싶지 않다"라는 말씀을 자주 하시곤 했습니다. 그런 어머니의 뜻을 잘 알기에 우리 5남매는 논의 끝에 집에서 어머니를 보살피기로 했습니다. 서울에서 손자들을 양육해야 하는 두 누님을 빼고 3형제가 요일별로 간병을 분담했습니다. 월·화·수는 제가, 목·금은 둘째가, 토·일은 막내가 일주일 3교대로 어머니를 돌봤습니다. 순천에 사는 저나 막내와 달리 서울에서 대학교수로 있는 둘째는 어머니 간병을 위해 1년 동안 서울과 순천을 왔다 갔다 했으니 그 고생이 막심(莫甚)했을 것임은 가히 미루어 짐작할 수 있는 일입니다.

음식물 섭취를 하실 수 없게 되자 집에서 어머니를 모시는 것이 어렵게 되었습니다. 처음에는 순천에 있는 요양병원으로 어머니를 모시려고 했으나 코로나 때문에 어느 병원 할 것 없이 면회에 엄격한 제한이 있었습니다. 기껏해야 1주일에 한 번, 그것도 길어야 10분 정도의 짧은 시간 동안만 면회가 가능하다고 했습니다. 자주 뵐 수 없다면 굳이 순천에 있는 요양병원에 어머니를 모실 이유가 없었습니다. 고심 끝에 고종사촌 여동생 남편이 운영하는 광주의 한 요양병원으로 어머니를 모셨는데 그날이 2022년 12월 31일이었습니다. 떨어지지 않는 무거운 발걸음으로 병원을 나오면서 그래도 몇 년은 더 사실 수 있을 것으로 생각했습니다. 하지만 자식들의 기대 섞인 희망과 달리 그다음 해인 2023년 1월 9일 새벽에 운명하셨으니 어머니는 만 9일을 요양병원에서 보내신 셈입니다.

돌이켜보면 '최선의 선택'이라고 생각했던 어머니의 요양병원 입원은 결과적으로 '최악의 선택'이 되었습니다. 요양병원에 계시는 내내 어머니는 너무 고통스러워하셨습니다. 무엇보다도 음식물 주입을 위해 코에 삽입된 호스를 너무 못 견뎌 하셨습니다. 요양병원에 계시는 9일 동안 모두 세 차례 어머니를 뵐 수 있었습니다. 면회 갈 때마다 산소마스크와 호스를 빼달라고 애원하는 어머니의 모습을 지켜보는 것은 가슴을 에는 아픔이었습니다. 그렇게 일찍 가실 줄 알았다면 차라리 집에서 큰 고통

없이 자식들이 지켜보는 가운데 고종명(考終命)을 맞이하시도록 할 걸 그랬습니다.

생전에 어머니는 제가 집에 갈 때마다 당신이 살아오신 험난한 세월을 되풀이해서 이야기하시곤 하셨습니다. 다른 형제들에게도 마찬가지였을 것입니다. 어머니가 처음부터 그랬던 것은 아니었습니다. 연세가 드시고 기력이 쇠해지면서 나타난 새로운 현상이었습니다. 아마도 가실 날이 얼마 남지 않았다는 생각에 당신의 삶을 자식들이 기억해주기를 원하셨던 것은 아닌지 모르겠습니다. 그런 어머니의 이야기를 건성으로 듣고 넘긴 것은 참으로 후회막급입니다. 이제라도 어머니가 겪으신 삶의 편린(片鱗)들을 모으고 어머니에 대한 추억들을 기록해서 후대에 남기는 일은 앞으로 우리 5남매가 해야 할 일이 아닌가 합니다. 그것은 자식들이 어머니에게 드릴 수 있는 마지막 효도일 것입니다.

(2024. 1. 9.)

생일

가족이 있는 세종과 고향인 순천을 오가며 지낸 지 4년이 다 되어갑니다. 지난 금요일 오후, 아들에게서 카톡 문자가 들어왔습니다. "오심? 주말?" 주말에 세종에 오는지 묻는 문자입니다. 아들의 문자를 받을 때마다 느끼는 일이지만 아무리 사내자식이라고 해도 어찌 저리 살가운 맛이라고는 눈을 씻고 찾으려 해도 찾을 수 없는지 모르겠습니다. 하지만 저의 DNA를 물려받은 아들입니다. 더구나 생전에 부모님께 다정다감하지 못했던 제가 누구를 탓하겠습니까?

아들이 저에게 뜬금없는 문자를 보낸 이유를 저녁 10시쯤 아내의 전화를 받고 알게 되었습니다. 아내는 다가오는 일요일이 저의 생일이라면서 토요일 저녁에 생일파티를 할 예정이니 시간 맞춰 세종의 집으로 오라고 했습니다. 그러고 보니 까맣게 잊고 있었는데 일요일인 14일이 음력 12월 4일로 제가 이 세상에 첫울음을 터뜨린 날입니다. 한창 바쁘게 일할 때 종종 아내의 생일을 깜박하고 그냥 지나치곤 했던 저는 제 생일조차 기억하지 못한다는 것을 아내의 불만을 잠재우는 방패막이로 활용하곤 했습니다. 그렇게 무심한 남편이지만 매년 잊지 않고 생일을 챙겨주는 아내가 고마울 따름입니다.

토요일 오후 세종의 집에 도착해보니 아내가 제일 먼저 며느리가 될 아이가 생일선물로 보내온 꽃송편을 보여줍니다. 먹기에 아까울 정도로 예쁜 송편입니다. 아들은 생일축하 케이크를 사 오고 딸아이는 아빠가 과자를 좋아해서 사 왔다며 새우깡을 생일선물로 내밉니다. 몇 시간을 주방에서 꼼지락거리던 아내는 조촐하지만, 정성과 사랑이 가득한 생일상을 차렸습니다. 온 가족이 식탁에 둘러앉아 즐거운 식사를 할 때 마음속으로 가만히 하나님께 기도를 올렸습니다. "더도 말고 덜도 말고 지금 이 정도의 행복을 항상 누릴 수 있게 허락해주소서."

다음 날 아침, 잠에서 깬 저는 습관적으로 스마트폰의 카카오톡을 열었습니다. 옛날 전남도청에서 같이 근무했던 후배 세 명이 생일 축하문자와 함께 보내온 모바일 상품권이 도착해 있었습니다. 도청을 떠난 지 10년도 더 된 사람의 생일을, 그것도 양력이 아닌 음력생일을 기억해 준 후배들의 따뜻한 마음에 감동의 물결이 밀려옵니다. 오늘 하루만큼은 그 누구보다도 제가 이 세상에서 제일 행복한 사람입니다.

(2024. 1. 14.)

고향 집 동매헌(桐梅軒)

　오늘은 고향 집 동매헌에 입주하는 날입니다. 어머니가 돌아가신 직후인 2023년 7월 초 물려주신 2층 양옥집을 근린상가로 개조하는 대수선 공사에 착수했습니다. 공사가 끝나면 1층은 상가로 임대하고 2층은 오피스텔로 만들어 제가 사용할 계획이었습니다. 통상 3개월이면 끝날 공사입니다. 하지만 인테리어 업자를 잘못 만난 탓에 중간에 업자를 교체하는 등 우여곡절을 겪고 11개월 만에 준공되었습니다. 그리고 오늘 드디어 막냇동생 아파트에 얹혀사는 더부살이 생활을 마감하고 입주하게 되니 그 기쁨을 이루 다 말로 다 형언할 길 없습니다.

　입주를 눈앞에 두었을 때 옛 선비들의 아취(雅趣)를 본받아 당호를 짓고 싶었습니다. 당호는 그 집에 사는 이가 자기의 정체성을 세우고 삶의 방향을 밝히는 자기 선언의 의미를 담고 있습니다. 한동안 고민한 끝에 당호는 동매헌(桐梅軒), 서재에도 월류실(月柳室)이란 이름을 붙이기로 하고 현판 제작을 의뢰했습니다. 현판 제작은 서각에 재주가 있는 초등학교 친구에게 맡겼고, 새겨 넣을 글씨는 순천의 명필 목인(木人) 선생의 아우 토의(土衣)에게 받았습니다. 동매헌과 월류실은 조선 중기의 문신인 상촌 신흠의 저서『야언』[59]에 실린 칠언절구 4행시에서 각 행의 첫 글자를 따온 것입니다. 특히 제2행의 "매일생한불매향(梅一生寒不賣香)"은 선친이 저에게 물려주신 매화 그림의 화제(畵題)이기도 합니다.

동천년노항장곡(桐千年老恒藏曲)

매일생한불매향(梅一生寒不賣香)

월도천휴여본질(月到天虧餘本質)

유경백별우신지(柳經百別又新枝)

시의 뜻은 오동나무는 천년을 늙어도 가락을 품고 있고, 매화는 한평생 추위 속에 살아도 향기를 팔지 않으며, 달은 천 번을 이지러져도 그 본질이 변하지 않고, 버드나무는 백 번을 꺾여도 새 가지가 돋아난다는 내용입니다. 우리가 세상을 살아갈 때 인

---

59) 야언은 초야에 묻혀 사는 선비의 이야기라는 뜻으로 신흠은 송강 정철, 노계 박인로 고산 윤선도와 더불어 조선 4대 문장가 중의 한 사람이다.

생의 나침반으로 삼을 만한 금언(金言)이 아닐 수 없습니다. 앞으로 집안의 후손들이 동매헌을 드나들 때마다 매화도(梅花圖)를 남기신 선친의 뜻과 당호의 의미를 기억해주기를 소망합니다. 더 나아가 오동나무의 멋과 낭만, 매화나무의 지조와 기개, 달이 상징하는 정도(正道)와 권도(權道)의 조화와 유연성, 버드나무 같은 백절불굴의 도전정신을 갖춘 인재로 성장해준다면 저의 큰 기쁨일 것입니다.

(2024. 6. 7.)

동생의 사모곡

어머니가 돌아가신 후 2년 3개월의 세월이 흘렀습니다. 어머니가 돌아가시기 직전 바로 아랫남동생은 어머니에 대한 세 편의 글을 가족 대화방에 올렸었습니다. 어머니와의 영원한 이별이 가까워지고 있음을 예감(豫感)했기 때문이었을 것입니다. 동생이 글을 올릴 때마다 저는 그 글들을 페친들과 공유하기 위해 제 페이스북에 게시했는데 오늘 그 글들을 다시 찾아 읽으며 어머니에 대한 그리움을 달래봅니다.

첫째 글(2020. 5. 8.)

올해 86세이신 어머니가 건강검진을 받기 위해 어제 서울에 올라가 바로 아랫남동생 집에서 주무셨습니다. 오늘 아침 동생은 어젯밤 어머니와 나눈 이야기를 가족 대화방에 올렸습니다.

자식에 대한 어머니의 크신 사랑을 엿볼 수 있는 글입니다. 오늘 어버이의 날을 맞아 부모님의 은혜를 다시 한번 생각하며 동생의 글을 페친님들과 공유합니다.

"어젯밤 엄마와 옛날이야기를 하다가 우리 집에서 6년간 살며 학교에 다녔던 친척 누나 이야기가 나왔어. 그 어렵던 시절, 땡깔 가득한 구식 부엌에서 등 한 번 붙이고 누울 시간도 없이 거의 온종일 대가족 식사 준비를 하면서 부엌데기처럼 일만 했다고 해. 풀무질하며 장작불 일구거나, 돼지막에서 분뇨 처리할 때도 큰누나를 들러업고 일만 했는데 주변에서는 친척 누나에게 큰누나를 맡기라고 해도 절대 안 맡겼다고 해. 왜 그랬을까?

"oo에게 애기를 맡기면 애기가 울어. 꼬집거나 들쳐 올라간 코를 누르거나 하면서 늘 애를 울리곤 해. 그걸 알고는 절대 애기를 안 맡겼어. 내 아가이니까! 내 등이 끊어질 듯 아파도 아기를 맡길 수가 없었어."

그것이 엄마의 본능인가 봐. 그리고 엄마가 들려준 또 다른 이야기도 있어. 구순이 다 된 큰이모가 병원에서 산소호흡기에 의존해 눈만 깜박이는데 마지막 숨을 거두기 전 이모의 곁에 앉아 두 극노인(極老人)이 마지막 작별 인사를 했다고 해.

엄마는 이모 손을 잡고 울먹이며 "언니! 하늘에 있는 우리 엄마에게 먼저 가. 나중에 하늘에서 엄마랑 같이 만나자"라고 말했대.

아! 우리 엄마도 아기였던 적이 있었고, 엄마가 있었고, 그 엄마를 여전히 그리워해. 18세에 엄마를 떠나 시집을 온 이후로 누군가를 그리워 할 시간도 없이 바쁘게 살아오셨지만……"

둘째 글(2020. 10. 24.)

바로 아랫남동생이 이제 세 살이 된 아들을 키우느라 힘들어하는 조카딸을 위로하려고 가족 대화방에 글 하나를 올렸습니다. "내리사랑은 있어도 치사랑은 없다"고 합니다. 페친님들도 제 동생의 글을 읽으며 오늘 하루만이라도 자식 걱정은 잠시 접어두시고 온전히 어머니의 사랑만을 되새겨보시기 바랍니다.

"어린 시절 너희 할머니는 지나가다 들른 거지를 그냥 보내지 않으셨고, 마루에 앉아 나지막이 시조를 노래하시곤 했던 할아버지는 뜨거운 물을 마당에 버리는 나에게 어떤 벌레가 죽을 수도 있으니 그렇게 하지 말라고 말씀하셨어. 우리 아버지는 일생 단 한 번도 목소리를 높여 우릴 나무란 적이 없었고, 부엌에서 묵묵히 종일 일만 하시던 어머니도 큰 소리 내어 싸우거나 우릴 야단친 적이 없었고 타인을 질투하거나 시샘하는 일도 없었어.

늘 나의 어린 시절, 참으로 가난했지만, 행복 가득한 천국과 같았다고 느낀단다. 너희 엄마와 큰이모의 성품이 모두 선한 것은 우연한 일이 아니야. 내가 가끔 홍찬이에게 목소리를 높여 나무랄 때마다, 올망졸망한 자식 5명을 키우신 우리 아버지와 어머니가 참, 대단하셨다고 느끼곤 해.

우리 어머니는 똥오줌 씻어 드리며 시부모를 극진히 봉양했고, 5일 장이 열리는 날이면 어김없이 집에 들르는 시골 친척들의 밥 수발을 들며 살았지만 늘 변함없이, 감정의 동요 없이, 묵묵히 살아오셨어. 내가 박사이고 대학교수라고 한들 초등학교 중퇴인 우리 어머니의 발톱의 때만도 못하다고 느낀 이유야.

지금도 어머니는 60이 다 된 나를 아이 취급하고 이런저런 간섭으로 내 신경을 몹시 건드려 화가 나기도 하지만 이렇게 해주시는 엄마가 내 곁에 영원히 머물 수 없다는 생각을 하면 그 간섭이, 아니 그 사랑이 참으로 소중하다는 생각이 들곤 한단다."

셋째 글(2022. 5. 6)

올해 들어 급성 치매를 앓고 있는 어머니를 3형제가 교대로 24시간 돌보고 있습니다. 서울에 사는 남동생은 매주 수요일 밤 늦게 순천에 내려와 목요일과 금요일 이틀 동안 어머니를 돌본 후 토요일 오전에 다시 서울로 갑니다. 자식으로서 당연한 일이라고도 할 수 있겠지만 솔직히 쉽지 않은 일입니다. 오늘 동생이 글 하나를 가족 대화방에 올렸는데 직접적 표현은 없지만, 글의 행간(行間)에서 동생이 얼마나 힘들어하는지 그러면서도 어머니를 얼마나 사랑하는지 느낄 수 있었습니다. 동생의 글을 치매 어르신을 돌보고 계시는 모든 분에게 바칩니다.

"어제 간장이 떨어져 장독대에서 엄마가 담가두었을 간장 독을 찾아보았어. 입구를 망으로 얌전하고 단단하게 덮은 간장독을 찾아 곱게 빚은 간장을 국자로 담으면서 엄마가 이 간장을 담을 때 어떤 마음이었을까 생각했어. 내가 영국에 머무를 때 홍찬이와 아내가 맛있게 먹을 상상을 하며 음식을 만들었던 것처럼 엄마도 그렇게 하셨겠지.

그런데 지금 엄마의 치매는 중증으로 악화되고 있고 자식들의 이름도 간신히 기억할 때도, 기억하지 못할 때도 있어. 지금은 오래 앉아 계시지도 못하고 갑자기 뒤로 쓰러졌다가 일어나기를 반복하고 있어. 운동기능을 담당하는 뇌 기능이 퇴화되었을 것으로 추측되고, 불안하게 끊임없이 움직이며 환각과 환시에 24시간 시달리니 소위 '인간'이라고 불리게 하는 뇌의 기능이 소실되고 동물적인 기능만 남아 있다는 생각이 들어.

그래도 가끔 정신이 돌아와 "이러든 저러든 나는 나다"라고 말씀하실 때, 어제 내가 침울한 표정을 짓고 있자 걱정하시며 "왜 그렇게 기운이 빠져있냐?"고 계속 질문을 던지실 때, "죽고 싶다"며 "죽여 달라"고 하실 때는 엄마의 인간으로서 위엄의 흔적이 여전히 보여. 엄마가 무시당한다는 느낌, 대화에서 소외당한다는 느낌도 여전히 살아 있어.

간장을 곱게 빚어둔 엄마의 손맛과 정성과 사랑을 우린 이제 영원히 즐길 수 없어. 치매는 뇌가 죽어가는 병이야. 뇌의 여러 부분은 다양한 인지, 정서, 판단 등의 기능을 담당하는데 치매 진행은 곧 이 기능들의 소실을 의미하니 엄마의 행동과 말에서 논리를 찾는 것은 어불성설이야. "왜?"라고 묻는 것도 병에 대한 무지의 소산이야.

지금 엄마는 폐허 상태! 엄마의 기억은 폐허 속의 파편들! 엄마의 말은 폐허가 남긴 파편들의 임의적 조합에 불과해. 그러니 "엄마, 왜? 왜 그래, 엄마!"라고 묻지 말고, 폐허의 쓸쓸한 편린들을 조용히 받아들일 준비를 우리가 해야 할 것 같아. 엄마는 더 이상 우리가 알고 있었던 엄마가 아니야. 엄마는 파편화된 폐허! 이 파편들이 우리에 대한 소중한 기억을 담고 있어 우리의 이름을 소환하고 우리의 얼굴과 표정을 읽으며 가끔 걱정도 해.

봄날 새싹 돋듯 생동하며 성장하는 어린 아가들도 언젠가 모두 노인이 되고 폐허가 될 운명! 인간은 돋아나는 새싹과 폐허라는 두 요소로 구성되어 있어. 그렇지 않은 단 한 사람도 없어. 그래서 엄마를, 아니 '인간'을 사랑하는 것은 폐허까지 사랑하는 것! 과연 폐허까지 우리는 사랑할 수 있을까?"

순천에서 지낼 때 제가 머무르는 고향 집 동매헌(桐梅軒)의 거실에는 부모님의 영정사진이 나란히 걸려 있습니다. 매일 아침, 잠에서 깨어 그분들의 사진을 볼 때마다 그리움과 함께 풍수지탄의 슬픔이 물밀 듯이 밀려오곤 합니다. "떠나가시면 다시 볼 수 없는 것이 어버이시라(去而不見者親也)"라고 탄식했던 구오자(丘吾子)의 슬픈 노랫소리가 귀에 들리는 듯합니다. 같은 부모지만 어머니를 그리워하는 마음이 좀 더 각별(各別)한 것 같습니다. 어머니, 그리운 어머니! 정말 보고 싶습니다.

(2025. 4. 11.)